目 錄

母親唱過的歌謠

尊敬的朋友們，大家好！

雖然會前朋友們都說不用感謝，但還是想表達一下心底的謝意——感謝文聯的各位，感謝精於詩歌、書法、繪畫、戲曲、音樂，從南京、天津、河南、瀋陽等地趕來的各路專家們，感謝媒體朋友們，感謝大家百忙中抽出時間參加我的作品研討會，之前還浪費了許多寶貴時間來讀它們，真是對不起。也感謝出版《中國文化之美》系列的當代中國出版社和濟南出版社，感謝沒能到場的多年來為我發表作品、做全書連載、開闢專欄的報刊編輯朋友們，您為我付出的巨大努力、辛苦和心血，我將銘記在心。

起心動念寫有關中國傳統文化的作品，很久了吧？那時還在母親身邊，在每天一首詩、一篇大字的懵懂裡，不知人事變幻。直到後來，母親出了問題，才明白：原來最值得寶貝的事物，那麼容易就可以失去。

於是，就開始做起一件寸草心報不得三春暉的事情——報得報不得，都要報，不是嗎？我的親身母親劉紹梅女士，與我的國家，她們在我心裡早已合二為一。

母親有多麼美麗，我的歌喉就有多麼鄙陋，而即使用去一生的時間也歌唱不出她絕妙風姿之萬一，我還是要忍不住依偎住她，跟隨她唱過的神曲，小聲為她做起和聲……有誰不想感謝母親呢？有誰，捨得忘記，母親曾唱給自己的歌謠呢？

那麼，就讓我，讓我們以各自幕後和聲的方式，來回應母親的歌唱吧，也請我們的孩子加入進來，把每一家的孩子都請來。

這樣，母親唱過的歌謠，以及母親，便永存在世界上。謝謝大家！

（註：此文為作者在文聯舉辦的「簡墨作品研討會」上的發言）

京崑之美

第一章

《京崑之美》：摩挲戲文，訴說靈魂，滋味魅惑，遼闊深遠，詮釋大寫的人性。——中國日報評論

一聲何滿子

萬物與真正的藝術家相遇，都是有福的了。

藝術家的原則大致上是刪繁就簡，然而他們還有一種本領，就是將簡弄繁（如你所知，任何事物，簡的背後都藏著繁呢）。看一個敲門、一個開門，何等簡約的事，而寫戲、導戲的人小題大作，文如鬼工，叫人乍舌興歎。

好了，且看這一齣鬼叫門——天黑黑。

一個被命運的耳光搧來搧去的人，輕輕地來，比一縷輕煙更輕地，試著來搧它的耳光了。

她原本也有一個家——在最初啟程的時候，誰沒有過一個家呢？一個齊全、歡樂的家？只是，走著走著，我們就失散了。

她和我們一樣，在父母膝下承歡，撒嬌弄癡，都長成女人了，還像是一個乳齒剛落的小孩子。然而小孩子總是常被身旁的大手搓揉著才能成為大人。她也不例外：他們本是河南開封人氏，投親未果後流落到鄆城，爹爹又不幸故去，她便賣身葬父，哭著嫁了自己不喜歡的恩人。可我們知道，恩人是最不適合做愛人的，甚至還不如仇人呢。何況，那恩人他每日「只愛學使槍棒，於女色上不十分要緊」，忙著拉幫結義、暖老溫貧，把「水也似後生，況兼十八、九歲，正當妙齡的時候」的她放在一旁，徑自做些與生活和愛情毫無關係的事情。這樣的人，哪裡是什麼男人？去山上做強盜算了，何必給人家做丈夫呢？

她渴著，像旱了一個冬季的禾苗，她那麼瘦弱、枯乾，那麼祈望飽滿汁液的潤澤，可他不是小妻子的「及時雨」。

於是，她那黑夜般的眼睛開始游離，像一對蝶，從一個黑夜到另一個黑夜。那樣的夜似乎是永無窮盡的，似乎是傳說中的「極夜」，在她感覺很久很久、就要老去的光陰裡，她看不到花叢。

然而那麼香的香氣是遮也遮不住的——「他」來了。

「他」來了。

說起來，「他」還是恩人的同事，非常要好。可熟人之間滋生的，有時比陌生人還要可怕一千倍呢。

「他」在他的眼皮底下，誘著那蝶，廝纏在一起，釀成了個蜜。

後來還是因別的事情，那蝶紛飛消殘了，殉了黑夜。

還是在某個黑眼睛一樣的黑夜裡，白裙緇衣簪紅花地，只穿了羅襪，慢鏡頭一樣地現身，來尋她的香了——她放不下她的愛人，甚至於死也不能安心作鬼。她是偷溜出來的嗎？回去是不是要受閻羅的懲罰呢？要下地獄嗎？……她顧不得了。她想「他」，什麼都顧不得了。

她的面容美豔絕倫，反覺淒涼無限。只因她和「他」，燙的燙，涼的涼。

她第一次來敲「他」的門，如同第一次「他」去敲她的門。

低低的氣音含著三分羞澀、一分驚慌，以及六分的親密——像初次淺抱的少女，像初次進門的女兒，聽來卻如同午夜河流晝夜不息的、摻了悱惻的嗚咽：「三郎……」

一聲何滿子，雙淚落君前——可憐她去了多久，就思念了多久。

裡面鼾聲停了。她的三郎錦衣繡條，豐姿特秀，只是鼻子上落了個小小的豆腐塊，像一坨鳥糞。

這登徒子如猩嗜酒，連面都沒見地也愛上了。「他」聽出是女子，瞬間醒了，喜上心頭，漁色心切，得意不禁，逕自說出口來——愛人

芳魂不遠，心裡卻只想著豔遇。這男人的記性啊。

「他」藉口說想不起來（也是真的想不起，也是——何曾想過？），開始輕薄，其程度令人汗顏：「外邊夜露下了，我若猜得著讓你進來；我猜到了你可不能溜哦！」喜滋滋的嘴巴涎水滴答，如她心頭雨的滴答。

「啊，莫不是向坐懷柳下潛身？」「莫不是過男子戶外停輪？」「莫不是紅拂私在越府奔？」「莫不是仙從少室訪孝廉封陟飛塵？」一曲《漁燈兒》「他」唱得異常動聽。嘿，在陌生女子面前耍帥呢。

隨著「他」問的越來越高昂和激切，她回答「不是」的氣音還依序轉了懶音、病音、賴音和哭音。

她再叫：「三郎……」這聲哀鳴，有如飛鳥應了箭聲的落下，「你且開了門自認識。」「他」的調侃逼她不得不以攻作守，來護住她的火熱。

三郎大喜過望。「他」取來燭臺相照，一時照得見，一時又不見。「他」有點慌，心撲塌塌地，似外面的渺遠鐘聲。

突然照到，驚喜下在她身上摸了一把，扯過來聞了一下：「天！泥土味！」仍未猜到。

唉，是三郎腦袋太笨，還是「他」心似鐵？

待她點出是她時，「他」竟說：「哪個殺的你找誰去」如此無賴的話。而她卻無怨言、無惱意、無慍色……小女子如此寬宏大量，鬼性裡不也有了佛性？

但「他」竟急急作法，念著廟宇裡學來的「退鬼咒」，打算退她。

那被豬油蒙了心的女子卻不怪「他」。我們也不怪她，她真的是被愛情蒙了眼睛。為了討得愛人歡心，她還暗中偷換了紅裳。

等「他」就著燭光抖看時，「三郎……」一聲，清歌也似，她三叫心上的人，早紅了臉——想起那年那月，蝶戀著花的日子……。這次的呼喚已經透著輕盈和悅，如春風駘蕩裡，蝶舞翩躚。她徹底忘記了自己是鬼，「你且近前來，看我比往日顏色如何？」

「他」竟低聲咕噥：「你這副鬼臉……」

也許是鬼的耳力不好，也或者是裝作沒聽到，她那顆深愛的心拒絕冷漠或背叛。她把愛人想得很好，也是一種繼續得到愛的笨方法吧？雖然笨到家，但也是一種對應。

色心熾烈，「他」壯了膽子，定睛把昨日愛人打量，覺得比起以前更美麗了。再飛速摸一把，似乎更為豐腴。

「他」淫心大起。對自己的愛人，一朝死去又因不禁思念而山重水複地回來怯怯看望的愛人，「他」淫心大起。呵呵，這似乎是個笑話，卻叫人想哭。

「他」思索著鴛夢重溫。只要身體好，「他」並不在乎什麼靈魂。於是開始編起了謊。由「他」引導著，他們開始說起了一盞茶。

「他」說，不停地說，做濕了地說，作錦繡文章一樣地說，訴說衷情和離情，一直到「聞你死訊時我淚沾襟，直哭了個三天三夜，好一似膏火生心時時自焚，什麼時候才能和你鶼鶼並行（這是他唯一的、真實的想法）」「他」還表現出哭到胸悶上不來氣的暈厥樣子來。

誰知道，女子心裡朗似青天，她感動得熱淚盈眶、為「他」撫胸摸背從「昏迷」中救「他」出來的同時，把一條白綾搭到「他」的脖子上，如同擁抱，口中燕語鶯聲：「何須鵬鳥來相窘，效於飛雙雙入冥。才得個九地含曨，鴛鴦塚安然寢。」

隨著最後一句「三郎……」暗夜裡猛然間不忍卒聽的叫法，她抱著「他」，如調琴瑟般，把「他」帶走了，帶「他」去「安然寢」

了，成全（這樣生硬的擁抱，算不算成全？）自己貧薄的愛情，在黑眼睛一樣的黑夜裡。

「他」頭上染血，唇齒濕重，說得如此起勁和陶醉，臨去前都沒來得及拆穿自己的謊言──她以為那是情話。

她的手還是搧上了「他」的臉，用最溫柔的方式和心思──哪裡覺得是搧？她認為是吻。

她也終於搧到了命運的耳光，皆因「他」是個男的。她搧了天下男人。

她一星如月，光芒若許，照一派爛漫心胸：從自己死到「他」死，始終都以為，「他」和她一樣地深愛著，靈魂在一起就是在一起。

她心對口、口對心地喚著「他」。她坼時如語，含時如咽，俯時如愁，仰時如悅；她說點就點，說癡就癡，說柔就柔，說淚就淚。在此地，她抓了「他」他，我們卻愛著她。

分明是齣悲劇，或許也是齣喜劇。

這不是一齣水磨調清嘉婉媚、典麗優雅到一句一個典故的崑曲折子，而只是一紙字字如血、句句如釘的科學證據，一行行，一列列，刀斬般無趣地證明：女子和男子的思維有多麼地不同，生與死般的懸殊。

天黑黑。哦，朔風緊，緊似魂魄追。風聲裡，「三郎」、「三郎」、「三郎」、「三郎」……聲聲何滿子，即使是再一曲四詞歌八疊，這貪嗔笳、癡慢角，撇捺之間，也還是唱到了尾聲。

註：此篇寫的是《活捉三郎》

[劇情簡介]

宋朝時，梁山好漢宋江上山前收閻惜姣為妾，閻惜姣卻與張文遠交好私通，十分恩愛，並以宋江與梁山來往書信相要脅，宋江忍無可忍怒殺閻惜姣。其死後心有不甘，夜間到張文遠家中，與其幽會。不料張驚慌失魄，閻真心相向，之後二人沉浸在生前之境，雞鳴五更，閻將張活捉至陰間續上前緣。

卿應憐我我憐卿

　　思念是玄妙的東西，它的緣起總是那麼不經意：你說它有，它又似無；你說它重，它又很輕；明明才見了，又在費心思，以至於看戲沒意思，踏雪沒心情……。無論年齡，或待字閨中還是已結連理，只要那人和那人，或者僅僅是他們中的一個人，心中開了花朵，它就連同腳一起到達，像我們心靈之地的原住民，像含著淚找到我們人人都失去了的老家。思念一個人如同思念一個被記憶或想像掩映了的村莊。

　　思念像一種腐爛，譬如白菜的腐爛，它慢慢地，一點一點地，從種子裡爛起，從冬季爛起，沒人看見，或是察覺。等春天人們發現的時候，才發現它已經爛到心傷無比。因為思念常常不對仗工整、平仄分明，於是，「丟掉」是思念這首喚作《無題》的詩歌最常見的結尾；最壞的、也是最好的結尾。如同這齣戲的結尾。

　　否則，你指望一個慌慌張張、突然降臨又悄悄傷心的思念有什麼樣的結局呢？

　　思念是一個有著金色的長長睫毛的頑皮小孩，穿著香氣做的衣服，笑瞇瞇、圓滾滾的，沒有怯弱的身子，總在人將睡未睡時飛進窗裡，用肥嘟嘟的翅膀用力拍打兩下，把你弄醒；思念是一個國度，它無窮大，長滿《詩經》、《樂府》一樣的油菜花和向日葵，燦爛無比。

　　是的，思念盛大到無比燦爛時，就是一齣春夢吧？時光總要在這樣多情的一種人背後靜靜地給予最多的關照（哪怕僅僅比給一般人的多給出一個夢），因為憐惜。

　　這是一齣有關腐爛的戲。她就是那個人。思念纏繞了她，如蠶做繭。她的思念凝淚成墨，書寫錦繡。她開始準備寫一批無人能懂的句子。

那些句子吟著，靜靜地，遇到巷子裡迅速跑來的又香又軟的風——除了她，沒有人發現它的到來。真好。

春深了，到處飄飛著漫天的柳絮。成團的殘絮落到地上，鋪滿厚厚的一層，如一床錦被，遠遠望去，似雪如雲。它翻捲著，成球、成團，滾動飄搖，像一串略嫌急促的腳步聲，穿越了時空的距離，不停歇地過來了。

她正大仙容，端莊溫厚耐心地等著——怕他戰死，怕他受傷，怕他疲累，怕他病倒，怕他吃不好穿不暖，怕他寂寞，怕他身體變差，怕……自己老。儘管他離開才一年多，覺得自己已經老得不像個新婦了。他還要多久才能回來？三年？五年？還是十年……喔，不，不會的，我怎會到老才可以與他相見？唉，老就老吧，誰又能擋得住？已經開始老，不介意更老一些——就當是遠了青山，涼了舟楫；濃了離愁，淡了佳期。

然而，那個人，他、他竟回來了！恍惚中，他遮掩不住的消瘦和疲憊，教她心痛到雙淚長流。

敘過寒溫，她的思念才一波一波地襲來，把她衝垮，綠擺紅搖：「細思往事心猶恨……」曲調盪起後，這裡就要轉快板了，彷彿架繩搭藤，嫩綠的枝立刻要蔓延過來，曲折承歡。她此時已開始面若桃花，對了丈夫細吐芳菲。

請注意，思念中的人，一般都是生了病的人，心肺多少會有不適，臉色蒼白或緋紅，是再正常不過的反應。她本身就成了一株桃樹，一株芳心橫流且思念含苞的桃樹。

她原本低眉咕噥著，當吟到「恨」這個字時，或許心裡真的有感覺，眼神驀地一提，如一點寒螢，揭露了閨中女兒不好說出口的戀眷：「生把鴛鴦兩下分。」胡琴不急不慢地跟了上來，像花樹身邊一隻慢慢醒了的、溫柔順從的貓咪。

「終朝如醉還如病，苦倚薰籠坐到明。去時陌上花如錦，今日樓頭柳又青。可憐儂在深閨等，海棠開日我想到如今。」這氣夠，真有幾分生氣的嬌態，跟著一個甩袖，模樣都出來了。

她想得如此入神，一不留神全都說了出來。雨如綿，花開大半。

胡琴乾淨俐落的托上音色圓潤的唱腔，有一種說不出的韻味，宛若體溫一樣溫存的東西，像一隻嚶嚶說著情話的蜜蜂牽引出的一個羞答答的春天。

像怕驚擾休眠的鳥群一樣，連輕咳也忍住、半點不敢出聲、提著心往下聽：「屈指算來，又是一年餘了，真真地難為你！」她眼裡滿是不捨和愛戀，聲音婉轉。

她微微回身，一個眼神撇向他。「門環偶響疑投信，市語微嘩慮變生；因何一去無音信？不管我家中腸斷的人。」

如您所知，思念裡的人，有時惱怒是難以消除的，儘管是薄嗔也還是嗔。花樹反季，上上下下掛了一層青白的薄霜。

她一雙丹鳳眼就這麼往他眼上一瞟，整個人就清靈柔綿，顯出嬌羞和不已的幽怨。緊接著，她又輕言慢語了幾句，雖是中間開唱，卻不減那又愛又恨、佯作責備實則憐惜的味道。水袖翩翩落下，似蝶的落下，把那樹繞了翻飛。他微微一怔，心中一軟，忙解釋道：「軍中寄信不便，我也是朝思暮想，惦記娘子的。」

身前的人卻未及說完，變了臉色：「畢竟男兒多薄幸，誤人兩字是功名；甜言蜜語真好聽，誰知都是那假恩情。」

她用一種愁苦，細細作答了密密心事。積攢多日、在用盡全身的力氣也沒能扯開命運這根緊繃的皮筋時、會表露出來的那樣一種雪地般的愁苦吟出，帶著戰車車輪從雪地上馳過濺起的濕氣，像冰涼的液體，滑過喉嚨，緩緩流進我們心中。

　　此時每個人都有些迷惘，一時回不過神，以為自己對這簌簌抖動的花朵一樣的人做了什麼。還差點伸出雙臂，給她一個有象徵意義的安慰的擁抱。

　　外人究竟是容易動心和解勸的。身為自家人的他卻感到委屈：「娘子只管埋怨下官，你為何也不寄我一信？叫我天天的掛念，我不來怪你，反來埋怨於我，真真豈有此理！」

　　就那麼一句半嗔半怒，卻似乎暖，讓她的怨、恨（唉，這「恨」啊，別名就叫做「思念」）倏然冰消──全因女子更善體貼。她低首想：「是呀，我也沒有寄信與他，倒是錯怪他了。看他在那旁生氣！今日方才回家，怎麼就鬥起口來？想他是飽受風霜之人，不可難為於他。」

　　這一場長長短短、淺淺深深、春草一樣泛綠而叢生的思念，和由此導致的焦慮、誤會、生氣、纏繞，終於收了荊棘密佈的肅殺料峭，轉了花開馥郁的溫柔和悅。她笑吟吟地一邊收拾著紗帳，一邊對他一輕輕地說著：「被糾纏陡想起婚時情景，算當初曾經得幾晌溫存。我不免去安排羅衾繡枕，莫辜負好春宵一刻千金……」她把她的身體收拾成一個空闊、略為羞澀的房間，等著他來摸索著點上燈，照亮黑夜。

　　唉，花開了一朵朵，只為等一個深嗅。而美麗的麻雀，堅守了一冬的麻雀，正在遠處那排尚未老化乾淨的電線桿上譜著曲，旋轉起舞。

　　雨雪菲菲，一些山水直下三千丈，潤澤多年前那株逐漸開花的桃樹，今年又慢慢地開，那花朵彼此相愛深濃，偶有三片、五片落了，染硯裡的墨，清香裡添了異香──在多少有些清冷的風，和多少有些清冷的唱腔裡。

　　多情至此處，春閨夢醒，鬢邊霜，照月明，卿應憐我我憐卿。

註：此篇寫的是《春閨夢》

[劇情簡介]

漢時諸侯混戰，烽煙四起。公孫瓚和劉虞因互爭權位而兵戈相向，人民慘遭
塗炭。公孫瓚與劉虞爭地，各徵百姓從軍。王恢與妻張氏新婚不久卻與同村
人一同被徵，至軍中即戰死。張氏在家掛念著，積思成夢；夢中夫君返回重
敍歡愛，又連遇戰火種種情況。劇本根據杜甫一詩《新婚別》意境編寫而成。

男兒何不帶寶劍

唉，男人怎可經歷那麼多、那麼深的苦難呢？那撲面而來的苦難，像一飄著蟲味、黴味和清香味的竹簡長卷，像我們如今背誦起來有點繞口、春秋時期那一長串的大國小國。

男人過多的苦難會讓女子們難過的。

他是男人戲裡的「戲核」。

藉著暖黃的燈光，在殘破沁涼的綠石地板上，鋪開來看，從右至左，繁體，豎著。更靜的日色已低到塵裡，而書卷裡的故事，才開始驚天動地：

武昭關，文昭關，關關相扣：遭追殺，他與兄長「流淚眼觀流淚眼，斷腸人送斷腸人」，從此，與回京試探消息的兄長天上人間，與父母闔家三百多人就此訣別。

他一路奔逃，像一隻喪家小犬閃躲飛來沙石的襲擊、一隻無力螻蟻閃躲漫漫大水一樣，潑命奔逃，忍受屈辱和心傷。

他不管逃到哪裡，都有畫像緝拿，又無別路可走。危難之時，幸遇隱士東皋公，在其所留宿，一連七天白了鬚髮。之後東皋公設計，以他好友皇甫納之肖假扮，將他送出關去。其間的段落真不忍聽，最怕的是那幾句：「到如今夜宿在荒村院，我冷冷清清向誰言？我本當拔寶劍自尋短見，尋短見，爹娘呃！父母冤仇化灰煙！對天發下宏誓願，我不殺平王我的心怎甘！……」其中，「爹娘呃」一聲，鶴唳猿鳴，叫人哪裡把持得住？

一名落魄的英雄才是女子們心裡的英雄，無法不想撫摸他、照顧他，把他當孩子一般拍打著。

繼續看下去：

　　過了江，仍在被追趕，從這開始了《蘆中人》和《浣紗河》的故事。這兩齣戲都不長，內容上也頗為相似，所以也常被合為《浣紗記》來演。他顛沛流離，亡命天涯，被楚國兵馬一路追趕。

　　這一天慌不擇路，逃到長江之畔，只見浩蕩江水，波濤萬頃。前阻大水，後有追兵，焦急萬分之時，他見到上游有一小舟急速駛來，舟上漁翁連聲喚他上去。之後，小舟迅速隱入蘆花蕩中，不見蹤影，岸上追兵悻悻而去。

　　漁翁將他載到岸邊，拿來酒菜一同飽餐一頓，他千恩萬謝，問及姓名，翁笑言自己浪跡波濤，姓名何用，稱我「漁丈人」即可。他拜謝辭行，走了幾步，心有顧慮又轉身折回，從腰間解下祖傳三世的寶劍：七星龍淵，想將這削鐵如泥、價值千金的珍寶贈給漁丈人致謝，並囑託漁丈人千萬不要洩露自己行蹤。

　　漁丈人接過寶劍，仰天長歎，對他說：搭救你只因為你是國家忠良，並不圖報，但現在，你仍然懷疑我貪利少信，我只好以此劍示高潔。說完，橫劍自刎。

　　他悲悔莫名，掩面啼哭，劍挑黃土幾點，潑在漁丈人的身上，以示最真摯的哀悼。

　　到這裡還沒結束，「逃」幾乎成了他的事業，他成了永遠負罪的旅人。

　　之後逃跑的路上因饑腸漉漉，他向河邊的浣紗女乞食，那段「西皮二六」「未曾開言我的心難過……」著實婉轉好聽，且文氣暢沛，勢如利刃。為解他心頭憂患，此女抱起一石，投水而死。他見狀，傷感不已，咬破手指，在石上血書：「爾浣紗，我行乞；我腹飽，爾身溺。十年之後，千金報德！」

　　這裡多說一句：後來，他果真實現抱負，在吳國當了宰相，吳王調遣軍隊攻入楚國。直到「掘楚平王墓，其屍鞭之三百」報了血仇

之後，他沒忘記報恩，但不知道浣紗女的地址，只好把千金投入她當時跳水的地方，那塊河灘。

他是情深義重的好男人。若不情深義重，算什麼好男人？

滿懷失路之愴、失國之痛和失家之悲，他在逃亡途中病倒了，身上又沒有錢，「心中好似滾油煎」，不得不停下來，賣了心愛的寶劍——那身似清水漫過池塘從容而舒緩、劍刃若壁立千丈的斷崖崇高而巍峨的寶劍——買飯吃。

吃了飯仍覺得餓，後來，竟淪落到邊治病邊吹簫行乞的地步。這又是一齣《夜奔》。

過了不知多久，他終於到了吳國，見到公子光，策動暗殺了吳王僚，光自立為王，這就是吳王闔閭。闔閭自立以後，願望實現了，就召回他，官拜為行人，共謀國事。

英雄嘛，他自然具雄才大略，又深得信任。為使吳國能內可守禦，外可應敵，他「先立城郭，設守備，實倉廩，治兵革」，並親自領命選擇吳國都城城址。他「相土嘗水」、「象天法地」，最後選定蘇州古城的位址，合理規劃，建造了闔閭大城，並幫助吳王西破強楚，北威齊晉，南服越人，吳國國力達到鼎盛。

英雄終於站立成山，一馬平川，並遠離了斷枝殘幹。我們誰都鬆了一口氣。這似乎頗像一篇王子歷盡艱險，終於戰勝妖魔迎娶公主的童話。

可後來啊（我們多麼怕童話裡的「後來」），後來在這老舊、血淚斑斑的長卷的最後，我們看到了最不願意看到的一些字：

後來夫差即位，成為新的王。王被貌似祥和圓融的穠麗風景和偽盛平的「歡樂頌」消磨了意志，全國上下人人都像住在宮殿裡，吟頌逍遙散碎之情，雕琢細小斂約之境。他們忘記了那大雪、埋首看寶劍的尚武之氣——它們原本是更為潔淨、澄澈和美麗的啊。

　　他幫助王打敗越國、與越講和，並堅決阻止讓越王回國，諫勸王放棄攻打齊國而伐越。但他的王聽信小人讒言，疏遠了他。

　　他說：「大王！越王奸詐虛偽，不可輕信。」

　　王如此回答：「你口口聲聲說為我考慮，對本王如何忠心耿耿，那你能像句踐一樣吃我的糞便嗎？」

　　他愣住了，越王居然可以吃王的糞便？會吃別人糞便的傢伙能是什麼好東西？！儘管他也有劍，還是鐫有鳥篆銘文、暗藏殺機的劍，一拔出便如星宿運行、閃耀奪目的劍。

　　王說：「去去去！你別以小人之心度君子之腹。我的眼力難道還不如你嗎？退下！」

　　他退下了，雖然悲憤得哭了，但那悲憤一絲都沒有為自己；誤解是如此之深，以至於顛倒了黑白。直到有一天，小人慫恿王，責令他退到閻羅那裡。

　　他被王殺掉了。

　　王是個什麼樣的人啊！太史公記其：「使使賜伍子胥屬鏤之劍，曰：『子以此死。』」令我撫卷幾慾慟哭——為王的不醒，也為他的醒。

　　在夜裡醒著的，一般都是白天裡最痛苦的那群人。

　　刑前，他對王說，請將頭顱高高置於城門之上，我死也要看著越軍怎樣殺進城池。王便把他的頭顱掛在城頭，把他的屍體踢到了胥江中。這戰神一樣、連阿基里斯那麼小塊的軟弱的部位都沒有給敵人留的英雄，被自己人砍掉了頭顱。

　　就這樣，他被自己的寶劍殺了，並把自己吊在城頭，待越軍進城的一剎那，絕唱一般摔下去，成了吳國最後一塊守門磚。

越王的金戈鐵馬從上面踏了過去。

然而，後世的人民沒有忘記他，他以死力保的城池許多地名都與他有關，如胥門，胥江，胥口，胥山⋯⋯至今仍沿用著，想來就感傷。

在墨守陳規的社會，獨行是危險的；在專制強權的社會，倔強是危險的；在天真婉約的社會，思考是危險的；在等級戒嚴的社會，出聲是危險的；在老練守成的社會，天真是危險的；在心力衰靡的社會，吶喊是危險的⋯⋯江山不與爾同席，英雄被王殺，是我們生下來聽到的最多、最正常不過的故事。因此，我們除了需要時不時大力地把胸口當止痛片來緩解一下心痛，並沒有大驚小怪。

於是，王獨自飲了那杯苦酒：戰敗的越國卻給了吳國的假象，最終如跟他所預料的那樣滅了吳國。所有稻糧都被越軍搶收，戰馬和狗，以及酒糟都吃光了；屍體如山腐敗，烏鴉與白蛆遍佈姑蘇八個水陸城門。王失去了對吳國大部分地區的控制力，所能依賴的，僅僅是他被殺前率領將士築成的城牆而已。

這時候的王已悔。唉，悔從來都是這世間最無用的東西。收著吧，莫出鞘，免得傷了人家，還傷到自己。

最後越王賜之自盡。臨死前王才想起他的好處，哀歎道：「我自己殺掉了國家柱石，而今有什麼面目去黃泉之下見他呀？」說完用厚布三層，遮蓋住自己的臉，拔劍自刎而死。

「寶劍明似月，楚劍利如霜」，王拋棄兵器，迎著敵人，終於還是出鞘了──儘管不是取敵首那樣的光榮使命。也儘管這一次的出鞘是如此失敗，卻如此可愛。

王最後的表現不像一個王，才可愛了：王去見他（他才是寶劍真正的主人），臉上滑稽地蒙了三張布。呵呵，這實在是頒發給他最光輝燦爛的一張獎狀。

　　我們端坐在這由戲碼編成的竹簡長卷的尾巴上，像一葉粗陋的竹筏隨水逐流在歲月中，將心製造得撲撲地跳，仰起臉望著他，像一個小小的拇指姑娘，把蠶豆皮鞋跺得莊稼似的啵啵地響，來吸引他的目光和搭救——她絕望地傾慕著的，最勇敢智慧、精神強悍、高大壯碩、英俊無比、溫情款款、永不老去的愛人。

　　我們已經漂流好久，都快要溺斃。我們多麼恐懼！我們比任何時候都更需要他堅強滾燙的胸膛。

註：此篇寫的是《過昭關》、《蘆中人》和《浣紗河》
　　[劇情簡介]
　　　　說的是楚人伍子胥，全家為奸臣所害，不得已四處逃逸，輔佐楚國太孫勝和
　　　　吳王闔閭圖報家仇的故事。在伍子胥的推動下，吳、蔡、唐等國聯軍打敗楚
　　　　國，吳王夫差四下征戰，戰敗了越國。伍子胥勸夫差拒絕越國的求和。他的
　　　　建議未被吳王採納，並從此漸漸被吳王疏遠。後遭陷，自殺身亡。國亡。

暗香浮動月黃昏

第一次見他，是在一次高力士自湖廣歷兩粵為他選秀的過程中。

我那次穿了件淺綠色裙子——從來都沒穿過這樣鮮豔的顏色。可他後來對我說：「你穿綠色多好看！你是江南秀麗的植物，如你的名字：『江采萍』。多麼動聽的名字。」

從那時起，我就只穿綠色了，深深淺淺的綠色。我這草木一般的人。

從第一眼看到他，就喜歡上他。儘管他是君王，有許多女人，以後還將有更多。

他是與眾不同的。我們愛上的人都與眾不同。

他身材清瘦，臉色清朗，連小腹都是平坦的。我喜歡他溫柔煦暖的眼神，弧線分明的唇。當然，當然還有大氣的文采，宅心仁厚的性情……，沒有一樣不是我喜歡的。

我們逐漸耳鬢廝磨，不分你我，那些點點滴滴的細節我至今不曾忘懷。他看我只穿綠色，便送一匹雲霞似的錦給我，那上面繡滿糾纏動人的圖樣；還附了暗香盈袖的書簡，上面寫滿花樣一樣悱惻的字——呀！果然是才人天子。那些信物我會一直記得，就算某天忘記他這個人，也還是會記得。

我呢？才華應該也是不輸他的吧？從小，就因才華而被人稱有南朝才女謝道韞的風韻，妝扮上亦「疏影橫斜水清淺」。我撰寫的蕭蘭、梨園、梅亭、叢桂、鳳笛、玻杯、剪刀、綺窗八賦，還深得他的謬讚。那樣的歌詩送返唱和，真是叫人迷醉不已。

那日，他說：「朕每天被朝政所擾，今見梅花盛開，清芬拂面，玉宇生涼，襟期頓覺開爽；愛妃的花容，令人顧戀，即使是有世外佳

人，怎比得上你淡妝飛燕的美啊！」

　　聞聽此話，我心反涼：「只恐夜殘花睡去，終有一天淒清冷落。會的，會的。」

　　他溫柔地擁我如懷，發誓：「朕有此心，花神可鑒。」

　　哦，我相信，相信他在盟誓的那一刻是誠摯的。沒有一個負心的人他生來就負了誰，總是一點一點地：他的心離開，剩下的那一個的心，也是一寸一寸地，胭脂成了灰。

　　是的，我愛梅，前世冤家一樣地獨戀著梅，以至每到梅時，便像瘋子一樣，流連在梅前。這不是他冷落我的原因吧？不是，當然不是，我的居所就種有許多梅樹。他還為我住處的亭子署名梅亭，又玩笑地叫我「梅妃」……，他是愛梅、愛我的啊。

　　那一次，他召集諸王，設宴梅亭，命梨園子弟絲竹迭奏。當時我侍坐一側。飲至數巡，他興致忽來，讓我吹奏一曲白玉笛。曲畢，諸王齊聲喝彩。他更得意了──是不是每一名出色的愛人都會讓她的夫君有更大的光榮？我……我還算出色嗎？

　　他又讓我起身表演《驚鴻舞》。這舞蹈是他專為我命名的。據他說，作此舞，羅衣長袖交橫，輕盈弱質，輕飄如仙，戛翠鳴珠，鬢髮如雲，乍回雪色，依依不語，彷彿越國西施，依稀漢宮飛燕。他忍不住笑著對諸王誇口：「朕妃子乃是梅精，吹白玉笛，做《驚鴻舞》，一座光輝。」

　　他又講：「罷了，既觀妙舞，不可不快飲。今有嘉州進到美酒，名瑞露珍，其味甚佳，當共飲之。」遂令我為諸王斟酒。當時，甯王已有醉意，起身接酒，不覺一腳碰了我的繡鞋。唔，除了他，我哪裡還碰著過其他男人的寒毛？我暗自思忖，覺得是甯王故意調戲自己，不由地心中不快，借酒力不勝，起駕回了宮。

　　我的那個他呀，哪裡曉得情由，問內侍：「梅妃為何不辭而去？」他等了許久，不見我回來，便派遣內侍宣我。內侍回奏他：「娘娘珠履脫綴，已睡下了，換了衣服就來。」待至酒席散去，不料他親自來看望我了，我急急曳衣相迎：「賤妾一時胸腹不適，不能起身應召。」他是個溫柔的人，按住我的肩頭：「既如此，罷了。」

　　甯王因我回宮，駭得魂不附體，恐我轉告他調戲之事，必惹禍上身，因此，第二天他一大早便入宮請罪，肉袒膝行，請罪道：「蒙聖上賜宴，酒醉處失措觸了梅妃的鞋子。臣確實無心，罪該萬死！」

　　他多好啊，安慰臣下：「此事若計論起來，天下都道我重色，而輕天倫了。你既無心，朕亦付之不較。罷了。」

　　呵呵，這在我夫婦間成為一則玩笑，時常地提起。

　　又誰知，干戈起，不見狼煙？沒有君王不一次又一次地選秀，也沒有一個男人不一次又一次地愛上別人。那些場景是如何地毒侵了我的心啊。那是開元末年，江陵地方進貢柑橘，聖上以十枚柑橘種在蓬萊宮，到了天寶十年的秋天結了很好的果實。他將柑橘賜給臣子，並說：「朕以前在宮內種的柑橘結了一百五十餘顆果實，與江南及蜀道所進貢的沒有差別，只是味道好像一樣。」其中有兩個柑結成了合歡果，他竟當著我面，與香風細細、嫣然百媚的楊妃相互丟玩，並對她說：「此果好像知道人意，朕與卿本來同一身體，故稱合歡。」擁了她一起坐下吃了這枚合歡果。

　　也許是他的女人過多，也許是他實在迷醉於楊妃紅裙，當時他一眼都沒有看一旁侍駕的我，還有眾多被他幸過和沒幸過的妃子。我們都如同屏風、拂塵和插花一樣，被當成了背景和死人。

　　我不曉得別人那時的感受。是不是每個人的心上都被插上了一把刀？還是早已麻木成了一截一截、無知無識的老木頭？

　　其實，誰又像我一般深深地愛著他呢？記得一次交趾進貢五十

枚龍腦香，狀如蟬蠶，波斯人說老龍腦樹節才有這種東西。聖上賜給楊妃十枚。而她，竟私自派遣明駝使（註：明駝使是腹下有毛，夜裡能明，日馳五百里的駱駝）持三枚瑞龍腦送給安祿山──那極盡所能討好她、洗浴後讓人裹進襁褓、拜她為母的奸佞，隨後又送他金平脫裝具、玉盒、金平脫鐵面碗等眾多寶物……這些，都是瞞著聖上的。

可憐，宮中除了他，每個人都曉得這件噁心的醜事，曉得她與那廝的曖昧私情，但誰又敢說破？唉，可憐我那貴為君王、其實厚道如農人、有些木訥的他，還曾在勤政樓東間設大金雞障，放置一張大床榻，捲去簾子與其坐在一起，樓下設百戲，他還邀那人一起觀看。呸！那雜種胡人！真可惱！

唉，除了國色天香的楊妃，最近數年，她的三個同樣體態豐碩、姿色豔麗、工於巧笑嬉戲的姊姊們：虢國夫人、秦國夫人、韓國夫人，也都幾乎每天天不亮就來了皇宮，夕陽西下才歸去。據宮女們說，聖上曾一次賜給虢國夫人照夜璣、秦國夫人七葉冠、韓國夫人玉葉組配，楊國忠鎖子帳……都是稀世珍奇。

唉，我老了，如何與她們比？也沒有那麼即時地胖起來，不襯那樣的珍奇。我只適合冷冽的梅，簪在鬢邊。

自那楊妃入宮，我這性子柔和的老實人，便為其所譖，耍狠要求和我一起洗浴，還請他觀看。一向不會說「不」字的我拒絕了。她無非是想將我比下去──她那天下盡聞的吹彈得破、凝脂般的肌膚我怎麼能比得過呢？

因每日忍受不了，我終於遷到上陽東宮，秋扇拋殘，冷落時節。唉，不怪她，鬥豔，鬥媚、鬥嗲、鬥智，鬥狠、鬥愛，她和誰不鬥呢？甚或和她嫡親的姐姐、侄女？

「罷了」。自從她來了，我也學會我那愛人的這句口頭禪。這二字倒是一劑解愁消恨的妙方呢。

　　一日，他到翠華西閣，偶見梅枝枯落，想起我，便命高力士至上陽宮宣我入見。他看我容顏消瘦，心下惻然，待我下拜，忙扶住，意欲好言溫存，偏偏一時相對無言。

　　還是我先開口：「賤妾負罪，將謂永捐，不期今日又得睹天顏。」

　　他一時情切，雙手捧我臉龐細看：「妃子花容，略覺消瘦了些。」

　　我心中鹹苦：「情懷若此，怎不消瘦？」

　　是安慰我嗎？還是真的讚我？他說：「瘦便瘦，卻愈發清雅了。」

　　我的鹹苦倒轉了醋酸：「瘦有甚好？只怕還是肥的好！」

　　他怎不知道我指的是當時他的心愛人楊妃？

　　他敷衍道：「罷了罷了，各有好處，各有好處。」

　　哈哈，好一個「各有好處」！

　　那夜，他移駕我宮，不免酒意濃時，鴛夢重溫。

　　正睡著，忽聽外面響動，常侍飛報楊妃已到閣前。他慌忙披衣，抱我藏於夾幕間。外面嬌聲迭起：「日光早明，聖上為何尚未上朝？」

　　他那樣怕她，錯愕之餘，王顧左右而言他地支吾道：「……還是妃子起得早啊。」

　　她咄咄逼問：「聖上戀著何人，至此時不肯臨朝？」

　　他喏喏答：「朕身體略有不適，未能臨朝，特在此靜睡養神。」

　　她冷笑斥：「聖上何必戲妾，妾聞梅精在此，特此相望。」

　　他瞠目道：「她已廢置東樓！」

　　她再逼，他默然。

　　哦，天啊，那日我怎這般羞辱，不挺身出，拂袖走？

　　從那時起，西閣一幸，好幾年我沒見到我的愛人。哦，他有他的好愛人，而我也有我的好愛人——他再絕情，也是我的好愛人啊，從文到人，我們多麼相知。

　　苔凝碧，幬低垂，再也沒有宦官奔走傳訊，也沒有宮娥把盞侍宴，深鎖宮花孤單難耐，我鎮日情思昏睡，偶爾醒了便逗逗鸚鵡、趕趕圍棋，裝作失去愛人什麼事都沒有。哈，能有什麼事？除了他，我什麼都還有。只是寒涼如緞、隱有冷香的夜晚，叫人費盡心思。

　　忽聽嶺南馳到驛使，我一時懵了，心中狂喜：莫不是他又送梅花給我？可宮人說，是飛馬進鮮荔枝給楊妃呢。於是我更加難過了。

　　我暗自想：宮中侍監，只有高力士權勢最大，是他親信，若想送信箋給他慰藉相思，非借此人一用不可。我思來想去，便命宮人請來了高力士，問他：「您曾侍奉聖上，可知聖上還記得世上還有江采萍嗎？」

　　力士道：「聖上自然是惦念您的，只因礙著貴妃，不便相見罷了（難為了，他和他的主子也一樣的口頭禪）。」

　　這些勢利（也怨不得他：他不勢利如何活？）的人啊，眼中只有寵妃才是貴妃。沒人對此奈何得了。

　　漫記起漢武帝時，陳皇后被廢，曾出千金賂司馬相如，作《長門賦》上獻，換回君心。今日豈無才人？於是，我乞力士代為尋覓才人，替我擬《長門賦》一篇，以求聖上能再拾舊人。

　　是怕得罪她吧？他沒有應承，只推說去哪裡找？又提醒說：「娘娘善詩賦，何不自撰？」我也才想起，自己能詩文的事。便長歎數聲，取薛濤箋，援筆著墨，立寫數行，言辭淒惻。折起來，篋中湊齊千金，贈給高力士，託他進獻。

　　力士不便推卻，只好持去，待楊妃不在時悄悄地呈給他。他展開一看，題為《樓東賦》：

「玉鑒塵生，鳳奩香殄。懶蟬鬢之巧梳，閒縷衣之輕練。苦寂寞於蕙宮，但疑思於蘭殿。信摽落之梅花，隔長門而不見。況乃花心恨，柳眼弄愁，暖風習習，春鳥啾啾。樓上黃昏兮，聽風吹而回首；碧雲日暮兮，對素月而凝眸。溫泉不到，憶拾翠之舊遊；長闈深局，嗟青鸞之絕信。

憶昔太液清波，水光蕩浮，笙歌賞燕，陪從宸旒。奏舞鸞之妙曲，乘益鳥仙舟。君情繾綣，深敍綢繆。誓山海而常在，似日月而無休。

奈何嫉色庸庸，妒氣沖沖，奪我之愛幸，斥我於幽宮。思舊歡之莫得，想夢著乎朦朧。度花朝與月夕，羞懶對乎春風。欲相如之奏賦，奈世才之不工。屬愁吟之未盡，已響動乎疏鐘，空長歎而掩袂，躊躇步於樓東。」

他讀得默然。

他到底還是想著念著、放不下，但又不敢來見，便令力士密贈我珍珠一斛。切！他真的懂我，知我哪裡需要什麼似泥的珍珠？於是，斷然拒絕，又寫七絕一首《謝一斛珠》，托力士帶回，再呈於他。他複展覽，見上面寫著：「柳葉雙眉久不描，殘妝和淚汙紅綃。長門盡日無梳洗，何必珍珠慰寂寥。」

他悵然不樂，令樂府為詩譜上新曲，曲名取成《一斛珠》。那日，他正在吟玩，忽見楊妃走來，將詩句劈手奪去，一瞥之後擲還他，又見案上有《樓東賦》一篇，從頭至尾飛速讀了，不禁大怒，似木芍藥（註：即今日的牡丹），層層瓣瓣，開得刁蠻：「梅精真賤，竟敢做此怨詞，毀妾倒情有可原，謗訕聖上，該當何罪？應立即賜死！」

他默然。楊妃再三要求賜死，他仍默然。

他一次次的默然算是愛我的一種方式嗎？覺得是，就是吧？

「人有病，天知否？」僥倖沒有被賜死，我自己卻要死了……。等不到他了，等不到了，就像這個料峭乾冷的冬天，我等不到一天的大雪下來。在這清冽如酒的月夜裡，裹了他贈我的雲霞也似的錦，像一枝梅，只屬於他的梅，因他的一次偶然賜予便立志只開滿樹雲霞也似、細碎微笑也似的花朵、不長一片綠色葉子不摻一片雜物的梅，他的完整、貞潔、冷著身子卻燒著一片芳心的梅，作為書簡，回寄給他。

──這淡粉色印暗花的書簡已經在途中了，悠悠蕩蕩，香飄萬里，如盼望又盼望的雪片，如我對他的愛打出的旗語，繫在鴿子小小紅紅軟軟的腳上。

喔，我多麼幸福！

那錦，那香，伸出手臂一雙，成為他曾經的擁抱，伴我回程。

註：此篇寫的是《梅妃》

[劇情簡介]

才貌雙全的少女江采萍被進獻給唐玄宗。玄宗對其一見傾心，格外寵愛，封為梅妃。然而玄宗之妃楊玉環千嬌百媚選在君王側，集三千寵愛於一身，夜夜笙歌。冷宮長夜的梅妃苦憶舊時情，於惆悵間寄語斷腸詩，二妃之爭成水深火熱，忠臣欽天監力挽無從，最後更導致梅妃慘死後宮的懸案。

一別江山

漢代似乎是英雄與美人的故事流傳最多、戲裡唱過讚過最多的朝代。這裡挑選兩個最英雄和最美的，跟大家說說。

理想的旅途上，一匹馬加一男一女是最美好的感覺。有時，他們是對伴侶；有時，他們只是陌生人。

「是對伴侶」的：

去國三千里——哦，不止吧？要去的地方，離開故國何止萬里？但誰能擋得住他的心呢？他從江東將八千子弟帶出來，如今無一人生還。

像一棵樹，聽著它從熱烈目光似的夏風裡星星一樣繁密的掌聲，到深深的宛若白眼的冬季強風在瘦枝間空穴般的噓聲，他羞慚了，血液在身上流淌著，在身外也流淌著。他身上有十幾處的新鮮傷口在靜靜地等待他的主人一聲令下，它們便毫不猶豫跟隨他一同去，無論去到哪裡。

他那張由於長年征戰而疤痕累累的黑臉，也紅得如同晚霞。站在晚霞裡、也如同晚霞模樣的他的愛人，激動地望著她的英雄，臉龐也紅得如同晚霞。

是的，她的英雄，即使是兵敗如山倒，他在她心中也仍然是一座最高、最奇偉、永不倒下的山：

還有啊，即使是他被誤解、被口口相傳成是個兇殘、頑固、強悍、可怕的狂徒，可是我知道，也許只有我知道，他真的是一個深情的人；一個耳根有點軟、心有點軟、有些怯弱、帶有一絲愚鈍和很多天真的人：

本來說好的，在那宴會上，杯一破，便將敵人殺害，但是啊，他沒等誰去跟他勸說，對待那裝作極端謙卑可憐、其實心中「大風起

兮雲飛揚」的敵人（那演技之差，連我這除了大帳和兵器什麼都沒見過的女人都能看得出來），便覺不好意思，難以下手。

你說他也在裝，但他一個赤子心腸的人哪裡會裝？那日他臉紅著，轉移視線，裝作沒有看見他那忠誠睿智的大臣數次火焰和狼煙一樣傳遞過來進攻請求的目光。啊，他把敵人（他拿人家當是好朋友，兩人入關之前還稱兄道弟呢）客客氣氣地送走了，像東郭送走了一匹狼。

那日宴後，一次大戰完畢他抓獲敵軍大將，那人出言相激，他竟決定與敵人公正交戰，錯過全滅敵軍的機會；還有，那次他挾持了敵人至親，兩軍對峙時說要將敵人的父親和妻子都殺了，可那敵人居然說隨便他處置，絲毫不在意的樣子。他見激將法無效，竟無條件釋放了他們……，就這樣，禍亂生於無形。

天下人都講他傻，可我知道，他是可愛。

瞧，他的馬，他的兄弟烏騅，那匹體態豐儀、神俊氣昂、寬肩高腿，眼神清亮、添上翅膀就是龍的馬，那匹跟隨他北南斡旋、攻城拔寨、堪稱汗馬功勞的馬，那匹黑夜一樣狂放的馬、黑夜一樣溫柔無邊的馬啊，他本來大發雷霆，不停地大聲吆喝著、甚至鞭打（他何曾捨得鞭打過牠！）叫牠走，走到敵人瞧不見的地方，走到可以隱姓埋名耕作謀生的地方，走得越快越好，走得越遠越好……可牠，不走了，到這條遠遠看烏黑油亮翻騰著的大江邊就停下了！

突然，他像被一枝暗箭射中，一悲愴欲絕、叫人不忍聽的吆喝聲停止了。他抱住牠的頭，拍拍牠毛茸茸的腦袋，吻在牠的額際，雙淚長流。

因為，他看到：牠漂亮無比的大眼睛，雙淚長流。

牠想念彼岸了嗎？彼岸牠在母親蹄邊安然喝奶和咀嚼細草的幼年？牠初次發情的青春期、牠愛上一隻柔弱漂亮的小母馬但由於出征終不可得的青春？

哦，彼岸！

牠想念牠的主人和兄弟了嗎？還沒離開就想念了嗎？牠那些和牠一起成長、變老、玩耍、說笑、嬉鬧、挖地（有時他也很頑皮，會飛速去搶嫩草嚼，再做做鬼臉吐掉）；沒草時把自己碗裡的草一股腦倒給牠吃的主人和兄弟？

牠呀，生與死從來不是牠所思考的東西。每當鼓點在身後響起，牠便如同真正的追風少年，自覺地往前，騰挪閃轉，在劍盾的森林裡來往穿行。然而，此刻，這匹英雄之器的馬，牠不走！牠雙淚長流。

這條江，這條毫無污染、有著清亮眼神、抓著幾粒白沙和亂石咆哮著全力攔過來、大手拍岸的大江，它又在警告些什麼？

然而我的愛人，血染征袍染得透紅的愛人，他陷在自己的羞慚裡，像海一般的羞慚裡，不為所動，不為一名兄弟的眼淚和臣民的勸阻所動。

我知道，他面對大江，在想念。

他想念那些死去的人，那些曾經帳篷連綿十里、枕著盾牌睡得香甜的人；那些到了一個我們不知道到底是怎樣的彼岸的人；那些裸了半個手臂、祭壇歃血、眼睛被理想充斥得閃爍光芒的人；那些騎馬的、步行的、推著戰車的、刀槍劍戟斧鉞鉤叉有什麼用什麼的人，那些母親或妻子縫了征衣無處可送、也將再也無處可送的人……。啊啊，這個可憐的人，他在想這些！多麼地折磨人！

除此之外，他還想念那些活著的人。他們在彼岸，大江的彼岸，渴望團聚、渴望勝利的那些人；那些老弱病殘卻因他賦予的信念而快樂舞蹈、因他率隊出征而心存感謝；那些日夜不歇地勞動著、歌唱著汗水大江似的流淌著的人。他們還好嗎？他們會組織迎接的人群，將牛皮蒙鼓敲得塵埃不見咸陽橋嗎？他們會如同死去一般地倒下，然後驚愕痛哭嗎？

哦，我的愛人。

他回過頭來。他雙眼滿盈晶亮、蒸騰著汩汩熱氣的淚水。他將頭高高仰起，他把它們硬是吞了回去。

當他眼裡只剩石頭的時候，他看到了我——他的愛人、姐妹、母親、女兒、朋友、學生、天空和大地。他像我的根，給予我養分；我像他的花朵，使他盛開。

我擁他入懷。他如同一隻小小的貓咪，瞇著睫毛深長的大眼睛，疲倦地蜷縮了，偎在那裡，咕噥著。

我把繡襦打開，讓他靠近我能拿出的、最溫軟的地方，用天下間最輕柔的動作，撫摸著他剛硬的髮——那頭髮又髒又亂、又結著斑斑血痂。我五指當梳，慢慢梳理著愛人的髮。

由於梳理得太過專心，也由於剛才的廝殺聲震聾了我的一隻耳朵，我沒有聽清楚他的咕噥。於是，請他再說一遍。

他嘆了一口氣，說：烏騅不走，虞姬虞姬，我要怎麼辦呢？

要怎麼辦呢？他要我怎麼辦呢？這個青銅如水一般的人？我的愛人？他要我怎麼辦，我就會怎麼辦的。

我多了解他！我知道他知道我知道。

那一把濃密的黑髮啊，我緊抱了一把，把頭深深埋在裡面，像魚一樣地聞著水草悠長的香氣、海藻纏繞的香氣、含著奶味的香氣。我結束了母親一樣的擁抱——像抱了一整個世紀，但終是要結束的——抽出身旁的劍柄。

「好吧，」我說，「讓我來給您舞一次劍吧。」

這是一次盛開，為他的最盛大的盛開。

一開始我只是慢慢地移動腳步，眼神一刻也不離開我的愛人。

我要好好地看看我的愛人，把他刻在我的眼睛裡，最好請他長在我的身體裡，長成我的孩子，讓我繼續愛著他。

後來，我開始旋轉，擊出，回身，撲倒——他們將這個動作叫做「臥魚」。是的，我就是一尾魚，在愛人的大海裡游動的魚，我多想把最美的舞姿像呈一份糕點、一份最優質的生日禮物一樣地呈給他！我旋轉得像閃電一樣快，都要暈倒了。

我的愛人，他對於我這可怕的想法渾然不知。對於我給他的最後的愛情渾然不知，如同對敵人的算計渾然不知一樣。

這樣也好。

終於，我停在一個最美的姿勢上，不動了。在他讚美過的我的最美麗的肩頸那裡，劍就停在那裡，像筆一般停在了那裡。他能知道嗎？和我的愛人一樣從不懂得舞文弄墨的我啊，這曲最後的舞蹈動作就是我寫給他的最後一句情話。

他的眼潭中突然滾出了熱淚，一大顆、一大顆，如同葉尖墜落的露珠一般清澈甘甜……哦，我多麼想啜飲它們，如同我們第一次如飲的深吻。

他猛地跨過來，扶住我漸漸倒下去的軀體，把他的懷抱給了我。

我的身體漸漸涼了，但感覺到他的胸口越來越燙。我口不能言，呼吸也加劇困難，我的臉色被扼得赤紅，我日後一定要變成的一種花的紅——哦，多麼希望它是緋紅，可惜不是——多麼希望我的愛人看到的是我最美的顏色！

我僅存耳力的左耳，還能隱約傳進鼓聲、劍弩聲、腳蹄聲、十面埋伏聲，還有楚歌，以及我聽不太懂的歌，婉轉砥礪、雄壯沉實如一萬個滾動的太陽，從四面壓上來，越來越響，越來越響，又越來越輕，越來越輕……最後，一切聲音都嘎然而止了。

　　映在我眼波中的，是他平靜如水、欲哭還笑的臉。那宛如昨日、好似明天；是結束、也是開始；天下最英俊無邪、月亮般的面容。

　　鐘敲五更，寒徹了，手足麻到一動也動不得。「是伴侶的」這一折，說完了。

　　我想著：仲春來時，去田間小路上看那鮮豔壯美的花、響在風裡的花、秉著素樸而溫柔的花，是否還吐著當年的香氣？

　　想來，她一定仍香動四野。

註：此篇寫的是《霸王別姬》

[劇情簡介]

漢王劉邦與西楚霸王項羽互爭天下，劉邦屯兵於九裡山前，調度各路諸侯，十面埋伏。使人詐降於楚，誘項羽深入重地，圍於垓下。項羽置酒與妻虞姬共飲，泣下數行，哀聲作歌以寄慨。虞姬亦歌而和之。虞姬知百萬敵軍，斷非一弱女子所能出險，於是，謀得項羽佩劍，為之舞畢，拼一死以斷情絲。

彈鍘而歌

他的臉是那麼黑，鐵青鐵青的，總像戴著一個鐵面具，黑得沒人可以看見他的表情。因此，他如同夜一般的神秘，壓抑地咳嗽，厚而黑。

然而，他的臉又比所有的臉都光亮，像敞開著大海，簡直可以映出整個世界。於是，他的光亮又成為夜裡螢火蟲的光亮，倔強地閃耀，紅而亮。

因此，他的臉陰沉幽深，仿若雨季；他的心卻明亮俊朗，一如晴空。

他有三把跟他的人一樣神秘的鍘刀：龍頭鍘，虎頭鍘和狗頭鍘。分別鏤刻於鍘刀兩面的「為民請命」、「剛直不阿」的詞句圓睜雙目，而鍘頭的方向分別對著皇親國戚、文武百官和平民百姓擺放。

聽說他善於彈奏它們，如同熟悉琴瑟的詩人。他一彈奏起來便會不自覺的忘情，那神態近乎曹孟德夢中殺人的沉醉和清醒。

是的，他沉醉，同時，他清醒著。

坊間傳說他由於著迷於這種神奇的彈奏，它們刃下已橫屍無數──可以負責任地講，沒有一個鬼魂是含冤而死的。因為那些鍘刀啊，它們安靜坦蕩得在日光下熠熠閃爍著，如絲弦閃動，如他的心閃亮，安靜坦蕩得就像有些異常優美的東西，叫人忍不住疑惑：它們是真的嗎？

是的，當然是真的，不折不扣。儘管龍頭鍘和虎頭鍘比狗頭鍘更沉重、更難以搬動，他還是走到哪扛到哪，把這些鍘刀──尤其是龍頭和虎頭的，那威風凜凜的兩座，當成最寶貴的財富，不時地擦拭、上油，彷彿照顧嬰兒一樣日夜廝守，像一名詩人不忘照顧他的琴瑟。

　　能看得見的是他愛它們，看不見的是他恨它們：他恨不得一眼都不要再見到這些東西，一眼都不要。千秋萬代都不要。因為哪個時候它們彈奏著，哪個時候就是最暗的暗夜。

　　而暗夜，是多麼可怕！唉，那厚而黑的暗夜！

　　它們真的被彈奏過嗎？

　　是的，當然是真的，不折不扣。看，一顆年輕的頭顱剛剛為這疑問做了註腳：虎頭鍘刀鋒上還在「滴答」、「滴答」淋著鮮血；一分鐘以前被鍘刀「咕咚」、「咕咚」飲的鮮血，是跟他一樣的鮮血──同一個血型，曾以同樣的速度流淌過身材相似、輪廓相似的身體周遭的鮮血，還有餘溫、冒著微微熱氣的鮮血。沒過多久，就變成藍黑、惡臭，還有蒼蠅聞腥而來。

　　他每彈奏它們一次，人就老一點；他每彈奏它們一次，心就軟一度。那些琴弦有多沉重，他就有多老；那些人的脖子有多硬，他的心就有多柔軟。

　　他彈奏的這一曲，名字叫做《赤桑鎮》，曲牌名叫做：「包勉」。那是他自己的侄子、那寡嫂唯一的兒子。

　　事情算大嗎？看你如何看：是貪贓枉法大？還是一條生命大？如果，貪贓不算大、枉法也不足夠大到必須以項上人頭來作抵押的話，那麼鍘刀不必勞動，就這樣睡著，一切都不算什麼。

　　那反之呢？

　　事實上恰恰是這個「反之」。貪贓枉法都是這個「反之」──因為貪心夠大。

　　他心裡多少有些忐忑不安。他疲憊和擔憂的眼神我們看不到，但我們完全可以想像出他的疲憊和擔憂：他的身子時不時晃動，好像昨夜思索太多沒好好休息，雖然坐在椅子上，可老向外探著好像在等

待什麼。等待戀人嗎？那種甜蜜、矯情的思念？

不，他是焦慮著，有些害怕著。

嫂娘馬上就要到了，那「年邁如霜降」的嫂娘，那「如今無人靠養」的嫂娘──那娘一樣的嫂、嫂一樣的娘啊。

不怕她打、不怕她罵，相反地還渴望她打罵呢，那樣自己的痛苦也會少一些的。暴風雨似的打和罵請快快到來吧！

就怕她哭。

嫂娘不是愛哭的人，從自己很小的時候就是如此：她一個人帶兩個孩子──父母從襁褓裡就拋棄了自己，是嫂娘那乾癟的乳房先後分別餵養了自己和侄子，還到處求醫，醫好了自己的啞病。家境那樣清貧，可她從來沒哭過。她愛他們，心疼他們，自己捨不得吃穿地供養他們，把青春全豁出來奉獻給他們。她心裡也抱著希望呢：小叔出息做大官，也提攜自己的侄子、保護自己的侄子，讓人放心。每每咬牙撐過一波又一波的苦難時，嫂娘都要用她白皙的手指撩一撩烏油油的碎髮，好像她是世界上最幸福的人。

事實上也的確如此：他當了國相，執掌大權；自己的兒子年紀輕輕就做了縣令，前途無量，像是能給苦了一輩子的老母親披上鳳冠霞帔了。唉，一切的苦難付出都即將有回報了；儘管她付出時從來沒有期望過什麼回報。就算那髮不再黑、頰不再紅，也讓那鳳冠霞帔快到來吧。

結果鳳冠霞帔沒有等到，等到了一盆涼水，從雪白覆額、日漸稀疏的髮間潑下來，懷裡抱了冰：兒子死了！

死了！啊，死在那銅鍘下，在初任蕭山縣、為叔父「餞行表衷腸」那最親切、最不設防的時候。

　　所謂死，就是再也看不到了，他到那邊去過他的生活，我過我的。他的愛的細語、怨的狠話，都聽不到了。

　　他那口口聲聲說一定要為母親穿上鳳冠霞帔的、好聽歡悅的聲音，和小時候一樣聲音有高有低、稚嫩撒嬌的呼喚「母親」的聲音都聽不到了。如同大風刮過，他成了無形的人……怎麼會成了鬼？自己的兒子怎能成了鬼？他永遠都在，只是看不見而已。

　　怨恨那個看得到的、高低不分、油鹽不進、忘恩負義、絕情絕義的傢伙！他只埋首調試無情銅鍘刀的絲弦鬆緊，不抬頭看傷心白髮人的如今模樣！

　　到了他的官衙，首先見到「公正廉明」的牌匾，四盞燈光照舞池；「刑一人而正萬人，誅一惡而儆萬惡」，兩塊霓虹斑斕閃爍，琴童王朝馬漢、張龍趙虎分列兩旁，伴舞衙役「威武……」「威武……」嘯聲嘹亮。而那親愛的樂器——鍘刀們，仰頭不愧天、低頭不愧地、前行不愧人、捫心不愧法，它們此刻正在那邊觀看著。

　　龍們虎們狗們的影子，變身為蠕動著的爬蟲蠹蠍：膝行的土灰蟲，醜陋的蜈蚣，有毒的蜘蛛，似人形的甲蟲……，牠們生長在腐敗的物質裡，到處爬、鑽、舐、啃、撓、抓，晃晃蕩蕩地傾聽偷窺，聽著一段清唱，窺著一齣好戲，即將登場。

　　是的，嫂娘登場了，愛他恨他的嫂娘，他唯一畏著懼著的嫂娘。

　　她本來是要罵的，狗血淋頭地罵，把兒子全身的血匯聚一口全噴出來地罵；本來是要打的，劈頭蓋臉地打，把兒子被彈走的頭、被奏走的臉當刀刃劈蓋過來地打。那些心肝脾肺和胃腸胰膽、那些脊椎肋骨和經絡筋皮，山重水複地回轉來，驚濤拍岸地回轉來，摩拳擦掌地回轉來，心花怒放地回轉來，圍攏著牽在一起，繞著圈地跳著笑著，準備大聲歡唱。

嫂娘登場了。

嫂娘的頭上冒著怒火，胸中含有隱痛，她踉踉蹌蹌，跌跌撞撞上臺來。她沒有打也沒有罵，但那句句低低的斥責是鞭子，鞭鞭帶了風聲，冒了血漿。

他一聲聲帶著青衣的拖腔、或悽愴、或溫情的「嫂娘啊」，叫得讓人柔腸寸斷。

「勸嫂娘你休落淚免得悲傷……」他一開口猶如銅鍘，每一句話都如此誠摯，把嫂娘的憤怒一綹一綹地，抹得漸漸平息下去，並開始涓涓細流，潺潺啟動，跳過殘石，掠過高原，並穿山越嶺，抵達了萬里平原。哦，那綠色的田野，那清平、浩蕩、無垠、歡笑的田野。最後，它竟然挾帶許多溫暖濃厚的植物汁液似的支流，奔赴了大海！

嫂娘她，居然高端起了酒杯，向她的小叔、年紀小她許多的小叔，她用乳汁餵養長大的小叔，殺了她的兒子的小叔，殺了她的殘生的小叔，敬了一杯酒。

她，向他，敬了一杯酒。

她敬他，「為黎民不徇私忠良榜樣，萬不該責怪他我悔恨非常」；她敬他，「表一表，愚嫂我這一片心腸」。

他霧開日出響遏行雲地高叫一聲：「好嫂娘」，涕泗滂沱。

對不起，我也涕泗滂沱。

我們涕泗滂沱。我們為他，也為她，涕泗滂沱。或許我們竟為我們自己涕泗滂沱——我們多麼齷齪！

星星一顆一顆被擦亮了。彈完了這一曲銅鍘絕唱，這白頭老婦人，她便蹣蹣跚跚轉道回家，去買棺槨安葬兒子，這包家唯一的血脈；那位鐵面人，他鏗鏘奔赴陳州，去開倉庫賑災放糧，那國家重要的大事。

他們沒有時間涕泗滂沱。

我們愛他們。

註：此篇寫的是《赤桑鎮》

[劇情簡介]

宋朝以鐵面無私著稱的丞相包拯年幼失去父母，由其嫂吳妙貞撫養成人。吳子包勉長大學成，被委任為蕭山縣令，卻貪贓枉法，包拯秉公將其處死。吳妙貞趕到赤桑鎮，哭鬧不休，責包拯忘恩負義，包拯真情相勸，曉以大義，妙貞感悟，悔恨交加，反覆謝罪於包拯，包拯亦謝罪於嫂，叔嫂和睦如初。

不知何事縈懷抱

究竟是什麼漫捲在我的心頭，盤旋不去？在時光的那一頭有我靜靜微笑的眉眼，裡面有著一些自由跳動的愉悅，有簪子如雙玉蟬的美麗光華閃閃爍爍。

喔，我的愛情，不過是一支簪，暗夜裡微芒輕動的簪。我在雕樑畫棟的大門外，明知行人過盡君不來，卻還是百無聊賴地看著街頭人頭鑽洞的店鋪、偶而閃過的車馬，以及匆匆的行人，手邊的茶早已涼去，最初沉沉浮浮的心事也已涼去。

有一輛馬車發出一聲長長的嘆惜後在前門停下來，一個娉娉婷婷的女子下來後，又開始緩緩向前駛了。她快樂地向我打著招呼，親熱地攀著我消瘦又微微駝背的肩。

她是他的夫人，他們一起出遊歸來。哦，他是又去衙門處理公務了嗎？他翩然的影子被塵埃遮擋住了。思心早斷，夕陽漫墜，哪裡還盼什麼馬蹄歸來？

想來，歸也不是為我歸，還不如不歸。但其實還是，盼他歸吧。

似乎這就是記憶中的樣子，又似乎不是。生活已如手裡這杯漸漸冷卻的茶水，初看綠意拂拂，而之中的波瀾不驚卻已接近木訥。

那時候，我們還在家鄉——我無比熱愛的鄉村生活。我十八歲，他才兩歲。我們像一對真正的姐弟，高高矮矮，手挽著手，在田壟間走過，嘴裡哼著歌。當時，我心裡是多麼願意就那樣在鄉村的靜靜歲月裡慢慢老去，有暖暖的秋陽和掌心。而多年後，那些情境會在漫漫時光上朝我一一走來。比如夜色、流螢、春色、蛙鳴……。

我是作為童養媳來到他家的，那時沒有洞房花燭，我叫他「弟弟」，而他叫我「姐姐」。村裡人總是講：等到他十六歲再「圓房」……

唔，多麼羞人的陌生詞語啊！那是我非常容易就臉紅的年紀。

那些夜晚，回想起來，怎樣都像一個個香甜夢，似真如幻。那時候啊，蟲聲唧唧，月色濃疊，人們穿了短衫來去，或在矮牆下，或在水井邊，或在籬笆旁，或在木橋頭。語聲陣陣，從這裡那裡無處不在的、微微的螢火蟲間穿過，像在星星河和香甜夢裡裡遊過，慢慢地就染上了木葉的清香、花朵的異香，在另一群人的耳邊漸漸就成了最安和動聽的催眠曲。

於是人聲闃寂了，露水漸漸地來了。夜酣下去了，花睡過去了，有些怕露重濕衣的就搖著大葉的蒲扇回了家，而不怕的則在月下舒服地眯著眼，似醒非醒。

個別的愛人們還在不遠處的梔子樹下細語，香甜絲絲透出的花樣細語。有時女子「嗤」地輕笑一聲，仙樂似的動聽——想來她那模樣一定蠻好看。晴川歷歷，風柔綿地吹著，橋下的水靜靜地流著，比白天更響，有失眠的魚偶而揚尾敲出一聲梆子。每當那個時候，我在女人堆裡，聽著她們說話，手裡抽著針麻線，為「弟弟」做冬天上學堂的棉鞋，還不時地在頭上蹭一下針尖，好使它微微灼熱和更加銳利，那是一段安祥靜謐的好時光。

我蠻喜歡這個「弟弟」……，是沒有其他特別的感覺的，就像對一個親弟弟一樣地親。他懂什麼呢？和我家裡最小的弟弟幾乎一樣的年紀。為他縫衣、洗衣、洗腳、剪趾甲，有時還會用手帕替他仔細擦去黃白的鼻涕……，我是真的把他當作弟弟愛著的。

聽蛙鳴和蟲音的最好時段，就數春夜——最深的春和最深的夜。不必踱到曠野，就在窗下黑著，不點燈。於是牠們就會試探著，翻上田壟，越過池塘，一聲聲彼此喚著，踏過窗臺上的那些花——那些朵朵如霞明照眼、晚涼相對更相宜的花，然後在你耳邊此起彼落地聒噪——是的，簡直是聒噪，牠們好像在比賽，沒有誰打算服誰的樣子，

而我卻可以聽出裡面極美的淺酌低吟。跟蛙鳴和昆蟲的叫聲夾雜在一起的，是芬芳的花香與草香，還有大地濃烈的鮮腥，撲入鼻孔。

在人們還來不及細細分辯牠們叫聲的高低緩急、誰更動聽時，牠們已從門前的溪水邊悄悄地滑過去了。

那時，他已在旁邊竹凳上靠著牆角熟睡。唉，是怎樣蛙聲震天、蟲聲如鼓都不會醒的熟睡呢！我收起為他繡的肚兜，輕輕地抱他回屋裡去，為他脫了鞋子，摺好被角，再悄悄去隔壁房間休息。

都過去了，那素樸如小令、豐饒似長調的歲月，那如今我一再頻頻回首卻再也望不到蹤影的歲月，我年華中最芬芳的歲月，那「只為來時晚，花開不及春」的歲月啊。它是值得我們熱愛並深深懷念的所有的一切。像我們的前世，初來人間。

那樣詩呀、歌呀的夏夜和春夜猝臨又猝走，而我的歲月日漸佈滿銀霜，恰似一場午夜大雪，覆蓋了所有往事。我站在日子邊緣，瑟瑟發抖。

我忘記了一件事：他要長大，我會變老；他會遠走，我會戀慕。

他像一株盛春時生氣勃勃的小樹，一天一個樣地卯著勁地朝上，枝椏修長，汁液飽滿。他的學問也日漸茁壯豐盈。到了他十六歲的時候，我已經三十二歲。……直到死去，我們永遠都相差十六年的距離，對嗎？這不可跨越的十六年。我臉上的血液一定流動得變慢了，漸漸沒有力氣，而我的身材也已比他矮了一個頭。

對於真心相愛的一對，十六年算得了什麼？三十六年又算得了什麼呢？但我知道，他不愛我。

他依戀我，如同依戀出嫁以前的姐姐、母親故去以後的母親，除此無它。

可是啊，他的氣息是那麼溫煦而清朗，身上開始縈繞起一種怪怪的、有點刺鼻、然而十分好聞的氣息。我沒有接觸過任何的男子，

因此，我把這種氣息命名為成年男子的氣息。有時，在洗他的衣衫時，我會濕淋淋地撈起一件，偷偷聞一聞，並為之微醺。這樣的病態讓我痛恨、鄙視自己。

就這樣，我憔悴著、陷落著、沉溺著，做著姐姐和母親。澎湃的青春過了，我仍找不到岸。

沒有岸。

面對這只能服從不容挑選的命運，我又能說什麼呢？我的心中微茫的希望在哪裡呢？它是什麼？它毫無力量，無能抵抗，像一整片的黑暗似的黑布，沒有剪刀，我被罩得死寂般嚴密。

我內心的天堂卻格外明亮而晴朗：他惠施多方、學富五車、金榜高中了；他鳴鑼開道、彩旗八面、榮歸故里了；他獲聖上恩准、鳳冠霞帔、迎娶我了。

或許，再苦熬幾年，他真正懂事了以後，會格外珍惜我吧？珍惜我的付出和犧牲？

他十六歲了。沒有，我們沒有「圓房」，自從他八歲時他的娘親死去以後，再沒有人張羅他的事，包括婚事。他每日埋頭苦讀，休息時也只是吃著我做的飯菜、穿著我做的衣衫。

他自己的小書房是不允許我進去的，他討厭別人把他的書籍弄亂。真怪，他的書籍那麼亂，亂到匪夷所思，誰還有本事弄得更亂？而他還說別人會弄亂？

我不懂他的一切。

在做著姐姐和母親之後，我更像一個乳母，一個跟隨他、侍奉他、景仰他、疼愛他一輩子的乳母。

沒有關係，只要能看到他，我不在乎是乳母還是其他什麼。只要能看到他，就像看到星星點燈。

　　他二十歲了，準備進京趕考。他背著我連夜縫好的布袋，拉了拉我的手，使勁搖晃了幾下，就啟程了。

　　他表達他必勝的決心，我感受我暖煦的情意。我寧願他是在向我承諾。是的，是的，那是。那不是情意，是什麼？

　　是的，我對於他的才學也抱有必勝的信心，我對於他最後的決定也抱有很好的嚮往：他會吧？會將鳳冠霞帔帶給我的，與他的宮花配成一對。如此想著，我手上那摩挲了一百遍、全身滑潤剔亮的雙玉蟬——他的娘親還在時交給我的定情物——它上面的配飾都彼此拍著手，為我高興地唱著呢。

　　在他遠行的日子裡，我悄悄地惦記著他，不肯給人知道，聽說江上風波險惡，我就去求佛，請求別讓那風浪打了他的船，這是有生以來我對佛祖唯一的一次請求，將來也不會了——一旦有了惦念，便什麼都不需要，只求他平安。

　　一切都很順利，一切都應驗了：他狀元及第，天下盡聞。我們村裡的小孩子跑到家裡來報信邀賞時，我把家裡的碎銀幾乎都分給了他們——還有什麼比這消息更值得慶祝的呢？十年寒窗啊，我弟，哦不，我夫面壁十年終破了那壁，而一飛沖天！

　　接著，鑼鼓大轎像唱戲一樣進了村。啊！那真是叫人慌張的音樂啊！

　　我忙著在鴨蛋圓的小鏡子裡左右觀瞧：臉不胖不瘦，眼睛算明亮，膚色潔白，眉山還翠；只是我沒有以前有精神了，像花開到荼蘼的古井無波。以前那個鳥兒似的、活潑可愛的我哪裡去啦？

　　唉，那些熱鬧的音樂啊，請快一點……不，還是慢一點來吧。我從沒有胭脂香粉，我有點後悔這些年全用來照顧他了。我只來得及在他邁入大門的那一剎那，使勁抿住、咬了幾下唇——可還紅潤？

只見他頭戴烏紗、身穿大紅掛、腰橫玉帶、足登朝靴，真是俊逸逼人。一進門來，喚了「姐姐」一聲，說：「聖上皇恩浩蕩，說您『義比女嬰』，看賜予您什麼啦？」接著，他閃開來，讓隨從打開身後抬著的紅箱子──什麼是「義比女嬰」？我不懂得。箱子裡面是鳳冠霞帔嗎？是用來迎娶我的新娘禮服嗎？

隨從們費力地抬出了什麼東西？它長長短短、四四方方、粗粗笨笨、堂堂皇皇。它是大紅的，如喜幛的喜色；它是帶點金色的，如花燭的花樣；它上面敦厚嚴整的四個大字我隱約認得，一時我如啞子聽雷：「教子有方」。

呵呵呵呵，好一個「教子有方」！

後來，我就帶著那塊「教子有方」跟他一同上任，這喧嘩的城，這不夜的城。卻顧來時路，蒼蒼橫翠微。縱橫的荇草，鮮腥了一層又一層，已阻斷了來時路，讓我這驚惶無措的魚兒無處可逃。鄉間做著香甜夢的夜晚們，早依稀渺遠不可辨。

「想不到我荒山走出路一條，腳下還是絕崖嶺」，我終於，失去了裝著我全部青春和心事的鄉間，我熱愛、牽掛的地方，溫靜、煦暖的地方，和那些無比美麗的夜晚。

在這雜亂、骯髒的地方，鬧熱、蕪雜的地方，連花花草草都分出等級、開與放都滿含曲意逢迎的地方，消磨我、銹蝕我的地方，擠壓我、排斥我的地方。所有貌似熟人的陌生人，都譁然如鴉地熱烈讚我「教子有方」──他們或許以為只有如此才能討得我這狀元姊姊、進而博取他那一方土地的歡心？

呵呵，我也算「教子有方」吧？他那麼出息，尊我如母親。他孝順我，時鮮果子從來不斷，還日日過來請安，沒有絲毫的怠慢。我在後面花園的房子裡住下了，一應所有十分齊備。

　　秋意漸深、漸濃、漸淡、漸遠，我的冬季來了。我從來不告訴他什麼，也不怎麼想念鄉間夢境般的歲月。

　　再後來，他娶了夫人，那夫人小我很多，也小他很多，如花似玉，叫人愛憐無比。她嬌媚甜美、弄初落雪的聲音，常常從他們的後門、從我半掩的前門傳了進來。

　　不，它已經不再刺痛我的心，我只覺得親切。既然無法迴避，那就有禮相迎；既然他愛她，那麼她也便是我的愛。她是我們的小妻子，明豔照人。呵呵，一個人的堅強是磨出來的，用更痛苦的痛苦去磨礪痛苦，痛苦就變成了尋常，甚至歡喜。

　　想開了，這世間無非是，我提供眼淚，你交付笑靨，又有多少分別？總歸都是剎那。只是，只是，為什麼，在越來越多、越來越多的華髮裡，我還能找出一根黑黑的、亮亮的髮，在比死更清冷的夜裡，在比愛更暖黃的光下，閃著光？

　　不如拿那廢物的定情信物、閃著瑩瑩毫光的雙玉蟬（它百無一用，也永不老去，多好）剔了殘燈，借了那光，狠心拔了那根黑髮，如大水滅頂，盡數雪白，心下乾淨。再猶疑一下，橫豎紅顏老，流光賤，宿妝亂，悶無端，不如乾脆用這簪滅了那愈加明亮的燈芯。

　　拔了，滅了，可究竟是什麼還漫捲在我的心頭，盤旋不去？

註：此篇寫的是《雙玉蟬》

[劇情簡介]

少女曹芳兒幼年喪母，其父曹觀瀾愛女，猶如金盆栽種牡丹，總望覓一佳婿，生活安穩靜好，以慰平生。某年，曹觀瀾去杭州販貨，過江時不慎失足落水，幸被紹興人沈舉人相救，感恩之下，酒後誤將十八歲的女兒配給年僅二歲的沈舉人之子沈夢霞為妻。於是一場老妻少夫的悲劇，由此拉開序幕……。

詩人曹操

可惱啊可惱！

大膽狂徒！禰衡小兒！你無視群臣，遍裸全身，擊鼓鏗鏘，高聲叫罵，到底想怎樣？閉上你的鳥嘴！你滿口胡言，叫我怎忍得！

想我阿瞞，初入仕時，從沒效法紈綺子弟享樂著，一心革除弊政，屬行法治，而今宦官弄權，朝政混亂，我哪畏權貴？刺董卓，破黃巾，擒呂布，敗袁術，滅袁紹，統北方，贖蔡琰，哪一件不磊落澄明，不公心在上？誰不說我是「治世能臣」……咳，和「亂世奸雄」？

唉，其實，即使頌讚，也都是世人附會，我又有多少軍事才能？中平六年，我輕兵冒進，與董卓部將徐榮大戰榮陽，我慘敗，幾乎全軍覆沒，而汴水之敗，我險些殉國；興平元年，我再次出征，進攻徐州，以至兗州遭襲，上演失荊州的慘劇；回軍後，我不察敵情，急於求戰，再次慘敗，幾乎喪命；建安十三年，我取荊州後，又率性東征，再遭大敗……我多麼魯莽！就算我有了權勢，可都來得突然、糊塗。

先前我與呂布相持，幾番戰敗，袁紹來信相招，我什麼都沒想，便欲投之，幸被程昱諫阻；建安五年，我與袁紹相持，會戰不利，馬上想撤回許都，幸又被荀彧諫阻；建安二十四年，關羽水淹七軍，華夏震動，我又衝動想遷都，幸為司馬懿諫阻。

我哪裡奸了？我覺得我還真傻！

而且啊，就算我有時奸滑一點，也是自然的吧，不奸行嗎？很多人都想刺殺你，梟雄們（你們老說劉玄德仁義厚道，可我知道他才是天下最大的梟雄）天天設計取代你，能不跟他們學著點嗎？否則，這項上首級早就不知掉過多少次了。

我的夢中殺人是有些過了，我也很後悔。可是我就裝過那麼一次，現在還常常做噩夢。在夢中被那我冤枉了的侍衛殺過很多次。好

像一輩子生活在被他殺的過程裡。這滋味，又有誰會知道？

　　所以，我有個想法，就是將來在決定安葬自己的地方，設七十二座疑塚。我不是怕盜墓賊──都說我是奸賊，怎麼還怕小賊？我是怕被我裝夢中殺人的……呃，那名兄弟在陰曹追殺我。我怕他。

　　你知道嗎？我為我的憨直癡傻付出過血的代價，吃過兩次大敗仗：一次是張繡之反。張繡一開始投靠我，我沒有任何防備，不久他又反叛，在一個月黑風高的夜晚殺入我營；第二次我大敗於宛，事關我的愛將典韋，可憐他為保我身亡，我的長子曹昂與侄子曹安民也死於亂軍之中，我自己也身受嚴重箭創，可我只顧了心疼典韋，痛哭失聲……我不是會裝的人，我真愛才！

　　可彌衡，你不過是一紙上之才、逞口舌之快的小子，據說高傲無比，因此，即使是孔融先生推薦的，我也毫不心動。我討厭你這種只會巧言令色、誇誇其談、目中無人之狂生，我喜歡真正飽學實才的能士。我聽說高士許攸來投奔時，也曾歡喜、慌忙得跣足而出，隆重迎接，我是最喜招徠天下英才的人呢！我明白告訴世人：無論你是否有過「汙辱之名」、「見笑之恥」，或即使你有過如貪將吳起那種「殺妻取信」、「母死不歸」的惡劣行為，只要你真的有能力，仍會得到我的重用。

　　我廄馬萬匹，虎士成林，我的英才都是頂尖的英才。

　　禰衡，你罵我可以，我承認我是入錯了行，我當初做個純粹的詩人就好了。你擊鼓罵我，我才大大地後悔！我其實沒有多少政治頭腦，時世所迫啊。可你不該罵我的帳下英才們！那些人真的比我還重要！不提荀彧、荀攸、郭嘉、程昱運籌帷幄，機深智遠，怎輸昔日蕭何與陳平？單說張遼、許諸、李典、樂進拔山舉鼎，也堪比舊時馬武與岑彭！還有呂虔、滿寵、于禁、徐晃、夏侯惇英名蓋世天下曉。曹子孝乃世間福將四海揚名，為人所讚的柳城之戰，從策劃到嚮導，皆是田疇之功；同樣漂亮的渭橋之戰，全是賈詡的計謀。

　　……不說了，這足夠說明我招徠的英才沒有一個是冒牌貨；不說，也因為我已經按捺不住了！

　　我再告訴你，我也不是你想像那般不恥。憑想像你能想出個什麼來！來，扒我的前胸衣服，你揭開我的心扉看看，與日思夜想著當皇帝的地方軍閥是不是大不相同？我即使在最炙手可熱的情況下也堅持沒稱帝啊。

　　你悶頭啃書怎能得知，219年，孫權襲殺關羽之後就曾上書給我，歌頌我的功德，勸我稱帝，我讀完此信後說：「是兒欲踞吾著爐火上邪！」當時，文武大臣陳群、桓階、夏侯惇等也紛紛勸我稱帝，但我還是答：「若天命在吾，吾為周文王矣。」我真的不想當皇帝。

　　為此，我還下過《讓縣自明本法令》，表達我輾轉征戰的經歷及內心剖白：我真的守義為國，無意取代漢室。我是怕世人誤會，還決定讓出受封的領地，在令中告訴我的妻妾：我死後，無論她們嫁到哪裡都要為我說明無叛漢之心。在令中，我還解釋自己之所以不放棄兵權，是因為己為子孫計，又己敗則國家亡；我還吩咐銅雀台妓，在我死後不要依仗我的威名驕奢無度，要自力更生。我才不把自己的兒子們取名為「封」或「禪」，我不想當皇帝！

　　大家都知道，周瑜的愛才方式就是殺伐，他與諸葛勢同水火，又發現劉玄德非池中之物，即起殺心，如他當時得逞了是不是就不會有後來那些事情發生？那種眼光短淺、器量狹小的人也不是我欣賞的，非豪傑也！

　　在落魄的時候，我照顧過玄德，我當時是真心英雄惺惺相惜，說他跟我是並世英雄——說得玄德都不敢聽，裝怕天上雷鳴箸落足邊。雖然，我真覺得他是英雄，是我的政治勁敵，將來必定成為我的心頭禍患，可我還是沒捨得殺他；也雖然，當時他真可說是我的甕中之鼈。我是這樣想的：既然同是英雄，就應當馳騁沙場，決勝千里，

若以陰謀詭計或一時機緣毀壞英雄……，想想都羞愧難過！

　　這番心意，天地可鑒！禰衡啊，我真的、真的是只想做個詩人啊，我就是喜歡藝術、喜歡文人──涵蓋所有領域的翹楚。蔡琰歸漢修《後漢書》，是我費了多少周折才完成的事呀，至今我仍覺得這是我該做的、為數不多的真正重要和得意的事呢。我偷偷假想我是詩人好多次，嘿嘿，每假想一次，就幸福一次。

　　說遠了……我南北東西征戰三十多年中，我雖不才，卻還算目力豐盛，胸襟浩闊，總是抽空賦詩，登高必賦。修個檯子寫，東臨碣石也寫，我覺得讀書學習作詩作文是天下最快樂逍遙、稱心如意的事！我開建安文學風氣，胡亂作的《短歌行》、《觀滄海》、《龜雖壽》不是各位都知道嗎？我最得意我的「月明星稀，烏鵲南飛」，我覺得裡面有我喜歡的蕭索氣質。

　　禰衡，你以為我喜歡弄權嗎？我自己知道，我多喜歡去田疇間，種點粟米和蔬菜，樸質勞動，汗墨鮮香，涉筆成趣，做一農人兼詩人，做一個最美好淳厚、童心爛漫的人，多好！我的「神人共遠遊」、「沖靜得自然，榮華何足為」什麼的，是瞎謅，卻不是瞎話。我在野地裡更愉悅和自在；我在人群裡，寂寞跟地獄同樣深。

　　可我自己做得了主嗎？開弓沒有回頭箭，我已經被弓啊、箭啊這些東西害慘了。在我年輕時，各路諸侯不顧國家大義，只圖自保割據，也讓我不得不振臂高呼：「失天下之望，竊為諸君恥之」──只想做個太平田園詩人、不先治國平天下也是不可饒恕的，對嗎？

　　更何況，望著被沐猴冠帶的那些傢伙們焚毀的、曾經多麼美麗的洛陽城，望著因戰亂、瘟疫造成的百姓們的種種，我心疼啊，心疼花朵般的河山和爹娘般的人民。唉，我沒有打算造反篡權，你明白我的意思嗎？我寫的小詩「白骨露於野，千里無雞鳴。生民百遺一，念之斷人腸」確實是我當時的心情，沒有一點虛構和誇張。所以，我才收起做詩人的念頭，低頭告別以前的理想，在吱吱嘎嘎的破戰車上，

踏上了逐鹿中原的險路，被一次次地追捕，還將被一代代地追捕⋯⋯夠了，我受夠了。

可是，如今我手下還有百萬眾的將士等我侍弄，像農耕時節農人無法脫身踏青而不去侍弄一塊田地。總不能撒手而去，只顧著自己千里快活。我哪裡還有資格去寫作，做我最嚮往的事情？

我真的是天底下最值得同情的一個人。我犧牲了我自己。都說我是傑出的政治家和軍事家，可我知道我廢了，從身體到靈魂。苦啊！我沒有成為朝思慕想的詩人，哪怕退而求其次地當個散文家。

唉，禰衡，也許，只有到我們都死後好多年，淪喪、絕望、殺人、禮崩樂壞、身不由己的時代才會過去，而那種我嚮往的「天地間，人為貴」、「路無拾遺之私」、「人耄耋，皆得以壽終」、「萬國率土，莫非王臣。仁義為名，禮樂為榮」的最好的時代才會到來吧？

請它早一點到來吧，提前一點是一點吧。

好了，禰衡先生，提上褲子，別罵了。我承認我失禮於你，向你道歉，你可以打我幾下解解氣。不過，別狂傲，天下這麼大，狂傲真的沒有意思。最好記得：驕傲只是姿勢，風光不過彼岸。

對了，鼓打得很好，端方俊彥，緩急皆宜，歌以詠志，我喜歡聽。

註：此篇寫的是《擊鼓罵曹》

[劇情簡介]

故事取材於《三國演義》第 23 回。當地名士禰衡被孔融推薦給曹操，以期獲得重用，不料曹操因其傲慢而對其輕慢，用鼓吏來差辱他，禰衡心中不滿，赤身裸體，並當著滿朝文武大罵曹操，借擊鼓來發瀉憤恨。後經文武官員相勸，勉強為曹下書，去說服劉表。此劇充分表現出了禰衡的高傲性格。

暗室有燈

麒派是父親的最愛，其中，《四進士》又是老人家的最愛。現在我慢慢有了年紀了，也開始喜歡麒派和《四進士》。

《四進士》出現的確切年份無從考證，那時《四進士》的主角還是毛朋，在劇中他是一個「清如水、明如鏡」的好官，並「愛民如子」，整齣戲的情節圍繞著他展開，他明察秋毫，鐵面無私，懲治了貪官，最終為民申冤。這齣戲反映了當時官吏、軍閥橫行霸道、魚肉百姓的現實，民間渴望能夠在一夜之間出現一個「毛朋式」的清官，為民作主，懲治貪官，有一定的現實意義。

但這終究是一個幻想，是一個良好的願望，在那個年代是沒有這樣的官吏的，既使有，也必將如流星劃過，壽命不會久長。

如你所知，民間個性扭曲的形態中容納著的一些不太「忠厚」的東西，這就是智性品質。民間個體在長期極度艱難的處境下逐漸體悟到，單單依靠善良、正直的特質並不能夠使自己找到一條可靠的生存道路。個體在長期與同權力階層打交道的過程中，目睹著一幕幕權力鬧劇，慢慢洞察到對方那套統治技巧。他們也從中學會了一些可以為我所用的心計，形成了一種弱勢處境下的特殊生存智慧。這種特殊的生存智慧是不可以被詬病的；但可以同情。

這些品性凝結著這塊土地上千百年來的處世經驗。這個經驗包括了人民新的願望：巧妙周旋加錚錚傲骨的「自己的抗爭」。

隨著歲月的流逝，願望成了失望，失望又成了絕望，於是，人民不再祈盼這樣的官吏出現了，他們知道，也許永遠也不會出現了。於是轉而想著經過怎樣自己的抗爭，維護生命和生命的尊嚴。

接著，到了麒派，戰士和英雄宋士傑順應民意成為了主角。後來的劇本就決定了。就是今天我們常看到的、格外傳神的這一個，故

事情節蠻曲折的：明嘉靖年間，新科進士毛朋、田倫、顧讀、劉題四人由海瑞舉薦出京為官。因權奸索賄留難，不予轉遷，幸師座梅尚書力保可用，方得簡任外省。因痛恨朝政腐敗，離京前四人遂至雙塔寺結義盟誓願：「上報國恩下救黎民；絕不枉法瀆……。」

田倫的姐姐為圖謀財產，毒死小叔姚廷美，又將弟熄楊素貞轉賣給布商楊春。楊春聽素貞哭訴，憐其遭遇，撕毀身契，拜為仁義兄妹，要代她告狀。之後楊素貞又被義士宋士傑收為義女。適逢毛朋私訪，代寫狀紙，囑去信陽州申訴。田氏是田倫姐，逼弟弟幫忙處理，田倫一開始不同意，田氏又脅迫其母，田母在女兒的糾纏下，竟給自己的兒子下跪。

無奈下田倫只能給信陽知州顧讀寫了求情信，並送上三百紋銀。田派遣的部下，剛好投宿在宋士傑店內，宋偷看信，發現與義女楊素貞事有關。當顧讀徇情押禁楊素貞時，宋上堂質問，卻被杖責轟出去。楊春又去毛朋那裡申訴，毛朋接狀，宋士傑作證，田、顧、劉三人均以違法失職問罪，判田氏夫婦死罪，為楊素貞申了冤。

以上就是基本劇情。叫人心生敬惜的無名氏作者，他在那麼遠的元朝，把一個龐雜的故事養得如此明暗交半又喜憂參半，舟楫勞頓，傳至今日。感謝啊。

四進士當初對國對民的承諾，後來只有一個毛朋沒有違背。那三個怎麼會違背了指天劃地的誓願？想來發誓那時他們一定都是無比真誠的。這就是這齣戲給我的思索：其實我們都已經違背了當初的誓言，多寡有別、深淺不同而已，性質都是一樣的。

看了這戲，你就能知道，古代打官司，擊鼓上堂前要先挨一頓板子，然後才能告狀。還有，古代偷看公文是要被挖眼的，偷了公文是要剁手的。最重要的是：古代民告官不管輸贏，都要被治罪，首先你告了官員就是罪，最輕也要被充軍。

對這種事情，我們也不是特別奇怪。

我一向不想把任何人看得過壞，譬如《紅樓夢》裡那個賈雨村。他說過這樣的話：「蒙皇上龍恩，起復委用，實是重生再造，正當憚心竭力圖報之時，豈可因私而廢法？是我實不能忍者。」賈雨村那時一定也是想不「因私而廢法」而「實不能忍」，可為什麼後來「實能忍」了？唉。寶玉對其恨之入骨，連平兒都罵他是「哪裡跑來的餓不死的野雜種」。

跟他一樣，連我們都在變，哪怕一點。如果真的一點都沒變，只是因為還沒有遇見過力量大到足以讓人改變的事情，如果遇見了，人就變了。譬如，如果有人為了某些事情給你跪下，你會怎麼樣？譬如有人給你三百兩銀子，三百兩不做，三千兩，三千兩不做，三萬兩……白花花的銀子晃啊晃的，就把人晃迷糊了。就像戰爭年代，把你抓進洞穴，要你吐露機密，灌辣椒水，一碗不行，兩碗不行，三碗不行，四碗……。在手指甲裡釘竹籤，一支不行，兩支；一隻手不行，兩隻手……。相信吧，這時候就會有人用他最高的分貝吶喊：「我說，我說！」而且，金錢常常比刑具更有力量。

招了的人可能是你，也可能是我，雖然你我都可能因為心靈磨損最終瘋掉，可就是忍不住了。而從招了到瘋了之間，有規律可循。

說遠了，我繼續聽。這一折聽馬派的，他演繹得無比逍遙；麒派的則端肅蒼涼，各有妙處。

兩個送信的衙役喝酒時說：「酒酒酒，天天有，有錢的在天堂，無錢的在地獄。」

「三杯酒入唇後將我的大事誤了，看起來信陽州沒有好人。」

是啊，「有錢的在天堂，無錢的在地獄」，如此，可不就是「看起來信陽州沒有好人」？

　　再說另一個人物：宋士傑。其實他才是本劇的中心人物。

　　大膽猜測，這人是個訟師，並且是訟師裡的傑出人物，雖然他被他的歷任長官歸為「刁民」。是的，他正是前任道台衙門的一名訟師，即「刑房書吏」，也叫「刀筆吏」，就是今天的律師，主要工作是「包攬詞訟」。

　　《金瓶梅》裡面的西門慶，他的重要收入來源就是「包攬詞訟」，《紅樓夢》第一百零五回，也有人告賈赦「包攬詞訟」。訟師是不缺的，而像宋士傑這樣有肝膽的訟師，屬個別現象。

　　《四進士》開頭，作為官員的毛朋替楊素貞寫狀紙，這是最典型的「包攬詞訟」的行為，當官的包攬詞訟，還遠比普通書記、師爺嚴重，因為官員如果替誰打官司，哪有不贏的？這樣受賄太容易了。

　　所以，戲的最後楊素貞認出了毛朋，毛朋馬上就把宋士傑放了，因為這種給宋士傑拿到了他的把柄，只要再往上告一狀，毛朋的烏紗只怕也保不住了，他可能也覺得另外三個的做法是正確的。所以，也許毛朋也會貪上一次。這多可怕——官員全貪不怕，人人麻木不仁都覺得這很正常了才真正可怕。人心壞了乾坤壞，這道理臻於真理。

　　只因他「辦事傲上」，上司不喜，甚至厭惡，最後被革職，為了謀生，老倆口便在西門以外開了一間小小的旅店，但宋士傑又自嘲道「不過避閒而已」。所謂「避閒」，可能就是指失業在家，百無聊賴的情況下，暫時找點事情做，讓自己有個寄託。這雖然是一句託辭，但也從側面反映了他曠達的心態。

　　被上司不喜歡自然有不喜歡的原因，宋士傑的正直敢言、不屑阿諛奉承，正是上司叫他離開的原因，但有一點不能不推理，就是他的純潔、愛說真話、好打抱不平，未必不會招惹上司的厭煩。由此可以想見，當時江河日下的社會風氣，及人與人之間的信任危機到了什麼程度。

而當說真話、獲得一個相互信賴、以誠相待、正義坦蕩的局面已經成了一個政治問題、文化問題乃至家庭教育問題的時候，其難度就可想而知了。

想讓大家都說真話，在群眾監督越來越無效的背景下，自然會冒出無數有智慧而無德行的一言堂、一手遮天的霸王行徑限制言論自由。譬如，四進士之一的前大人，曾威脅宋士傑在他的上司面前「當講則講，不當講不要講」，否則「要你的命」。而利用金錢和裙帶關係換來官職的上司們，天生有一副敏感的雞腸狗肚，和對人民充滿警覺懷疑的神經質大腦，於是專制風格進一步基層化，使更多的人也不得不講起了假話。

政治層面的假話必然會延伸到其他領域，例如商業的虛假宣傳等等。而一個不斷設置話語禁忌和敏感字詞的、全面敗壞的時代，自然有最適宜假話、大話、蠻橫無理的話、無法無天的話的土壤。

這是四個進士大都背叛誓言、最終形成三個貪汙局面的歷史背景，也是宋士傑們離開的真正原因。

如果說宋士傑夫婦是出於義憤才說真話、把被流氓糾纏的楊素貞解救出來的話，那麼之後宋士傑幫助楊素貞打官司則是出於深深的同情了。他同情楊素貞的不幸遭遇，對她隻身越衙告狀表示欽佩，在楊素貞人生地不熟的情況下毅然決定幫她打這場官司。

這一果敢的舉動用現代的話來說就是「見義勇為」，是可以入「年度傑出人物」候選資格的。這時打官司的對象還只是害死楊素貞丈夫的兄嫂。

被前任上司厭惡的人也未必能讓現任上司喜歡。當宋士傑帶著楊素貞到道台衙門的時候，道台大人皺了眉頭，認為他多事，所以見面的第一句話就是：「宋士傑，你還沒死嗎？」多冷漠歹毒！可見宋士傑已經到了讓所有的上司都深惡痛絕的地步，簡直無藥可救。

宋士傑的回答非常精彩：「閻王不要命，小鬼不來纏，我怎麼會死呢？」答得不卑不亢，凸顯其錚錚傲骨。

事情往往就是這麼湊巧，當道台大人糊里糊塗地收下了楊素貞的狀紙，準備受理這樁案子的時候，被告之一的田氏，也就是楊素貞丈夫的嫂子，恰巧就是江西巡撫田倫的姐姐，田倫受託給道台寫了一封求情的信，並隨信贈送了三百兩白銀。本以為做得天衣無縫，沒想到還是被宋士傑識破，他把這封信抄在自己的衣服上，便不動聲色地把這場官司打了下去。

一個平民百姓隨便偷看兩位封疆大吏來往的書信會有什麼後果，對長久在衙門混飯吃的宋士傑來說是再清楚不過的，但他沒有考慮這麼多，在他的心中產生了要和這幾位「青天大老爺」打官司的想法。難怪上司們都不喜歡他——豈止是不喜歡，連吃了他的心思都有。

事情的發展果然不出宋士傑的所料，道台大人對楊素貞的兄嫂網開一面，卻反過來說楊素貞「私通姦夫，謀害親夫」，並把她收監下獄。宋士傑據理力爭，道台大人惱羞成怒，說他「欺官犯上」，要打他的板子。當時官吏蠻橫無理的程度於此可見一斑。宋士傑見狀只是冷笑一句：「今天我若不挨你幾下板子，你是不好意思收場的！」，便生生地受了道台大人的四十大板。

道台大人的板子讓宋士傑徹底醒悟了，他明白這場官司不再是楊素貞和其兄嫂之間的私人仇恨，而是下層百姓和貪官汙吏之間的一次較量，他很清楚自己面對的是一群什麼樣的人，他知道自己再往前一步隨時都有可能遭到不測。但是道台大人的板子並沒有讓他害怕，反而連夜寫了一張狀紙，把道台大人、江西巡撫田倫及那位「好酒貪杯、不理民辭」的知縣統統當作了被告，遞交給下來視察的按院大人毛朋——原告當然是堂堂正正的宋士傑！

劇情就這樣戲劇性地發展下去，宋士傑的一件衣服告倒了兩位

封疆大吏，而那位知縣，則讓他回家抱孩子去了。無畏兇手遭到懲治，無辜民女的仇終於報了。

但宋士傑呢？居然因為他「民告官」犯了死罪，按院大人法外開恩，判他流放！到這裡我們才明白，歷來的老百姓為什麼會那麼膽小怕事、麻木不仁──膽大機智如宋士傑，都差點付出生命的代價！

膽大的宋士傑憑著自己的機智終於免除了流放，說不出這是上司的恩賜還是宋士傑的命運使然，故事雖然喜劇收場，但總叫人難過：正為不仁者終於自食其果而開心時，突然急轉直下：他被發配充軍──原來老百姓告個官也是需要代價的，且不只是明文規定裡的四十大板？那代價實在超出想像。

「宋世傑當堂上了刑，好似鼇魚把鉤吞。見到了素昧平生的二楊，宋世傑與你們什麼親，可憐我年邁蒼蒼遭此境，誰是我披麻戴孝的人……」如果說在這之前，宋世傑表現出的都是一個戰士或英雄的狀態的話，那麼此時此刻，幾聲感慨，難忍的淚水，許多的無奈，表現的大概只是些凡人的悲哀了。略有安慰的是，終是戰士勝利，英雄無敵，也與開頭時候柳林寫狀呼應了起來。

逆著「行不得也哥哥」遍地鷓鴣聲，而行不可行之事的、我們弱柳倚仗的松柏高潔宋士傑，哥哥他「玉骨哪愁瘴霧，冰姿自有仙風」，像西方神話裡的巨人，儘管風雨如晦，在那漆黑的暗室，還是以布衣窮身份奔走著，汗血淳淳。宋士傑在劇中取代毛朋的地位，一躍而成為主人翁，被無數人喜愛、一再詮釋，是有原因的。

然而宋士傑畢竟是虛構的人物，他只能生活在京劇舞臺的方寸天地間。什麼時候他才能走下舞臺，自由自在地生活在這片古老而年輕的土地上呢？

四個進士三個貪、春夏長成秋後斬，那樣先是汙濁得怵目驚心、之後美麗到不可方物的景象，又何時才能走上舞臺，讓一代又一代的

觀眾們看個酣暢淋漓、不醉不歸呢？

　　不光他們，連我們也都快要失去純潔的能力了。

　　幸好，唉，幸好，暗室有燈，我們總還總不至於摸黑。而那燈，是我們作了骨的哥哥，他先挑著太陽，然後摘去眼睛。

註：此篇寫的是《四進士》（又名《宋士傑》）

　　[劇情簡介]

　　明嘉靖時，新科進士四人相約赴任後不得徇私枉法。而其中田倫的姐姐為謀奪家產，毒死丈夫姚庭梅，並將庭梅妾楊素貞賣給布商楊春為妻。楊春同情素貞遭遇，與之義結金蘭。後素貞被宋士傑收作義女。出於義憤，宋輾轉其中，受盡折磨，捨身為其告狀伸冤，終獲勝。而田倫等三人皆違背誓言。

民樂之美

第二章

《民樂之美》：細磨樂器，兼品樂曲，先鋒手法，文字天成，詩意爛漫。——中國日報評論

塤篇——泥土飛翔

從這個春天開始，我無數次到田野裡，像進行一次一次的旅行。

在大海般搖漾的午後，在這一大塊飄動的、最潔淨的床單上，我學著地下的青蛙，瞇起眼睛，卻把自己的身體寬鬆地鋪展開，像打開一顆準備接受的心。我的頭髮、長草和夾雜其間的、紅的藍的花朵在一起，和它們一起緩而深地呼吸，藉此收集萬物飛翔的痕跡，如同收集一些穿過蜀葵叢來到我這裡的風。

鳶風一起，泥土就醒了。我跟它一起醒來。然後，迷失。

其實，和它們呆一陣子，我也就成了泥土。剛剛還是冰凍著、瑟縮著，如同掉入河中的麻雀，細軟的小爪和翅膀窩在一起，好像不能復甦，可是，在春天的小聲呼喚裡，它慢慢地有了呼吸，全身開始濕淋淋起來，升騰起白氣。最後，它挺起腦袋扭動了幾下，開始開口——它竟然開始歌唱——開啟了序曲部分的領唱。

它打開稍顯生澀的歌喉，還試探著舒展小腳掌，像伸一個懶腰，好像不是在死亡的邊緣走了一遭，而是剛剛從一場大夢裡歸來。它的翅膀逐漸乾了，小毳毛光滑柔順。它的小眼睛開始靈活轉動。它振動翅膀，朝天空飛去。

它開始飛翔！儘管那是最低的飛翔。

是啊，它開始了飛翔。在我們最原始的先民的手裡，開始了第一次、然而永不回頭的飛翔。

那位先民，他可能住在半坡、廟底溝、馬家窯、半山，也可能

住在馬廠、齊家、大汶口晚期、龍山……不管在哪裡，總之，他從沒指望它能夠飛翔，他原本只是把這團泥球托在手上，用力投出去，擊打鳥獸，或憑藉它傳遞資訊。譬如：「我打了一隻麋鹿，你採摘到漿果了嗎？」另一位回答：「採到了。」或者：「沒有。」

　　而最初的誕生也不過是因為相當偶然的某個原因。譬如：因為夜來的一場野火，那位先民，他發現那一片土地比起其他地方的要堅硬了許多，像某一種不可遏制的愛情到來時的一樣，於是他靈感迸現，像一個女媧，飛身到河邊捧一把泥，塑造成型；譬如，他在用泥巴燒製汲水用的一隻粗坯罐子時，恰好手上剩下一把黃土，就順手把它捏成拳頭和小鳥的形狀，不經意間兩手攏起沒有捏實的地方，漏出那只初次睜開的眼。……總之，在那似乎停下不走了的剎那，他洞悉了一個秘密：那是愛。

　　是泥土，是火，彷彿葉子和花朵，葉子一樣的花朵，花朵一樣的葉子，那些迷人的小東西們，它們的模樣那時候長得還都差不多，全都瘋了似地茂長，帶著火焰般地香味，並且無香不在，彷彿沒有什麼世界，彷彿它們就是一整個世界。它們的愛情的吮吸、碰撞和舔舐，細微的空氣震顫催生了第一聲的哭泣，幸福一樣的哭泣，或者說，哭泣一樣的幸福。

　　是幸福啊，幸福。那樣不可思議的相遇，一把稀鬆爛軟、溫柔深厚的泥土，風一吹就燃——一場蓬蓬勃勃、雄強有力的野火，伸出雙臂，將它環繞，輕擁，熱吻，佔有。它們是一些非出現不可的閃電，用遮滿天空的手臂，扯走一些日光和機緣，代表著人類第一次主動製造出一些喧鬧聲，有點像戰爭。

　　擁著泥土，那野火由玫瑰轉為藍、再變成灰地，做成人間最初也最完美的一次融合。因為彼此，泥土成了有溫度的泥巴，而野火，則化身了有內容的火把。

　　那是一次死亡和重生。你願意把這一次看成是麻雀甦醒或鳳凰

涅槃都可以，這不重要，重要的是：它飛翔了，翅膀上的露珠點映當晚的月亮，薄薄地，遮住了一些暗夜裡的心跳。而也因為它，大地上的泥土瞬間芬芳。

這芬芳包裹了我們的幸福。而誰又不是，你和我，和草木蟲魚，和石頭、桌子、桌子縫隙裡的塵埃，和雨和雪，在大地上度過一生？

大地最初是十分寂寞的，那位先民，在那跟他一樣古老的夜晚，又深又窄的夜晚，在如死的寂靜裡，身旁那自己和別人共同擁有的女人一邊哺乳，一邊用虹一樣的手指，握著石錛敲敲打打、磨磨蹭蹭弄出哭泣般的動靜，打算把一串貝殼掛在胸前、或是打算把一枚鳥羽改造成一隻漂亮的尾飾時，在自己低頭結繩記事來計算食物多寡的同時，居然想起騰出一隻手，再騰出另一隻手，微仰起頭顱，咬起有些前凸的嘴巴，上下唇碰著那東西的邊緣，毛茸茸地捧吹一只粗糙的陶器，發出不穩定的、直著腔調的聲音。

他長髮蓬亂成草，腰間圍著一些黃綠的枝葉，打著赤腳，滿手都是狩獵割破的傷口，舊的沒結痂，新的露著鮮的血肉，身體餓著，有時也覺得冷，卻還是想聽一聽什麼來滿足一下同樣餓著的靈魂——那最初的、跟塤一樣、比那一刻的水和年輕的月光更藍、清澈無染的靈魂啊。

他捧著它，如同捧著一隻鳥，或一個乳房，像放飛，也像吸吮。

他的眼淚流下來。

他用它、也用自己的靈魂來做引擎，用那嗚咽哭泣的河流一樣的聲音，盤旋起自己。那聲音那麼美、那麼孤獨，讓人不堪承受。

是塤，使像人一樣地活著成為可能。從此，還茹毛飲血的一群裡有了樂聲。

他還不會開口說話。而塤是他一時還說不出的話。我們到現在

也還說不出的話。

　　他的和別人共同擁有的、他多麼渴望是自己獨自擁有的、那個頭戴一枚骨笄的女人，停止了她的首飾製作，側起耳朵，學著傾聽。她因此從心上草木一樣開出了花。她因此無比美麗。

　　我們學著她的樣子，側起耳朵，傾聽。

　　我們和他們都學會了傾聽。

　　山川、草木和天空，一點一點暗下去，又一點一點亮起來。沒有誰不在側耳傾聽。

[樂器簡介——塤]

中國特有的閉口吹奏樂器，最初的大小如鵝蛋，六孔，頂端為吹口。又叫陶塤。以陶製最為普通，也有石製和骨製等。塤的音色質樸幽怨，被稱為「立秋之音」，唐朝鄭希稷曾作《塤賦》稱：「塤之自然，以雅不潛，居中不偏」。

塤常常和一種用竹子做成的吹管樂器篪配合演奏。在中國最早的詩歌總集《詩經》裡就有「伯氏吹塤，仲氏吹篪」這樣一句話，意思是說兄弟兩人，一個吹塤一個吹篪，表達和睦親善的手足之情。

嗩吶篇——小丑

你居然可長可短，這在樂器裡很少見。拔下一節，再拔下一節，肢解了都沒關係，照樣能夠吹得響。小時候還常看到街頭的藝人把你身上的一個小東西拿下來，含在嘴裡，「嗚哇」有聲。

我懷疑僅用一個意念，也能把你身上的某個小物件製造出大喜和大悲。

是的，你可喜和悲——喜秋天的收穫，結合的歡暢；悲吃得艱難，愛得痛苦。你喜得長淚直流，悲得驚天駭地，總之都像哭——喜到極致的哭和難過到極致的哭。在狂飲酒的時候、流淚不止的時候、人們聚集在一起的時候，或者一個人獨處的時候。

你可以隨便被捏塑，圓也可以，方也可以，不成形也可以。跟小丑的功能也差不多。

在你出發的地方，有大量的樹葉、石頭、泥和螞蟻，河水很清，看得見水底的水草和卵石，還有嬉戲的小魚。把手指放進冰涼的水中，小魚會倏地游向遠處，藏在水草和卵石間。你一路行來，這水日漸混濁，連「嘩嘩」聲也有了不同。

如果每一滴水都有生命在慢慢成長的話，那麼隨著你的腳步，這水也由純真無邪的童年日復一日步入少年、青年，隨之而來不可避免地遇到暗渦、水草、泥石流，以及在河裡洗澡和沉溺的牛群。所以，水變得浮躁，它無法抗拒成長過程中發生的一切，只能以躁亂的叫聲來表示不安和恐懼。

你不管那些，自顧自「嘩啦」、「嘩啦」涉水而行，擠鼻子弄眼，一路上不停地說，不停地嬉笑，還用嘴巴、用鼻子、用眼睛、用一切臉上的器官，以及貼近各色命運的五臟六腑，模仿了一百隻鳥的鳴叫聲；你翻跟斗，鼻子上戴著半個乒乓球，嘴巴畫成大笑的模樣。

我不安，因你無時不在的笑容和無時不在的沸反盈天而不安。

在大片的高粱地和玉米地豐收的田野上，在葵花和稻草堆旁邊，在打扮得花花綠綠娶親的大馬後面，你的笑容還讓我有所安慰；在門口懸掛上經幡和透明的蜘蛛網時，在白色的雪揚下來覆蓋了大地時，你雙腮鼓起、連疵腮也吹出來──那聲音陡峭而嚴峻。然後，消失於顫抖的花瓣和橢圓的樹葉間，而萬物細聽。那一刻，你的笑容和喧鬧使得我心縮成一團。

於是，我只能變成一隻飛蟲，飛進你的吹孔中，貼住壁，四爪緊貼著，儘量安靜，去聽聲音裡面的聲音。

我儘量安靜，彷彿一個靈魂，乃至一個虛無。我散在你的裡面。

我訝異地發現，原來你的內在和我一樣，是一片綠溪似的小草地，栗樹的花瓣雨點似的悄然落在樹影斑駁的石路上，有偶爾飛過的孤燕，攪亂了垂直落下的花雨。你跟我一樣：安靜著，只向內關照，悄無聲息。

記不得多少次了，你比起其他樂器，總是更多地缺席舞臺，而現身在生活的現場，從沒有欣喜若狂；儘管你在為豐收而設的宴席上笑得滿臉開花，也沒有流過淚。

你彷彿一隻好狗、一團軟泥巴，完全隨主人的性子亦喜亦憂。然而，你一旦休息片刻，躺在那裡，嘴巴裡因為太過用力而湧出一絲血絲，再被罩上薄薄的灰塵，整個軀體就滿含悲憫，幽深而迷茫。

你是我以為的小丑，也是大家都以為的小丑。可是我們都錯了，小丑不是他外表插科打諢那樣滑稽和開心，也不像我們自以為聰明地了解的鄭重其事和悲苦。他如此鎮定和安心，從未大悲大喜，只遵守著自己的本分，不停工作，竭盡力氣，承歡喜，安慰悲，並在內心綻放花朵，像雲霧一樣遮掩秘密的美，去中和日益膨脹的人世、日益驕傲的心。如此而已。讓我們知道，美總是超越許多東西（譬如醜），

才終究抵達。必將抵達。

　　你在卑賤的面貌和棉布的衣衫下隱藏著一個王。

　　我貼在你的壁上，哪裡也不去，哪裡也去到了。

[樂器簡介──嗩吶]

又名喇叭，小嗩吶又稱為海笛。是中國民間運用最廣泛的吹管樂器之一。除了用於合奏、獨奏外，也用於戲曲、歌舞等伴奏。在民間，每逢喜慶節日，吹打和鑼鼓樂隊中大都離不開嗩吶。

王磐《朝天子·詠喇叭》：「喇叭，鎖哪，曲兒小腔兒大，官船來往亂如麻，全仗您抬聲價。軍聽了軍愁，民聽樂民怕。那裡去辦甚麼真共假？眼見了吹翻了這家，吹傷了那家，只吹的水盡鵝飛罷！」生動地記錄了欺壓百姓的官船上也使用了嗩吶。

古琴篇——不採而佩

她多麼嫻靜，總是睡在那裡。窄窄的一道弧線，紋理純淨，像一片蘭葉躺在淺雪覆蓋的大地上。就算醒著，有風來時，她一低頭，就躲過了塵煙。

她開口音也作閉口音，閉口音也作開口音，像書法裡的欲上先下，欲左先右，彎翹又多趣，尤其是那一揉弦，也尖也團，簡直有不勝晚風的暈厥。聽上去，香氣逼人，有心一樣的軟。然而那香氣卻是沉甸甸的，清晰濕潤，絕不漂浮，有些像西樂中我喜歡的大提琴。

她穿著你能想像的最白的白襯衫，全身是如此清澈質樸。這些掛飾把夜晚也照得雪亮。於是在聽者心裡，連哀愁也可以甜蜜地嚐。

她不同於少數的其他，有些動聽卻難生敬意的樂器和曲子。她遺世獨立。乾淨地，靜靜地，獨一無二，不可企及。然而，即使沒有幾個人膽敢那麼近地靠近她，也沒有人能做到對她視而不見。

她簡約得如此徹底，置宇宙於身外，只選了一樣明月和幾種九月菊、十月菊伴在身邊。她們就像她的丫鬟。

她睡得那麼淺，好像嬰兒的唇。又慢性子、有耐心、呼吸溫柔得虛無，幾乎從不著急，一聲一聲滿載溫柔，一副懶骨頭的樣子。

她是完全的隱居者，也是完全的美人。她找一個山或一個院子住下，周邊堆積起的，是越來越深邃的寂寞。她就在這滿坑滿谷的寂寞裡，在月光裡，三朵兩朵地開花。開的時候，有一點疼，可她還是抿一抿弧度優美的唇，忍住不吭一聲。

她偶爾也會因為自己的隱居和美貌而藉著風來朝向山溪，顧影自憐一下，但也就一下而已。

她的聲音像一種香，穩定而輕盈，時斷時續，吸引嗅覺向前，但不能太接近，過於接近反而失去它原有的美雅。如同當你要欣賞一

株蘭草時，距離要合適，或者靜坐一會，讓她告訴你：她在你面前，你看了欣喜，卻不能據為己有——蘭不可能成為你的，蘭就只是蘭，一株有些特別的草。她也一樣。

她不為任何人所有，操作者和聆聽者都是她自己，而不依照旋律而即興奏出的每一綽、注、揉、吟等過程，都是自己從萬物中提取的更直接、更重要的心得。

即使如此，她偶而也奢侈鋪張，那是她「茫茫大海中，盲龜遇浮孔」、奇蹟般高山流水遇知音的時候。那一刻啊，她是年輕的，一切還不足夠成熟，充滿新鮮與矛盾。就像實驗中的試管，緩緩進入，小心試探，直到裝滿各種試劑，再一項接一項地發生反應，等待著不知道是酸、鹼還是中和的結果，等待著美麗的紅、藍、靛、紫……層出不窮的色彩。

中和或爆炸的那個當下，她一股腦全部湧向山，拍擊他，用華麗精確的形容、整體結構的完整細密、小細節上的敲敲打打、潛藏意像輪迴般的你呼我應，以及某一根最敏感激動的琴弦響脆的崩斷，用她最好音域內的女中音。那是她最著名的事蹟，說的是多高的山，多闊的水啊。而漁樵士人，在那一刻被她輕輕觸動，抹去了個人特質，彼此成了「知音」。著名的這一對至今仍常被提及。

她也總是與山和水——那些世間再好不過的好物聯繫在一起：至今，在長江和漢江交界處，還有個叫重鎮的地方，那裡還有個方方的玉石塊，被人們稱作「古琴台」，據說那就是伯牙、子期「高山流水遇知音」的發生地。

「古琴台」後面有一座殿堂，殿堂位於叢林深處中，三面環水，一個叫做月湖的湖在殿堂的西邊，一座叫做龜山的山在殿堂的東面。景色美到讓人無法形容，只有她才可開口歡美一句。還有，山水詩人陶淵明隱居山裡時，什麼樂器都沒有帶，只在牆上掛了一張無弦琴，

既無弦也無徽。每當他興致忽來時，總要差人取下，在琴上虛按一曲。

那是她的驕傲吧？一位普天之下逍遙至今仍風采灑然的大詩人的紅顏知己。而每當曲子響起，每個人都會感慨：世界大，知音少，你來得晚，又死去，如同夕陽下我向你眺望，你卻帶著流水的悲傷。就這樣，我們時刻都能感受到自己和世界的缺口，以及自己和他人的缺口，猶如有了殘缺的齒輪，即使型號相契，雙方努力，也怎樣都咬合不起來。恍惚間想問：人生是否常常如此：在最渴望和有幸遭遇最珍貴的東西時，最不能夠把握？

她的絲弦那麼長，從《廣陵散》嵇康的刑場一直響到了現在，卻還是差不多的命運，與那山那水、那段情。那個人是用生命熱愛著她吧？竟給予了「眾器之中，琴德最優」的至高評價。

她不是用來欣賞，而是用來交流的；她的力量不在於聲音，而在於精神。這也許就是她最大的象徵意義了。她在樂器裡是個寫意派，你看她美如蘭葉，心中卻滿含著壯大之氣，而那些好看的樣式：伏羲式、仲尼式、連珠式、落霞式、靈機式、蕉葉式、神農式……，也正像蘭葉的婆娑多姿和廣闊。

文化象徵意義如此深邃的她，其發聲的原理卻全然不是精神性，而是物質性的。她的一個重要特點就是泛音音色，即琴弦的各部分同時以 1/2、/1/3、1/4、1/5 等分段振動產生的結果。泛音中按列形成的是純律、古琴音律和十三徽音位。

她的音樂就是在這樣的物理原則上建立起來的。傳統琴曲主要用五聲音階，即五正音，這可說是儒家和雅正思想在音樂上的落實，而琴樂清虛淡靜的風格和意境則主要為莊禪哲學的反映。由於其樂器的形製、音色、樂曲題材、內涵、結構等因素，其音樂風格是傾向靜態的：簡單、含蓄、古淡、陰柔、抒情、典雅。

很多人第一次聽琴樂時，甚至覺得她是無聲的。古人亦說「難學、易忘、不中聽」，「琴到無人聽時工」。「不中聽」、「無人聽」，是因為古琴音樂風格屬於安靜、淡靜、虛靜、深靜、幽靜、恬靜等等靜態的美，儒家、莊禪賦予了其音樂之外的東西，而其聲音品質、演奏規範和音樂內容和形式又提供了儒家、莊禪想像的空間。這也是為什麼她最適合在夜深人靜時彈奏，因為這樣的環境，才能與琴樂的風格和所追求的意境配合。因此、關於她的音樂藝術被稱為琴道是有道理的吧？

古時琴人用來記錄演奏的方式，也是其文化特徵的一部分。古琴譜不像簡譜用 1234567 阿拉伯數字作為音符，也不像五線譜以線條和「豆芽菜」式的抽象符號來表示音高。最初琴人的音樂創作不是譜曲，而是撰寫文章。這樣說一點都不過分，因為最早的一首琴曲《碣石調‧幽蘭》就是一篇文章，將演奏者左手所按的琴弦琴徽、右手拂挑撮勾的演奏技巧說得詳盡。後來才演變成「簡字譜」，演奏可依譜而不泥於譜、自由而不失規矩，表現出那些顆粒狀的好音。

明代冷謙的《琴聲十六法》實際上提出了十六個審美範圍，為琴樂的審美與表演做歸納。十六法分別為：輕、鬆、脆、滑、高、潔、清、虛、幽、奇、古、澹、中、和、疾、徐。組合起來，似乎就是一個人的特質描述。

惜知音少，美國「旅行者」號太空飛船的鍍金唱片裡，至今晝夜不息地迴響在茫茫的太空之中，尋覓著宇宙間的「知音」。

她自己因為世乏知音，曾就了燭火，一心燒去，還曾撞向頑石，一心捧去。然而，焦了尾、殘了身，她還有一口氣，未曾散盡，才不得已還在這世上，慢慢消磨。

這使得她的聲音裡慢慢滲出了一些宿命的味道，使得她周圍的一切都有了意義，而且，彼此息息相關。那聲音透明、清亮，有些濕潤，像蝴蝶剛剛在上面落過腳。

[樂器簡介——古琴]

古琴——是中國古弦樂中最重要的樂器之一。也稱瑤琴、玉琴、七弦琴，為中國最古老的彈撥樂器之一。

古琴是在孔子時期就已盛行的樂器，有文字可考的歷史有四千餘年，據《史記》載，琴的出現不晚於堯舜時期。本世紀初為區別西方樂器才在「琴」的前面加了個「古」字，被稱作「古琴」。至今依然鳴響在書齋和舞臺上。

據說孔子本人非常愛好演奏古琴，還能親自譜曲。從此，古琴就被賦予了高於樂器本身的意義。在中國古代社會漫長的歷史階段中，「琴、棋、書、畫」歷來被視為文人雅士修身養性的必由之徑。

古琴因其清、和、淡、雅的音樂品格寄寓了文人淩風傲骨、超凡脫俗的處世心態，而在音樂、棋術、書法、繪畫中居於首位。「琴者，情也；琴者，禁也。」吹簫撫琴、吟詩作畫、登高遠遊、對酒當歌成為文人士大夫生活的生動寫照。

揚琴篇——灑落的穀粒

我不得不說，他多麼鮮亮而清涼！像初春的氣息一樣。

像春天裡成熟的一批穀子，是那種天種天收、被神護佑的野生穀子。雖然，體積也大，芒也很多，可還是怎麼使勁長也無法豐收。從那青青的禾苗上結起，一粒、兩粒、三粒，不慌不忙地長起……忙什麼呢？反正還那麼青。

才打開的青春使他有時間從容抉擇，而對未來的憧憬使任何理想都存在兌現的可能。他吐納天地的大氣，從混沌開始，到一朝風月。

他的聲音在這個時刻還並不明亮，音色還暗著，軟著，但氣質卻真的是很明亮的——我有多喜歡「明亮」這個詞，他就有多明亮。他連演奏方式都是跟「明亮」在不同詞語屬性（形容詞和動詞）裡幾乎同義的「打」，例如「打揚琴」；我們歌舞團的叔叔阿姨們還愛說「砸揚琴」。你聽過哪架揚琴是用抹的挑的？全部是用砸的。

在他無所不在的空中，我拿舌頭舔一下，還嚐出了濃稠、滴答著的明亮——那種最好的蜂蜜才有的味道。

沒有一首揚琴曲子是哀傷的。他不會哭，像一個只會微笑或大笑、俊朗的神。

他是詩人的少年情懷，愛上層樓，而有些簡單的風景看來看去便給看成了雋永——不用說，看著就好，因為那些詩意是天意，如同從蜂子或金龜子搧動的翅膀裡聽到天籟。有時，一想說，那詩意就消失得無影無蹤。唉，人對於詩意，幾乎是這世間最無用的一個種類了。所以你心裡喜歡就可以了，不用說出口。

一個谷穗子，如同一個標準規矩的老農，身上黏著斷裂的草葉，流著桐油一樣的汗水，戴頂陳舊的草帽，穿雙褐色鞋帶的草鞋。他越來越粗糙，也越來越明亮，達到一個最粗大明亮的頂點便停滯在那

裡，瞇著眼，嘴巴裡咕噥著什麼，無比滿意，捋著鬍鬚笑。我們卻在寂靜的滄海桑田中越來越沉默。

是的，最明亮的那時候，清風和日光一起來時，他就灑落那些穀粒——那些隨風飛揚起來的穀粒，每一顆都是一塊玉，大小、輕重、凸凹、色別等都有差異，串成了叮咚作響的悅耳聲。那些聲音隨著弓子的起落自然地透過皮膚滲進我們的骨髓、再順著骨髓滋養我們的靈魂。你知道，這個世界上最好的東西，都跟穀粒一樣，樸實，明亮，飽滿，歡喜，帶著我們沉重的心靈飛升到一個更為神秘和完美的維度。

那些穀粒啊，不大也不軟，鋒刃暗藏，剛硬又甜蜜，每一粒都像一個骨架小卻飽滿的豌豆姑娘，那最小的小神是如此甜蜜，她穿著中筒靴鞋子的小腳，跳起了踢踏舞。

她們啊，臉頰上畫著微微曬斑的紅暈，眼神澄澈，高高地翹起下巴，雙手插在腰間，指上塗著紅指甲，小皮鞋如雨點般落在地上，激起一片片大地的掌聲，蒸騰著大地的熱情。她們站在中央，把身體打開成一面小網，亮晶晶地飛揚，然後落下，鋪開得那麼恣肆，讓我們幾乎信以為真：她們就是大地本身。

她們那麼喧嘩，連頭髮也好像在跳舞，可因為她們那麼美麗，喧嘩也成了寧靜。

我們看著她們天籟似的舞蹈，就悵然若失，想起了和她們相仿、遠在歐洲的梵谷和他獨自佔有、無人匹敵的色彩，以及遠在南方的祖屋；想起了兒時和在雨天裡坐在屋簷下，吃新鮮的食物，看瓦片上滴落的雨珠連成一線。

門前是以另一種穀粒樣貌存在、實則同根同體的油菜花開，以及一片片或樸素或華麗、與穀子也沒有區別的、墨綠的稻田，還有比人還高的茶花、葵花、蜀葵花、太陽花的綠葉。那些夜晚，她們和她們的香氣、藍黑得你看一眼就要流淚的天空，和瘋狂密集的星

星⋯⋯，看著看著就忘記了，生命日益紛繁，要麼是詩歌，要麼就什麼也不是。而每一個生命都自有豐富而深刻的意義。

如果你願意，生命一直都可以以一架揚琴的想法走過這茫茫大地，不憂傷、孤獨而平靜、安詳地進行自己最初和最後的演奏。

一直都可以是詩歌、是初晴。光四射出來，像透過漫灑的穀粒嚮往過去，一直是夏日空氣裡透明的存在。

[樂器簡介——揚琴]

中國常用的一種擊絃樂器。又稱洋琴、打琴、銅絲琴、扇面琴、蝙蝠琴、蝴蝶琴。無論用於獨奏、伴奏還是合奏，揚琴的音色特點都可得到淋漓盡致的發揮。

揚琴音色具有鮮明的特點，音量宏大，剛柔並濟；慢奏時，音色如叮咚的山泉，快奏時音色又如潺潺流水。它的音色明亮，猶如大珠小珠落玉盤般清脆。表現力極為豐富，可以獨奏、合奏或為琴書、說唱和戲曲伴奏，在民間器樂合奏和民族樂隊中在常充當「鋼琴伴奏」的角色，是不可缺少的主要樂器。

三弦篇──他的琴

比起無足輕重、如同一棵菜的月琴，三弦更像一棵草，雖然它的樣子和聲音與觀賞植物沾不上邊。

三根弦，簡單重複的樂句、嘎聲嘎氣的聲音，像灰鵲的墜落，加上彈奏者談不上優雅的動作，都叫人垂頭喪氣。日本有一種樂器Shamisen，中文稱為「三味線」，是三弦傳入東瀛的變種，與它極為相似，只不過用的是個比較長大的彈片。它們都屬於大眾樂器。

他坐在那裡，垂落著被歲月吹亂了的頭髮，腿上墊著一塊被太陽和歲月曬褪了色的藍布，上面擱著他的琴。他沒有撥片，只有手指，也不需要假指甲──它的簡單和他的不尊貴用不到那個。

他閉著眼睛（他似乎一生都沒有睜開過一下眼睛，不肯，也不屑。世界對他而言不過是此刻手中的一張琴而已），手指一直緩慢地在下方彈撥，在靠近呆頭呆腦的琴箱的地方。他的琴在低音區徘徊，簡單的旋律，使琴上所有的器官都昏昏欲睡。然而，好像突然醒來，猛地，他的手臂揚向上方，狠狠一撥，立即又溫柔地揉，弄出一個高亢的音色，漸漸矮小下去，最後散去無痕，好像哭泣著。而窗戶外面，春天裡的第一彎下弦月正照著他和他的琴，星星正舞動著。

他和他的琴從來沒有登上過什麼台，身份低賤得像一根遲早要飄落的頭髮，命運也差不多。他們只在民間流浪，靠近野花、蝴蝶、微風、糞土，以及一隻一跳一跳走路的三腳狗。

他常常用另一隻不跛的腳打著拍子，腦袋微微搖動，跟隨著他的琴唱起來，可是，我們聽不清他講述的故事，只聽見「崩崩崩崩」、雨聲似的琴聲，穿透了山坡，以及被收割後的大地的胸膛。

他和他的琴都質感分明，有一點鼻音，在尾音部分，還往往有咬牙的感覺。他們的聲線都缺少溫柔，但足夠獨立堅強。

　　他是一名瞎子。我們看過的大多數三弦琴師都是瞎子，不知道是什麼原因。他帶著他的琴幾乎像在牽著一條狗，有好吃的（譬如，一塊好的松香，甚至獵油，他都要在第一時間餵它。田野太乾燥，他太渴——他渴，他就覺得琴也渴）。沒有人把他的琴當回事，它卻是他心中的寶物。

　　他的琴是他的兩隻眼睛，和一部分的心。

　　它好掌握，幾乎半天工夫就可以學會，有模有樣地彈奏起來，多麼簡單。他卻把那簡單細細切開梳理，一分二、二分四、四分八；把紅分成桃紅、橙紅、杏紅、西瓜紅，把綠分成草綠、石綠、柳綠、橄欖綠，把藍分成天藍、水藍、冰藍、春水藍。它在他的眼中搶著盛開，五彩繽紛，發出所有的香氣，柔情迸濺，像一個袖珍的多彩海洋，訴說著天堂，像戀愛中的人心底一首首停不了的左岸香頌。

　　如你所知，一個好的音樂家，即是彈空弦，也比一般人彈得好。這就是功夫。有些功夫需要幾年，甚至幾十年的磨練，才會體現出來。哪怕是彈一個音，畫一筆，寫一行，這個藝術家或詩人的個人資訊就全部包含在裡面了，包括他的思想、精神、想像力、美學和閱歷等等。他當然是好的音樂家，最好的哪一種。我們可以在他的演奏中聽出他的所有，除了因為他愛它，也因為他彈了幾十年，還準備再彈幾十年。

　　是的，他愛它啊，持久地、不間歇地愛，白天抱著彈奏，十指腫痛，晚上抱著睡去。他幾乎受到它的傷害——如你所知，太愛一樣東西，比不愛還要容易傷到自己。

　　他的琴是他的蘋果，完整、渾圓、美麗、充滿汁水。他用刀子一點一點，一圈一圈，削下它的外皮。於是，它內裡的潔白和香味就露了出來。

　　他的琴是他的狗、他的愛人、嬰兒期的兒子和女兒、朋友、一刻不停走著的大地、他一刻不離的食物、水和空氣。

　　他當然是一名詩人，每日負擔的只是審美和熱愛。因此，他接近了神。

　　他和他的琴都一生平淡，略顯淒苦，但是純淨。

　　他滿意他的琴，每天他都把它梳洗得像玫瑰一樣芳香。因此，在它唱出最後一曲琴弦斷的完結篇時，也還寶貝得如同剛剛誕生。

　　因此，我們說，它可真是一把天下最幸運的琴。它不簡單。

　　哦，忘了說了，它的不簡單還在於：它論萬世，不論一生。

[樂器簡介——三弦]

中國傳統的彈撥樂器。又稱「弦子」，柄很長，音箱方形，兩面蒙皮，弦三根，側抱於懷中演奏。

早在西元前 214 年，秦始皇滅六國完成統一後，就徵發黎民百姓去邊疆修築萬里長城，為了調劑繁重的勞役，我國北方各民族人民曾把一種有柄的小搖鼓加以改造，在上面栓了絲弦，製成了圓形、皮面、長柄、可以彈撥的樂器，當時稱為「弦鞀」。

三弦音色粗獷、豪放。可以獨奏、合奏或伴奏，普遍用於民族器樂、戲曲音樂和說唱音樂，尤其在轉調和演奏有半音的樂曲時更為靈活，最適合演奏抒情的旋律和激昂的曲調，具有豐富的表現力。

古箏篇——絲綢與月光

深夜遇到一支好曲子，就像春天遇到一個好愛人。

曲子的來源是一架古箏。是啊，是一架老紡車一樣，好像看到那時在跟祖母一樣老的老房子裡坐著的、正在紡織的溫雅繡女，倚在綠窗下，垂著長睫，合成茂長的叢林，深深閉上，掩著澤湖。

古箏和老紡車，都產出一部絲綢。從這個意義上來說，演奏女和她的祖母繡女沒有兩樣。

月光一絲一絲，無比堅定地侵入到她的髮絲裡，糾纏，攪擾，她也不知道。她太專心了，以至於聽到的只有寂靜，即使草皮上草蟲鳴叫也與她毫無關係。

她手上的絲線來自一隻繭，一隻繭來自一隻蠶，一隻蠶來自一堆桑葉，一堆桑葉來自一塊田野。這是一個安靜有序的過程，每一個是每一個的夥伴和朋友（敵人也是朋友），甚至就是它們自己，每一個都機敏、純淨，每一個的參與都花了自己一生的時間。

一根絲線分成七等分，每一等分都浸在月光裡，閃耀著，溫暖濕潤。因此，那聲音並不嘹亮，但正合適——合適在這樣的夜晚想起許多的往事，甜美的，或者憂傷的。而甜美和憂傷也是淡淡的，你中摻了我，我中摻了你，跟月光和髮絲一樣，到底是你照亮了我，還是我照亮了你，分不清了。

她手上漸漸出現了一匹布，一匹絲綢。她將它一折一折地滾動，張開了錦繡。她多麼專注，微微俯著身子，成優美的弧形，湊向布匹，像深嗅著一本潔白的小書。

不是棉、麻、手織土布、粗織柞，也不是亞麻、純棉、紮染、蠟染，儘管那些也都有那些的好。她在《陌上桑》女子的竹籃裡誕生，是那片北地的春色化成，溫柔、秀氣、低眉順眼，可內心倔強，摸上

去是柔軟微涼的，似乎一縷一縷的水流從心上拂過。

　　她心裡正藏著這樣一首曲子，藉著絲線錚琮，把它低低地唱了出來，自某個不可知的角落，帶著田野清甜的香，和微微的辛酸與迷惘，漫捲，埋藏……即使悉心呵護，略不注意也總是皺成一團化不開的傷悲，有如女子們飄忽不定、瀲灩宕跌的人生。音質多少有些憨純，並直刺骨髓。正是我喜歡的那一種。

　　在樂器裡，遍身絲綢的古箏正是一位真正的名媛，身邊有摺扇和茶，她面朝一天的大雪，低眉讀書習字，彷彿從來不需要去到什麼地方，也永遠不必慌張，從容坐擁斜斜飄過的晨光，梳理著絲線，溫柔如同天使的髮梢，有著沉著緩慢、略顯遲鈍而持之以恆的美感。如同《羅馬假日》裡奧黛麗・赫本詮釋的那位公主，從誕生起便確定了她骨子裡素樸、優雅的個性。其實，赫本在那部不太著名的《蒂凡尼早餐》裡，穿的就是一款米白色的絲綢上衣——電影或許不有名，赫本與古箏卻將永遠光芒萬丈。

　　其實，就算她音色嬌媚，我也喜歡。只要她安靜自然，不裝模作樣就好。

　　我眼光迷離，她漸漸忘我。我不由得調暗了燈光，讓它黃暈暈的照下來，身子仰到後面的椅子背上，有些不自禁地輕微晃著，和了那拍子。

　　對了，是有節奏的——即使是最溫柔的樂器和曲子也是有的：有切分，有一點裝飾音，有浸淫、有疏離，有時也有一點催人，但絕不腥風疾走，只在低八度的琴弦上穩穩淺淺地散步；像小妻子阻攔丈夫飲酒，但不著急，只是婉轉的提醒，微笑中帶有不怒自威的風度。一匹再平整柔滑的絲綢，有偶起的漣漪，才更見她的褶皺之美。一架古箏也一樣。

　　一件樂器、一首曲子和一首詩歌也沒有什麼兩樣——在它完成的時候就已經不再屬於那製造者、演奏者或著作者。而此刻，它是我的。

　　於是，世界很慢、很沉得住氣地被古箏推進到了我的面前，像月出之前、傍晚時分看到的地平線，一點一點將雲霞打開，再一點一點收起，壯闊，華麗，不動聲色。

　　我想把頭埋在這樣的一部絲綢裡，像躲進洞穴、像鴕鳥把頭埋進黃沙，不看外面。

[樂器簡介——古箏]

中國古老的彈絃樂器。目前我們能見到最早的記載箏的史料是司馬遷《史記》。從唐代大詩人白居易的「奔車看牡丹，走馬聽秦箏」詩句中，可以了解到箏地演奏一直流傳在民間。元、明時期，箏發展為十四弦、十五弦。清末至近代，已有十六弦箏。明、清小說筆記中則更多的地方涉及到箏，說明箏始終是流傳於民間的一件古老的彈絃樂器。

古箏音域擴大，音量增加，便於轉調，表現力豐富，多用於獨奏、伴奏及器樂合奏。它音色清亮、淳淨、柔美，旋律抑揚頓挫，華麗流暢，特別注重左手按、顫的音韻色彩。主要演奏技法右手有托、劈、搖、花指、勾、剔、抹、挑、摘、打、撮、琶音、刮奏等，左手有按、顫、滑、猱、泛音等。現代箏曲發展，突破左手演奏技巧，可用雙手在柱右演奏旋律、和音、刮奏及和絃音等。

阮鹹篇──蚯蚓爛醉成泥

我可不可以把叫做「四弦琴」呢？就像我們常常把一把木吉他稱呼為「六弦琴」一樣？用你本身最質樸的樣子來詮釋你的質樸？

是啊，是質樸。你有多麼古遠就有多麼質樸，質樸到添了些木訥。而無論音樂詩歌還是醉酒，我們從中看到的，都是最真實和本性──無論琴還是人，我們愛的都是這樣的品質。我們有時候像心疼一個誠實憨厚而不得志的男人一樣，心疼一把琴。

何況這把琴，還總是描述著病、雨、舊、幽、殘……等憂鬱的意像，還有著芳香，且回甘隆重，叫人想起蜂蜜、荷花和樟葉，以及後來的、英國十九世紀那些傷感徘徊的「湖畔派」男詩人。總之，這把琴，與詩人是脫不了關係了。

一個詩人和酒徒，在酒醉以後，用寫詩的姿勢和節奏，抑揚頓挫、平平仄仄，在想像裡製作了一把琴，色澤灰暗，簡單而笨拙，有的棱角還留著毛刺，不小心就扎了他彈琴的心，冒出血珠……從此，這個人的名字就成了這種琴的名字。

這個人小時候是最平凡最愛害羞的孩子，有著無辜的笑容，居住在手掌般大的家鄉，長大了文采也並不特別出眾，也做不了官，遷居到一片竹林子裡，日日嘯歌。他一輩子逆水行舟，理想主義，似乎所有的時間都在寫詩和飲酒，被政治吹得東倒西歪，似乎沒有清醒的時候。就這樣，他歷盡肉身甘苦，如佛陀枯槁於樹林、基督浪跡於荒漠、摩尼囚獄、達磨面壁……似乎一直在土裡，沒有骨頭；像秋風咬破的一片葉子；像一支特異的獨立軍種。

於是，這個異端什麼也不擁有，但被一片竹林所擁有著。他在竹林的懷抱裡，看不見星星和月亮，也不知今夕是何夕，就在那寂靜的地方，蜷縮著沉沉睡去，如同遺留在冬季冰雪地裡的野漿果。

　　太悶了，也太黑了，他一定像想念酒一樣，想念一把像月亮的琴，緩慢踏實地奏起，與神明相通，集中抒情，分散吟誦，又圓滿，又明亮，如同神聖清潔的眼睛。

　　而酒在杯子裡，琴在樹裡，也想念著他。他和它們原本就是這樣的關係，彼此想念、渴望著。

　　他喝了酒熱到不行，就把衣服全打開，這樣，天南海北的音符就由詩歌伴著，席地而來，像一朵一朵小小的雲彩，直抵地心，而他也就藉著酒力，把跳躍的它們留住，把推敲了一輩子、完好無損的樂句和詩句輕輕放倒，用想像中的那把琴疏鬆、搗碎、播撒、濕潤，讓它們活潑起來，每一個顆粒都金石為開，充滿了氧氣和水，然後，歡喜、憂傷、巴望著，為裸露清冷的萬物披上一件輕柔的衣服。

　　從他開始，樂句便空前地飛揚起來。他多善於運用虛音啊，他將心中的琴弦實按、移動、滑行，發出延長變化的音節，像蚯蚓爬行輾轉，嫁接成一段不斷伸展的根。然後，隨之而來的又是幾個滑行、幾個音位的長滑音，若斷若繼，若有若無，像根的二次飛翔，將腐葉穿腸過肚，鬆土，肥土、翻轉，獻出芽孢和莖葉。

　　而他也似乎就要昏睡過去，持續而明確地發力，發出的震音、吟、揉接連出現，之後，餘音漸漸轉弱、消失，只剩下弦在琴面上恍惚轉動，大地和樂聲一起，歸於光潔與安詳。在這樂聲裡，有盲者探尋道路，有樵夫堆疊月光。他們在山水之間，和他在同一座山、一道水之間。

　　如無望之水的傾瀉，他倒下去了，身體撞到想像裡的那把琴，留下了暗傷。而這「無聲之樂」形成的無法言說的空間感，從清、遠，直抵平淡天真。你也知道，平淡到極處，才有了宇宙萬象的湧動；天真顯露，才有活潑生機往來的空靈和變化。

　　他心中曠然無一物了，在那喧囂和嬉鬧如同今日的那一刻。在那一刻，他一定將自己幻化成了他的琴聲中的事物，任樂思奔湧，主、客體雙向交流，不知道停止。在過程中，他也一定物我不分了，莊周夢蝶，或蝶夢莊周，也像同樣偉大的一位藝術家金聖歎所說：「人看花，花看人。人看花，人到花裡去；花看人，花到人裡來。」

　　他幾乎把自己想像裡的琴，當成一種禪宗來解了。

　　是啊，在他所在的那個迷人的時代，有關禪宗和藝術的話題幾乎一樣多。而禪宗是一種超絕，是從情志得不到安寧的此岸飛出去，在彼岸尋求到精神的安頓。同樣地，藝術是音樂的另一種超絕：微妙、凝練與神秘，是古今宗教中一切教義的抒寫宗旨，也幾乎是藝術要義的最高級。

　　宗教或藝術，它們不求助於虛妄的彼岸，而在人的自我完善中實現自我，在美的創造中使精神得到自由的飛翔，最終達到既使心靈和社會生活淨化，又使人在超脫的胸襟裡體會到宇宙的深境。這種對於音樂與哲理境界的嚮往，是構成一個最自由充沛、內心自我的深邃空靈意境的最小單位。由此開始，蒼茫的宇宙意識，在自我的心理空間中，才流瀉出「物我渾一」的永恆夢幻之光。

　　而他，不同凡響卻又默默無聞的他，在光芒閃耀之後卻爛醉如泥，不為世人所覺知，也不為時間所覺知，物我渾一。

　　一把鑱子來了，是要去挖掘珍寶蓋成宮殿。大地上開始佈滿深深淺淺的洞穴，如同一個個骷髏上白森森的眼睛⋯⋯沒有了，沒有了血肉，一架空殼子。

　　然後，鎬頭加入，斧頭加入，鐵耙子、鴟頭、鐮刀、抓鉤、扁鑱、鑽頭⋯⋯最後，幼蟬和螞蟻也加入進來。

挖掘，不分黑天白夜、不分青紅皂白的挖掘，幾乎成為一種神經質的、強迫症的挖掘，似乎不挖掘就活不下去的挖掘，卻在瞬間輕輕一下就把他斬為兩截。他有多麼優美就有多麼柔弱。

然後，沃野千里，樹木蔥蘢，其中的一截死去了。死去了一截枯根，卻如同哈姆雷特父親的鬼魂，總是不斷地前來打擾我們，希望我們做一些他希望我們做的事情。

其中的另一截，就代替那一截，用從前生到今世那麼長的時間，鑽出土面，長成了一把琴。

他想像中的、心愛的琴：既完美，又殘缺；既歡喜，也憂傷；也照耀普世，也獨守空房；會死去，也可以重生；會落到地面，也回到天上。

跟月亮一樣。

[樂器簡介——阮鹹]

是一件純正的中國彈撥樂器。今簡稱「阮」。據載，漢武帝將為了排解遠嫁公主的思鄉之情，特令工匠參考琴、箏等樂器而創製了一種狀似滿月的樂器供她解悶。根據它的形狀，人們常用「攬月入懷」來形容它的彈奏。

這種樂器與其他具有相似演奏手法的彈撥樂器被統稱為「琵琶」。魏晉南北朝時期的竹林七賢之一阮鹹特別擅長演奏這種樂器，他死後以一件琵琶殉葬。

據傳 500 年後，有人在古墓裡挖掘到這件樂器，樂匠依其樣式仿製了一具，音調雄亮清雅，流傳至今，成為民間最常使用的樂器，並從此被稱為「阮鹹」，在中國音樂史上，以人名命名的樂器，只有阮鹹一個。

它音色圓潤豐厚，是主要的中音及次中音彈撥樂器。雖然阮鹹歷史悠久，在近代卻漸受冷落，直到上世紀 70 年代，它的價值才被重新發現。

編鐘篇——滴落

　　一大朵的玉蘭從天空那個蓄水池上滴落下來，落地成鐘。

　　滴落的聲音很大、很悶，好像是砸下來的。好像雨、像雷，還像一天天堆積起來的愛的迷惘和枉然。

　　它們和它們帶著的露珠一起滴落。它們一起滴落，不停地滴落，滴成一片。因為，有開不完的花朵、生不完的露珠。

　　那些露珠是清晨的，有的還沒有睜開眼睛，就蜷伏在花瓣上，像蜂巢和裡面醞釀的蜂蜜，黏在一起成了鐘和鐘上的花紋——你不仔細看可能看不見的花紋。它們在夢裡成了花紋，即使它們醒來，也會以為那不過是在夢裡神秘的花紋，那些深深淺淺鏤刻著的、我們看不懂的音譜。你知道，無論是對一個人還是一口鐘來說，夢都是必要的。

　　已經睜開眼睛的，就跳開去，摩拳擦掌成了側身聽命、準備時刻開始槌擊的錘。

　　然而，它們沉默著，並不急著敲響。雖然那敲響，將像一陣潮水湧來，剎那窒息，過後是溫暖的平靜和美好。那聲音有如幻像，以及緩慢發作的迷藥，讓我們慢慢倒下去，伸手也抓不住那一片茂盛的情緒森林。

　　它們那麼渾圓，那麼大，那麼簡拙，顯然經歷了生活，擁有著才華，還懂得寬容和坦率。它差不多是我們所知道的、極少用青銅製作完成的大樂器，很多時候看上去更像一件雕塑。它在我們本土的樂曲已經銷聲匿跡，我們只能看著它作為出土文物，不能碰，不懂演奏，如同看著一位夢裡的情人。

　　我們國家的古代音樂，如類似箏的木製「瑟」、鐵片擊打樂器「方響」，以及我們根據出土原型複製、最古老的材質青銅製作的「編磬」、「編鐘」，都活躍在韓國的舞臺上。這讓人既難過又欣慰。

　　而青銅，是我們幾乎崇敬的一種器物，跟我們喜歡的上世紀三十年代歐美的老牌偶像一樣，譬如克拉克・蓋博、格列高利・派克——他有些老，有些沉默，腰板筆挺，有點紳士，有點痞。他閉著眼，緘默不語；我們仰著臉，不知道下一步該做什麼才好。

　　它們是傳說中的那種大美，那種美不只但在外部更在內裡。它們既是各種美的本源，也是各種美的歸結；是最高的、統帥一切的美——它們厚重地豁然洞開，雍容高貴地敵過一壁江山，就連香氣，也是大碗大碗地捧出來，元氣淋漓，幾乎輝煌，讓我們傾心不已。

　　它們和它們的香氣彷彿用渴望鑄成，彷彿渴望本身——實際上也正是如此。

　　如你所知，渴望的就必然看見。即使大地改變了模樣，它們也一直保留了內心渴望，以龐然之軀，一步不移。也如同一朵花，心有大美而不言。它們是王。

　　是的，是大，它們大得不可缺少。樂器裡如果缺少了它們，是不是就等於人缺少了一種器官那麼嚴重？也因為大，它們必須要開在天空下，那種一望無際的淺藍天空下，才放得下。它們開得奮不顧身，開得硝煙瀰漫，開得病入膏肓，像染著肺病，還藉著春天的來到，長著新枝和花朵。每一秒鐘都在變得更加香氣馥郁。

　　它們有如春天的信使，在這些巨大植物的花蕾間，翩然來去，旁若無人。有一些詞語是為它們準備的，比如寂寞、華麗、優雅，安靜。那些花粉做的翅膀，像夢一樣易碎，而每一次最輕微的翕動，都足以令我們在今生和前世間輪迴一次。

　　不，連一朵白雲都不要，否則便配不上它們的皎潔、穩重和安靜。那些冰冷的青銅，有一點鏽，有一點土，沾在表面，似乎怎麼擦也擦不掉。伸手一摸，卻覺得它們如同一朵含羞的小月亮，光潔滑潤，並且每轉動一點，它們就亮一下，跟你的眼睛一樣。

一切美好都在它們眼中。即使它們閉著眼睛也是。

看著它們，心裡就有大美漸漸升起，眼前有植物清甜的香氣，這好像不符合它們的個性，但是到最後，事情發生了變化，它們已經成為山野中強悍的飛禽與堅硬的石塊，並極具控制力。它們已經用無為描繪出別人永遠不可能見到的美景，那裡，再往回，一直走到盡頭，就是編鐘的領地了。它們占山為王。

它們讓人想起自顧自走過去的時間，如同最大型的那種貓科動物，用貓的步伐，走得穩當而悄然無聲，一樣地沉著和美滿，一樣地有著最大的客觀性，對一切有擔當，有交待。

它不必急著敲響，不必急著一朵撞擊另一朵。只需像眼前即可：從這裡望過去，站成一排，一個比一個小，合著瓣站在那裡，神遊天外，身體活在淺表，內視自己的心，不出聲——它不吐一字，已包羅萬象。

太陽照下來，輕盈地、無聲地愛著它們。一時恍惚，似乎攀著這光線和香氣而上，我就能喚出它們的名字，而它們也將喚出我的。

在那之前，我只躲在花蔭下，如一隻渴望甜蜜的蜜蜂，激動到戰慄地等著，靜靜地等著，等著它們，釀花成酒，過濾，發酵，慢慢散開香氣。那一刻，我感覺自己好像一位灌木和草叢間的守候者、觀察者和感歎者，胸中懷著古老的符咒和足夠的敬意，相信好物常在而上蒼有知。

時間一久，我等成一封等待投遞的信，躺在我該在的地方，等著投遞——要給誰？在哪裡？什麼樣子？其實我也不清楚。

我傾心於它們，等待著它們，好像開始不能自拔。我在這沒有人煙的地方等待得這麼久，人們甚至開始猜測我的生死。

這種等待是如此甜蜜而苦惱，使我不知為什麼，小聲地哭了起來。

[樂器簡介——編鐘]

我國古代的一種打擊樂器，被稱為國寶。

編鐘用青銅鑄成，它由大小不同的扁圓鐘按照音調高低的次序排列起來，懸掛在一個巨大的鐘架上，用丁字形的木錘和長形的棒分別敲打銅鐘，能發出不同的樂音，因為每個鐘的音調不同，按音譜敲打，可以演奏出美妙的樂曲。

我國在西周時期就有了編鐘，那時的編鐘一般是由大小 3 枚組合起來的。春秋末期到戰國時期的編鐘數目就逐漸增多了，有 9 枚一組的和 13 枚一組的。湖北隨州一座戰國時代的曾侯乙墓出土的編鐘，是至今為止所發現的成套編鐘中最引人注目的一套，體積足以占滿一個現代音樂廳的整個舞臺。

馬頭琴篇

馬頭琴把我們吹出門,回到大地去。

有他在,我們還在屋子裡,窩著聽音樂看電視,都成為了一種罪過。春天不必讀書和工作,春天只是要人醉的。

而要讓我醉很容易。給我聞花香、摸摸被太陽曬過的新棉被、在我耳邊說愛我、給我聽喜歡的聲音,以及回到大地去。

我們獲得醉的道路卻是有限的。我們必須再回到大地上去,去尋找過去那些我們忽略的東西、不懂的東西、惡意破壞的東西,以及無數不小心失去的東西……馬頭琴走過來,拖曳我們,飄到那裡。

一切都鋪展在眼前,如同一個漢字,妥帖地在自己的地方,組成一個個安詳的句子:它們向內懷抱,水分充足,純淨和安寧,都不可以被打擾。

我們在他的牽引下,漸漸地走向萬物,腳步儘量輕盈和緩慢,安靜得像沒有一樣。在這個散入一切也被一切散入的過程裡,我們開始明白了基督所說的:「所羅門王穿得最華麗的時候,也不如一朵小花」這句不怎麼引人注目的話。那驚人的話裡,有著怎樣的自然主義和遼闊詩性的啟示啊。

我們彼此的外部和物理性質完全被遮蔽,真正的靈魂水落石出,華麗而簡素,婉轉逼人。

對一個東西,哪怕是一張桌子,凝視久了,它就會開口說話,何況是對一只本來就能發出跟人聲差不許多的聲音的琴呢?我們凝視他,他就慢慢開口,吐出一小朵一小朵的花,對我們道出出乎意料的秘密、愉悅和神奇。我們當然也對他開口,低聲說出一些平時不對人講的東西。我們中間由此產生出一種深長的、誠摯的關係,將我們連接在一起。

　　他就像由一個個迷人的漢字組成的文本，一部詩化的、百科全書式的文字標本，用聲音這把鋸子對著它們做著磨洗——所謂「磨洗」，是一種主動的「遺」，是徹底清空。

　　所謂古漢語、現代漢語、外來翻譯語以及更多繁瑣的分類，甚至符號、數位、圖像都可以成為修辭。他把所有都拿來，譬如風，譬如雲朵般的羊群或羊群般的雲朵。因此，他內在的包容力如此強大，儘管依然是一個曲折、意外迭出的文本，但意像湍急而集中，並沒有各自飛走，還有沉澱下來安心駐紮的意思，是個迷人的植物園。喚起人人都有、但人人都隱藏的、渴望迷失的那一部分，如隋煬帝的「迷樓」。

　　他自成一個宇宙，是我們讀取大地的書目索引，或乾脆是一封信，大地投遞給我們的一封信。

　　是信，就是我們已經十分陌生的東西，在古代漢語裡本指信仰、信服、信用或信任的那種東西，意味著最誠摯的情感和自由主義。而幾乎每次隨便翻開一頁，其中的句子都會叫我們輕微顫抖。

　　是的，因為這最誠摯的情感和自由主義，我們心醉神迷：他有一面可以用來踏青的草原，有一片可以用來遙望的天空，有一顆對女性高貴美麗充滿敬意的心，有一雙對宗教良心、自然威儀專一膜拜的手臂；他像無花果、鏡子、樹木、泥土和藤蔓、兒童和聖徒，始終在自己可節制的範圍內去爭取最乾淨的東西。

　　聽啊，開始了，他緊皺著眉，撥弄著關節粗大的手指，如同撥弄著沉默滴水的雲朵和馬奶酒的醇香，口中用上天恩賜的好中音，低低地吟唱，唱著比海還要深情、比夜還要廣闊、幽微迷幻的樂句，光輝鋪灑，婉轉厚實。

　　然後，他哽住，像暫時生了鏽，又如同一個沙漏，先是堵塞了頸子，讓人疏散不了底部的沉鬱，等待一下子就「簌簌」地，將他碩

大的琴箱裡貯存的沉思，均勻而緩慢地篩落下來，掩埋了我們的裙角，如同一針一針製作的細布，色澤鮮淨。

他多象形啊，甚至真的將一個馬頭雕在了琴上。而也正如那些象形的漢字一樣，它們一個字就幾乎代表了一個故事，兩個字、三個字、五個字碰在一起，就有了更加精彩的、悠遠深邃的演繹。

馬頭琴也是：他頂著馬的樣子，胸膛寬闊，肚腹中空，有著室中室，一格一格，盛滿了過往的月光似的憂傷和愛情，遮蔽、護衛。因為那些優美如夢的好物品太多，他忍不住一絲一絲將它們牽出來，用長長的調子吟唱給我們聽。

我們聽到他，就緩慢地流淌，就無邊無際地生長，就憂傷。而憂傷也是可以由承受至享受的那種，就像愛情——我們用「承受」這樣的說法掩飾羞怯。我們和他安然相處，那模樣就像一個職業旅行者的妻子。有了他，我們的內心充滿平靜。

我們聽到他，心跳就會跟上音樂的節奏，就像在寂靜的深夜裡，聽到一人緩歌，以指叩擊樹幹打著節奏，在透過濃密樹冠灑向林間草地的月下扭擺著腰肢，踏歌起舞——那人也許是神，也許是幻影。

我們的身體穿越了他的本體，集聚一點，抵達了他的內部；也慢慢消散，飄向遠方。我們迷戀他並沒有什麼原因，譬如他的定音訊率能達到中央「C」頻率與鋼琴媲美，或者技巧運用特別豐富什麼的具體原因。我們迷戀他，就像植物有根、有種子、有枝、幹、葉、花、果、蕊……，這些東西都有邏輯，也都沒有邏輯。

我們不會問自己原因。但是為什麼有植物？植物為什麼美麗？這些問題毫無意義，是不能問的。我們問了，就會有一根鞭子從天上下來抽打我們。

　　聽從吧，聽從那神意，安靜地閉目凝聽，舒展身體，藉著他壯健的身體和溫柔的心，回到大地去，帶著我們渴望祛除又略有留戀的偏頭痛。

　　他的名字雖然叫馬頭琴，卻並不適合《賽馬》那樣的曲子。那樣激烈昂揚的情境，對二胡兄弟反更恰當些。也不適合《平湖秋月》，太柔情甜膩。

　　他有大哥風範，平實寡言，老是背著手，在長滿青草、青稞或大麥的土地上緩緩地走動，偶爾笑一下，頭顱是低著的。

　　他的外表是小說，表現出來的卻是散文，跟我們聽他的感覺一樣。而他的內裡是詩歌。

　　當然是詩歌。

　　只能是詩歌。

[樂器簡介──馬頭琴]

蒙語稱為「莫林胡爾」，是蒙古族拉絃樂器，因琴杆上端雕有馬頭而得名。相傳在西元十二世紀已在蒙古族中流傳。音箱為松木製成，呈梯形，兩面蒙以馬皮或羊皮，琴杆細長，用榆木或紫檀木製。兩根弦，用馬尾製成。弓弦也是馬尾製做，演奏時弓子不夾在兩根弦中。馬頭琴發音低沉，音量較小。定弦與一般拉絃樂器相反，外弦音低，內弦音高，多為四度定弦。

演奏方法常用以下兩種：一種是用左手手指的二、二關節處按弦；一種是用指甲從弦下向上頂弦。第二種指法發出的音量比前一種大而清亮，結實有力。因琴弓和琴身分開，所以可以奏出雙音，增加了色彩和表現力。

馬頭琴除了作為獨奏樂器外，也是民歌、說唱音樂的伴奏樂器。也可與四胡等合奏，善於演奏柔和細膩的抒情樂曲，特別適合於演奏悠長遼闊的旋律。

擂琴篇——萬物在心

記得很早就迷上了這種琴。那個時候，在我們團裡的保留節目裡，有一位技術一流的叔叔，不斷地問台下：想聽什麼？台下隨便一個觀眾說一個，他就馬上模仿出來，和所仿之物毫無差別。

他和他的琴一樣不好看，聲音也扁扁的，像斜著身子掠過天空的雁陣，以及沒有變完聲的大男孩，可一樣聰穎，一樣無所不能，一樣隨心所欲，率性上車下車，聽從美妙的旅途。

很多年了，我再沒聽到這樣的報幕：大擂拉戲；也再沒聽到那樣無需領掌而歡聲雷動的沸騰，並覿見他和他的琴角上的晶瑩汗水。

你想聽到什麼？露珠？星空？沙礫？麥香？廢棄的拖拉機？還也許並不存在的事物？擂琴都可以呼嘯著帶你去。如同一輛機車，而在後座的你，猶豫一下，將發燙的臉頰輕輕貼住他的背，在一個猛然轉彎的時候，下意識地摟住他的腰；他因你輕輕的一摟而熱血貫頂，加快了本就超速的速度。

他放棄了說自己想說的話的資格，也不追問「是什麼」和「為什麼」，不管宇宙星月、山川湖海的秘密，不思考，也不尋求意義。他放棄一切，只用感受的心，用吟唱，用象徵，在風裡帶著你去到你想去的任何地方。

衣角捲起來，長髮飛起來，他的氣味飄過來……落到小山，到正在揚起或跌落的樹枝，到清澈得如同沒有的溪水，到動物的四肢、軀幹和脾胃，到植物的枝葉、花朵和莖塊，到生命的機智和活潑，到微微的酸澀和甜蜜蜜。

當然，還要到天空，到雲霞的羞怯，讓飛過來的紅雀訝異、喜鵲嘰嘰喳喳著賀喜。

是啊，那些可愛小鳥們的賀喜——小時候，有些暖和的冬日清晨，我們常常會聽到幾聲鳥鳴。那是試啼的鳥。鳥的鳴叫聲實在是世界上最美好的天籟。滑音、顫音、琶音，或者純粹的長啼、花腔、詠歎、敘事、抒情，皆無比美妙。我們現在已經遠離了牠們，不如說牠們已經遠離了我們，但沒有關係，聊以自慰的還有擂琴。他嘰嘰喳喳唱出所有小鳥的歌，以不同的拍子和聲部，指揮了一場著名的《百鳥朝鳳》，請我們聽出各自純潔歡樂的童年。

那些鋒利的、各自不同的詞語，突然間就模糊了界限，相互融合和肌膚相親。

他把思維、判斷、權術、觀念、知識、技巧拋開，只攜帶熱愛，飛馳得憨直而無目的地，直抒胸臆，有時還會重複，但無不新鮮、荒涼而美麗。他口中吐出的那些歌，如此簡潔澄明，像一隻曲庫，按照順序播放，牽著你往前走，無一不是你此刻正想聽到的好聲音，及想看到的好景致。

或許因為太熱，或是太愛，他將衣服掀開，讓陽光照進來，照亮每一個角落，不放過每一個口袋和褶皺，照亮經緯和纖毫，還請風住進來，擦拭和灑掃，每一處薄塵和污垢，直到清潔。

是的，擂琴從不難過、躲藏、放棄、心理陰暗、藏汙納垢；他小小的心中只裝了歡喜、向前、熱情、奔跑、憨直、乾淨，這些事物和品質遠比你能想像出來的更好、更豐富。擂琴在你需要的時候，就一把掏出來，奉給你。

一切美好的都在。

他是我們在現世中，難得記得並得以實現的一枚理想。

我們接受了他的饋贈，像潔白布包裡的嬰兒吮著自己的手指，滿足得不想再要其他的任何東西。他創造了一個世界，就彷彿我們自己創造了一個世界，獲得了新的秩序和永恆的寧靜。

　　他模仿萬物，惟妙惟肖，美妙無比——當然只是模仿其中那些好的；而那些壞的，就不在萬物之內了。他如此專心，相信一切事物中愛的成分，並不承認某些事物的存在，走過時穿越它們也不眨眼，只當成空氣。

　　他一生信任並模仿好的事物，為它們驚奇和歡喜，其實也是一生苦修，欣然前往，看見，重疊，無限接近和成為那些好的事物和品質，並天性盡顯，成為了他本身。

　　我們也一樣。

[樂器簡介——擂琴]

中國特有的一種拉絃樂器。又名「擂胡」。二十世紀二十年代首次出現，由中國著名民間藝人王殿玉在墜胡的基礎上改革而成。它比墜胡音量大、音域寬、音色美，最早稱之為「大弦子」，「大擂」。1953 年，這種樂器被正式定名為「擂琴」。

擂琴的表現力極為豐富。它的音域寬廣，音量較大，音色柔和圓潤。它既可以獨奏、合奏和重奏，又可以模擬人聲、戲曲唱腔，同時還可以表現各種動物的鳴叫聲，以及笙、管、嗩吶、京胡、二胡、鑼、鼓等管弦樂器和打擊樂器的音響效果。

擂琴經過多年的藝術實踐，已經累積了一批曲目，所奏戲曲流派唱腔，如京劇「梅派」、「程派」、「譚派」、「馬派」、「餘派」和評劇、河北梆子、河南梆子的著名演員唱段，均惟妙惟肖，很受受眾的歡迎和喜愛，俗稱「大擂拉戲」、「單弦拉戲」、「巧變絲弦」。此外，擂琴還能模擬笙管合奏、軍樂鼓號以及民間小調等。

書法之美

第三章

《書法之美》：作者融入自身書法家的體驗，以悟性引領審美，彰顯書法背後的光芒。——中國日報評論

張芝：總有些花朵要犧牲

在這樣的夏日，熱得頭昏腦脹，忽然地就想起了玉蘭花。——在花事記錄裡，怎麼能把它忘記？

其實，忘記是有原因的：無論春夏秋冬，我的窗外，看不到一點花影。就是開在早春的那些花，都看不見了。在原來的老房子住時，曾在院子裡種了玫瑰，從前我曾於這樣的下午，一個人對著那些有著柔軟花瓣的棵子靜靜待很久，為沒有更好的環境修習學問而遺憾過。可是，轉而想：算了，倘若志誠，紅塵也即深山。

瞧瞧，就這麼一轉念，即聞到了空氣裡淡淡的香。隨後想到，佛祖有云：不是旗動，不是風動，不過是人心在動。我們為那個沒有面孔和有著清香名字的男人，動了心。只因他是這樣一個容易被忽略和遺忘的人，像那悄悄犧牲了的花朵。

有關他的史料很少！翻遍了書，只見《後漢書・張奐傳》寫著：「長子芝最知名，及弟昶並善草書」半行；西晉書法家衛恆著《四體書勢》，記載：「漢興而有草書，不知作者姓名。至章帝時，齊相杜度，號稱善作。後有崔瑗、崔寔，亦稱皆工，弘農張伯英者因而轉精其巧……。」

即使是韋仲將韋誕，當時的大書法家，亦三言兩語：「杜氏傑有骨力，而字畫微瘦。崔氏法之。書體甚濃，結字工巧，時有不及。張芝喜而學焉。轉精其巧，可謂草聖……。」直到唐開元年間的傑出書法家和評論家張懷瓘，在《斷書》這部書法史上傑出的專著中用數百字論述他，才讓我們認實他的書藝：筆勢連綿的「今草」。

　　他多孤獨呀，他一個人，在那遙遠得我們的愛惜鞭長莫及的東漢。白天也許必須去田裡勞作，夜裡便帶滿身的塵土歸來，撲在原木的桌上，閉眼休息片刻，然後，用青草般模樣和氣息的手指，沾幾顆水淋淋的小篆丟到嘴裡，下酒下飯，提筆書寫。

　　用不停歇的書寫熬過像溫情的舌頭將人舐舐的夜晚，酒碗狼籍，如同一個個渴望溫暖寵溺的懷抱，屋外風沙漫天，而他面容憂鬱。他為了好大的理想，躲避到這樣遙遠的荒漠，輕醉、心傷。他仍常常做著一個夢。他說，他夢見家鄉的玉蘭花開了；他說，他忽然想起，自己已經很多年沒有回去了。他耽溺池墨，又孤獨──有幾個人喜歡說來還嫌陌生和繞口的「書法」呢？

　　他註定是個孤獨的男人。如同月色裡落下的柔軟的花瓣。

　　他的別名叫「據說」：據說，章草是他所在的東漢章帝時流行的一種草書，據說他寫得最好，據說他因此被尊稱「草聖」。據說，後來東晉的庾翼是庾亮之弟，他在哥哥那裡看到羲之的信後，有士別三日刮目相看之感，不禁心悅誠服，寫信對羲之欽敬地說：我原有張芝的草書十紙，過江時倉卒間丟失，現在看到您的章草，煥若神明，可謂張芝再生啊。唉，我聽了這為頌讚而「據說」的羲之，想念的卻是更遠的張芝。我垂下眼瞼，像垂下翅膀。

　　唉，羲之得到的夠多了，張芝卻什麼都沒有。

　　記得在軍事學上，德國人克勞塞維茨關於走黑路這樣說道：「黎明前的黑暗最黑，此時，一星半點的微光，正是將帥之能。」他呀，恰恰生在最黑的黑暗裡，卻自覺成長為將軍。即使睡夢中，他也在臨池，以至於池水成了墨水。

　　後來他和同時代的杜度、崔瑗、崔實那裡吸足了草書的藝術精萃，創造了跨時代的大草，即有別於章草、著名的「一筆書」，使草書得以從章草的窠臼中脫身而出，自此，使書法進入了一個無拘無

束，汪洋恣肆的領域，將書法家的藝術個性徹底地解放開來，有如書界原子彈爆炸的時候花朵般開放的漂亮。

因此，後來的人包括鼎鼎大名的王羲之，都對他存有感激：羲之中年就師承他，推崇他，自認為草書不如他。狂草大師懷素也自謂草書得於「二張（張芝、張旭）」。草書大家孫過庭更在其《書譜》中，多次提到他一生是將他的草書作為藍本的，稱：「張芝草聖，此乃專精一體，以致絕倫」。就這樣，他口口相傳的書法，神龍見首不見尾地飛翔在民間，愈發瑰奇。

據說，他還是第一個製造真正意義上的毛筆的人。宗師的意義就在這裡：他是一個創作家，像一個幼稚園阿姨，管小朋友的學習教育，也管我們的吃喝拉撒，但一切都是摸著石頭過河。

不知道，他是在怎樣炎熱或是寒冷的午後，擺弄著那些鬃毛（兔毛、羊毫、馬尾、自己的鬍鬚……），冥思苦想、汗水淋漓地用盡辦法制伏它們。實驗了多少次？有割傷手指嗎？用第一枝毛筆寫的第一個字又是什麼呢？這些我們都無從知曉。

我們只聽父親講，有關他的所有的盛名和艱難過往、他用功練習的故事（他把家裡所有人的衣服統統寫得不能看了，才允許染煮。哪有那麼多新衣服寫字和染煮？於是他後來以草地為席，石板為桌，布帛代紙，寫完字後拿布帛到池塘漂洗，曬乾再用），以及他寫作書論《筆心論》五章的契機和內容。

唉，我所能夠想像出的細節根本無法拼貼出他的整個輪廓，而那些無味無聲的細節也都在那樣口說無憑的歲月裡消散、決絕、淒豔，一如剎那芳華的白玉蘭──一個花瓣，安靜在天底下，偶隨風動，開在潮濕的三月，落在有雨的長夜，天明了，暗香拂亂。

也許，我不該用花比他，不該用淒豔比他。可是又怎樣才不能呢，這樣的一名男子？

許多的事情就這樣在不經意間過去，如靜靜流淌的河水，從光滑的青石上淌過，而我就是那站在岸邊蒿草裡的人。以為一切不動聲色，一切從容不迫，卻在驀然回首時，發現澄澈的水流裡有著迂迴纏綿的糾纏，那一刻有悚然的熱烈，和我的沉靜多麼相悖！

我好像被他攝住，動彈不得。如果有多一張船票，我當然會搭上開往東漢的輪渡，去那裡找到他。去到哪裡也要找到他，然後，溫暖他。

他在他拿來當命的書法的歷史上，做成了一個句讀，一個花朵般的句讀──你願意說他是書法的胎記也可以。一個天才書法家的繼續，一個花朵的飽滿的身姿和芬芳，便是飄零的忘記。徹底忘記。

可是，除了遙遠的青山，還有什麼，能承載這樣一唱三歎墨蹟淋漓的人生？還有什麼，能收容這樣江海般激切卻多渦漩的靈魂？他揉揉手腕，沉默清寂，就這麼，托體同山阿，臨水照花。

他到這裡，泯然無跡，可是，我依然無法去說一點。我埋頭造自己的句子，卻不愛引用。到無辭時，深怪他沒留下一點落在斷簡，殘紙，或寸帛，那無比美麗的書寫，那錦瑟無端的沒有題目和主題的詩句。

夜雨濃，空對著，剪不了的燭花，彈不了的鋏，我多麼無措。

於是，我也就只能三行兩行，悼念那些早開又早謝、吉光片羽的花朵，仰望一眼星空般的花朵，和花朵般的星空──那些屬於人類的不折不扣的光榮。

你也一樣。

[人物簡介──張芝]

張芝（西元？～約 192 年）：中國東漢時期書法家。字伯英，人稱之為「草聖」。
敦煌郡淵泉（今甘肅安西縣東）人。對張芝的籍貫，在《後漢書‧張奐傳》中說是
「敦煌酒泉人也」。一字之差，錯傳一千多年。經清人錢大昕考證，是敦煌淵泉人，
淵泉為敦煌郡所司六個縣中的一個縣。

張芝刻苦學習前人和同時代賢人的草書，後脫去舊習，省減章草點畫、波桀，創造
了跨時代的大草，即有別於章草的「一筆書」，當時亦稱「今草」，一時名噪天下，
學者如雲。他的草書影響了整個中國書法的發展，帶來了無與倫比的生機。

據說他曾因「有道」而受到朝廷賞識，下詔求賢，令其作官，他卻不屑一顧，甘作
布衣，顯示出崇高的藝術熱情。雖然由於年代久遠存留的墨蹟《冠軍帖》極可能是
偽作，但這不妨礙張芝的名字赫然鐫刻於華夏書壇豐碑上、閃耀的燦爛光芒。

蔡邕：悲痛的飛白

　　人身不過像一件衣服，暫時借人穿穿而已，最終，你我都作為一穗無力的麥子，被某種神秘而強悍的力量收割走；但若真要帶走那件「衣服」，除非修煉。

　　他的修煉達到了一般人無法到達的地步。所以，他當時的離開，應該是羽化成仙了的。他的修煉並不是指他卓然的才華、顯赫的聲名，但他的放聲一慟，足以驚天動地。

　　他的確是個了不起的藝術家：精通音律，善於鼓琴，琴藝在當時堪稱無與倫比。他所製造的「焦尾琴」，與齊桓公的「號鐘」、楚莊王的「繞梁」、司馬相如的「綠綺」齊名，被稱為天下四大名琴。

　　他的詩文也很出色，傳世的作品有一百多篇。他還是一位著名的孝子，事母至孝，人們譽為「文同三閭（三閭大夫屈原）」、「孝齊參騫（孔子弟子曾參和閔子騫）」。也就是說，他沒有多少缺點。當然，也沒有多少心眼——否則，也不會被世人唾罵千年。這從他的事蹟和死法上能略知一二。

　　他的事蹟雜花生樹，可謂一生懸命，多的是「朝受命而夕飲冰」那樣的曲折多舛，在《三國演義》中記述簡略，僅敘二件，一為其應徵出仕，一為其被縊而死，這兩件事都直接或間接地與被稱為國賊的董卓有關。

　　按民間流傳的說法，他因為貂禪忿忿拔刀殺人而因此被殺，這是對他的一種讚美。至於我自己小小的見識：能衝冠一怒為紅顏的，至少都是性情中人，不可大加苛責。再說，三國霸主各自有被冤枉的地方，譬如未進京前的董卓何嘗沒有俠義之名？史無全真，人無完人，歷史人物在今天更無能力去告白原本的真實。而歷史往往被歷代文人所歪曲——你我也在其中。

　　關於他的被徵，比較流行的說法是受威脅所致，董卓讓人傳話給他：「如不來，當滅汝族」，他因懼而應召，正史上也記載了類似的話。清人王夫之對此不以為然，在其《讀通鑑論》中詳細辨析了他應召的內在因素。我讚同他的說法。

　　王夫之的意思是，他曾歷經許多艱難兇險之事，亡命江湖十二年不氣餒，有其堅強的個性，是不會因為某種威脅而更移其志的；此時的董卓也非殘害賢士之人，相反地很想「借賢者以動天下」。為此，董卓殺進京城修理了太監們，組織新內閣。因為他名聲在外，董卓就想請他到新政府上班，他卻推託有病不去。董卓一發脾氣，他就只能按時報到。因此，後來有人說董卓對他不夠客氣，不夠好。我倒不覺得。

　　從另一個角度說，他對他發脾氣，有點像戀人間的慪氣——我過生日，要你來，你偏有事不來，我就生氣。這說明他多麼希望他去！去了，肯定意氣風發加之厚待，平時裡，也可不問浮沉，只聊聊書法筆墨。

　　董卓對他仗義，態度也恭敬：拜官祭酒，又舉博士，任侍御史，轉治書侍御史，旋即遷任尚書，再遷為侍中；三日之內，由六百石的中級官員，升為二千石的高級官員——三天就給他升了三次職位，薪水翻了快兩倍。他的諫言，董卓偶爾也聽半句，算是政治上的知音了。

　　董卓打擊了長期滋長的宦官勢力，廣徵賢士。深受宦官長期迫害的他「誠以卓能矯宦官之惡，而庶幾於知己也」，其應召而出，似在必然之中，但王氏對他的選擇並不贊成，而是認為其「逃虎而抱蛇、舍砥而含鴆」。

　　他的選擇是基於對殘酷迫害他的宦官集團的仇恨，而不是出於對國家利益的考慮，因此王夫之又說：「蔡邕意氣之士也，始而以危言召禍，終而以黨賊逢誅，皆意氣之為也」。此話有道理，然其「意氣」能夠不為外部環境約束，在那種兇險的政治環境中，坦蕩地發於

明處，且置個人安危於不顧，這就很不簡單，非常人所及了。

　　死訊傳來的當下，他正在王允那裡。王允是董卓的仇家，他卻當著他的面中呼著董卓的名號嚎啕。當時董卓是政治和軍事上的雙料敗將，人人避之惟恐不及，獨他感其知遇之恩，一路奔去，撫屍大哭。拿下董卓是王允的得意之筆，見他如此反應自然生氣，馬上把他關進大牢，終至橫死，享年 61 歲。

　　他的驚世駭俗之舉，在那個時期，很讓人震驚。但也正是如此，他作為一名書生率真、可愛的真面目才清晰地凸顯出來。他的行為，使那些當時在一種瘋狂的力量摧動下、躁亂地湧向一個方向的人群惶恐不已，也使他們感到憤怒與羞愧。

　　他對於董卓的悲傷不只是真情的流露，更是言行如一的表現。在那樣混亂兇險的政治環境中，內心真情的吐露與表現，無異於向虎狼之輩交付自己的生命，事實上他是很清楚自己的結局，卻沒有為即將面臨的災難而驚慌失措。仔細研究，這似乎更是英雄所為吧？

　　判斷行與不行的標準幾乎是「一刀切」的「一邊倒」，或者說是「一邊倒」的「一刀切」：一個人行時便一切都行，不行了便一概不行，幾乎成為多數人的思維模式，人們似乎難以客觀平靜的心情對待那些黑白並不十分明顯的人。

　　簡單地把人分為好與壞，確省去許多麻煩，但人並不是可以如此簡單地被分割的。因此，當一個人在被批評、被踏上一萬隻腳的時候，那些好像正確的大多數大多是盲目的跟隨者，他們跟著別人「一窩蜂」地關門打狗，甕中捉鱉，但其實甚至對矛頭所指的對象一無所知。但他們非常清楚一點，就是：這樣做可以與那個倒楣的人劃清界線！至於那人是否真的十惡不赦，他們是不會關心的。他們所關心的，只有明天早晨自己的鼻子還聞不聞得見臭豆腐的香味，這比什麼都重要。

　　跟他們相比，我們也好不到哪裡去──我們有了年紀、長了情商以後，就懂得睜一隻眼閉一隻眼的好處了，袖手低眉，不加入幫派，也不看熱鬧，只快速路過，心中大呼：「千萬不要傷到我」……即使不去跟從和捉打，可是我們懂得與時代合作。

　　我們的靈魂被工業化和全球化給化掉了──常常覺得靈魂和身體統統被籠罩在一股壓抑慌亂的氣氛中，長年陰雨，永無天日，彷彿宮崎駿製作的動畫短片《On Your Smark》中，因為害怕陽光的輻射而自身困圍、狂歡不止的不夜城；我們所處的時代，註定是以後我們將為之怕到冒出一身冷汗的現實。

　　我們該怎樣收回我們的靈魂？幸虧還有一些非凡的人物和非凡的藝術，讓我們可以在它們面前看著精靈在鼻尖上舞蹈。

　　咳，說下去……當時就是這樣：在所有的人不問青紅皂白，一概對董卓踏上自己的腳的時候，他沒有踏上自己的腳。他死了，僅僅因為自己與現實、與時代的不合作態度，否則麻煩不會如此之大。

　　他以自己非同尋常的作為，以自己非同尋常的死法，向死去的朋友進行了最後的告別。

　　魯迅先生說過：「中國少有敢於扶哭叛徒的吊客」。

　　他敢，他了不起。他死之後，朝野上下無不為之流涕。兗州、陳留間的百姓還畫像祭奠。當時的著名學者鄭玄歎息說：「蔡邕死了，漢朝的歷史，誰還能說得清楚！」

　　當然，他的女兒代替他，把漢朝的歷史說清楚了，那是後話，按下不談。但也想著：有那麼端莊、傑出女兒的他，也必是不俗和不邪的吧？

　　我尊重和喜歡這樣的人物，無論有多少人說他的壞話。他不是誰的一丘之貉，也並沒有狼狽為奸。況且從史上看，那「貉」、那「狼」或「狽」，還很難說是不是被斥責的本體。

　　想來他好端端的一個人，被糟蹋名節，立下幾樁無頭案，也許還是源自於當年為董卓的一大哭吧？簡直冤屈至極！

　　他明明什麼也沒做，卻被人不斷地盜用姓字，屢遭「惡搞」：南北朝時代流傳極廣、影響極大的《顏氏家訓》說：「蔡伯喈同惡受誅」；從宋元南戲《趙貞女蔡二郎》到元末高則誠的南戲《琵琶記》，他更是不斷地被反面化，一舉變成餵不熟的白眼狼：這個歷史上儀容奇偉、篤孝博學、能畫善音、明天文術數、十足的大孝子，在後來的民間故事中卻被如此演繹：上京趕考，一去不回，不顧父母，遺棄妻子，最後被暴雷震死。

　　《琵琶記》中所寫的那個中了狀元，娶了相府千金拋棄原配妻子的，也指名道姓地說是他。陸游還曾有一首《小舟遊近村舍舟步歸》，說：「斜陽古柳趙家莊，負鼓盲翁正作場。

　　死後是非誰管得，滿村聽說蔡中郎。」可見在南宋的時候，他已經是個反面教材了。無論民間社會還是上流社會，對於他一聲哭泣招致的殺身之禍不但毫不同情，而且不惜厚誣古人，幸災樂禍。世人之不能容忍異見，刻毒狹隘若此，的確超出我們的想像。

　　連哭一聲的權利也沒有的時代是黑暗的時代，而他為了這「哭一聲」的權利付出了生命的代價，其悲愴重重敲在那個人情冷酷、世風日下的時代的關節上，使之震悚不已。

　　那些口口聲聲要控制別人思想、硬要別人的思想與其保持一致的行為，向來是深為人們所痛恨的。不管他之悲對錯與否，他能夠真實表達自己心聲，就是一個誠實的人，那些扼殺不同聲音的人才是最虛偽、最野蠻的人，因之而生的制度是最虛偽、最黑暗的制度。

　　讓所有的人都死心踏地地跟著一種聲音走，收穫的就只是假心假意的順從，一旦這種聲音出現了故障，其跟隨者便會一哄而散，甚至反擊，聲音的製造者就會失去生存的基礎。

　　瞧那個不顧許多人勸阻、非要殺掉他的司徒王允吧，最後結局如何？不也很快就被別人殺掉？

　　不珍惜別人生命的人，別人也不會珍惜他的生命，所以還是允許有不同的聲音存在吧，進步與活力往往由此而生。一個對於人和事均保持著主體性、包容度的自由時代，才是一個有希望的時代。

　　他撰寫的五經銘文骨氣洞達，爽爽有神，被稱為典正的「末世之美」；傳說中他所作的書論《篆勢》、《筆賦》、《筆論》、《九勢》等讚美了毛筆和篆書之美，論述了書法抒發情懷的藝術本質，認為應取法、表現大自然中各種生動、美好的物象，揭示書法美的哲學根據；他獨創的、黑色中隱隱露白的筆法，被稱為「飛白書」。

　　直到今天，「飛白」還被書法家所用。它所透露出有氣、有血、有力量和有骨頭，是他這個人的模樣。少一樣，便成不了大丈夫。

　　他離我們多麼近！彷彿摸他的字，就能觸到他的鼻尖，那獨特、可愛、厚道的鼻尖。所以，我們說他的人，也就是說他的書法，以及那不傳之秘。

　　蔡邕的這一章，說完了。

[人物簡介——蔡邕]

蔡邕（133～192）：東漢時期書法家、史學家、經學家、音樂家和文學家。陳留圉（今河南杞縣）人。字伯喈。官至左中郎將，封高陽侯，後世稱他為「蔡中郎」。

蔡邕少時博學多聞，經史、音律、天文無所不通。靈帝時為議郎，因直諫上書論朝政闕失，遭到誣陷，流放朔方。

書法專工篆、隸，尤以隸書著稱，結構嚴整，點畫俯仰，體法多變，創「飛白書」。據張懷瓘《書斷》記述：「按飛白書者，後漢左中郎將蔡邕所作也。本是宮殿題署，勢即徑大，宜輕微不滿，名為飛白」。關於書論，《書斷》載有他的《大篆贊》、《隸書勢》。馮武《書法正宗》載有《書說》、《筆論》、《石室神授》筆勢等，是我國第一位書法家兼書學理論家。有後人輯為《蔡中郎集》。

美人羲之

說書法，論美人，怎會繞過魏晉？那鬱鬱蒼蒼、精神濃烈的魏晉？那是人類理想主義的花朵放肆生長的爛漫童年啊。

三月三是上巳節，據民間傳說，這天朝廷會下詔書集體春遊，去到河邊，上演結情的戀愛節目，而未婚的適齡青年男女誰若不去，就會受到刑罰。真是童話般的節日呢。

那時也會有美男子潘安那樣的人物出現。他高大白皙，「婦人遇之者，皆聯手縈繞」，手把手圍一圈不讓走，集體圍觀。那些裝扮鮮麗、袖子肥得可以裝下一個果園的女子們，還向他車裡投擲各種果子，表示喜愛——扔得越多越喜愛。他每次乘車出門，都會拉一車水果回來，於是，便有了「擲果盈車」的典故。

就是這樣一個多趣、浪漫、人人都像生活在舞臺上的時代，誕生了比潘安更美的美人，王羲之。

如你所知，魏晉是史上政治最混亂、社會最苦痛、極自由解放、智慧濃於熱情的一個時代，也是最富於藝術精神的一個時代。藝術的自覺和人的自覺同時呈現，自然美與人格美同時被發現，人人好像向美而活，不仰視不俯視，更不斜視，只天天懷著你我此刻一樣的訝異和欣喜，平行的目光，沉醉於人物的容貌、肉體及精神的美。靈魂是國君，肉體是子民，人人是自己的帝國，反擊「非我」的一切，生命原始、細緻而豐滿。

就是這樣的一個時代，書法美和人文美結合得最為完美的第一個高峰出現了，他就是「羲之峰」，和以之為中心的「羲之峰巒」。

不出現才怪。他端正的心思彷彿只為了書法而生，甫一落草，便如一名披上嫁衣的女子，帶著惶恐與欣喜來迎接主宰她一生悲歡的愛情——是的，書法於他，不是愛情又是什麼呢？驚天動地的愛情，

纏夾悱惻的愛情。

　　他七歲時跟隨女書法家衛鑠學習，小小年紀已臨池不輟，竟至癡迷：在書房、院裡、門邊都擺著板凳，放好筆、墨、紙、硯，漢字如鴿子一樣，佈滿心靈的草地：每想到一個心裡結構好的字，他就旋即寫到紙上。練字時，他凝眉苦思，以至廢寢忘食，把墨汁當黃醬蘸著吃的笑話也有過，還有晚上在夫人背上隨手習字、被她笑：「人各有體，你為什麼習人家的體呀」讓他醍醐灌頂、立志創造自家書體的習字趣事，流傳民間，給後人引為趣談。

　　就這樣，他一步一步地行，一個山頭一個山頭地翻，而後不管雲集雲散，都坐穩了蒲團，在山頭看。沉潛久了，就做到從容把玩，書法、文章如蚌生珠，日漸生成，終得圓潤。蚌在海邊，每當月明宵靜，蚌就向月張開養珠，珠得月華，始極光瑩。《蘭亭序》就是月華下張開得最為華彩燦爛的一顆，光照萬里。

　　《蘭亭序》說起來不過是隨意之作的散文，卻具備了詩和詞特有的那種動聽的韻律，清風出袖，明月入懷，正是其隨順自然的人格心靈的體現。而羲之文章，辭采蘊藉，最宜半醉之後，一個人放聲緩緩而詠。羲之精於此道，也忠於此道，他知道讀者終究是要讀的，所以不肯讓人遺憾。那種音樂的旋律和節奏，總要富於變化地持續到文章末尾。其文字，也正如濃妝淡妝的一群美人，特色變化鮮明，讀來口中常香。其書法，更是變化嫵媚，何時見了，都能報之以微笑。

　　不過二十八行，三百二十四字，小小一冊的《蘭亭序》裡竟埋藏了許多盤根錯節、血和淚凝成的故典：有一位皇帝，他用誘騙的手段從一名高僧那得來這寶物，對那真跡喜愛到日夜不離左右。臨去時，對年輕皇帝唯一的要求竟是：我知道你孝順，就把它陪葬了我吧。那年輕皇帝很乖，含淚把這當作一等一的大事給辦了。

　　陪葬了，又被盜墓賊偷走，世代流轉，到八國聯軍那另一幫的賊寇時更輾轉出手，最後花落誰家，不知所終。當然，就我個人而言，比起《蘭亭序》，更喜歡他的《喪亂帖》，更有真氣。

　　即使民間把他演繹得宛若神明，可他不是書呆子，譬如作如是說：「存意學者，兩月可見其功；無靈性者，百日亦知其本。」把書法的神秘感給破除，鼓勵了一批老大立志學書、或自覺愚鈍學書困難的人。當然，被世代尊稱為「書中龍」的他哪能隨口妄說，挖坑給人跳？那意思不是教你投機、耍小聰明，一定有其深意在，或者有當時的語境在，而我們誤會了人家。

　　他不喜歡做官。「羲之既去官，與東土人士盡山水之遊，弋釣為娛。又與道士許邁共修服食，采藥石不遠千里，遍遊東中諸郡，窮諸名山，泛滄海，歎曰：『我卒當以樂死。』」從《晉書》這段文字的記載中，我們大概可以了解他隱逸以後的生活。

　　他和他的朋友們在江南的青山綠水間盡情享受著生命的歡愉，以至於發出這樣的感慨：「我卒當以樂死」。一個字一個字細嚼，他的形容幾乎呼之欲出──讓人想起一株輕輕鬆鬆就長成爺爺般捋著鬍子笑、參天的銀杏樹。

　　說起來，尚書這樣的官位實在不算低，而且據記載，朝廷還是「頻招」，也就是說是留著位置等著他。這種誘惑在歷朝歷代，都是不能不讓人動心的。可他卻「皆不就」，從這可以看出他內心世界的驕傲和矜持。這也就是為什麼魏晉時期，像他這樣的名士的作為能夠被後人歸納為「魏晉風度」或「魏晉風骨」，成為後世文人追求的一種人生風範的原因了。

　　除了寫寫字，他還喜歡到處走走，親近自然，愛上一種叫做鵝的俗世家禽，並驚詫於鵝曲頸的纖長、體態的雍容和踱步的美儀，引渡到漢字裡，作繼續的生長。於是，他把漢字們也當成鵝去飼養、放

牧、撫摸和愛慕。他一生都好似一位牧鵝少年，眼底清澈，長髮覆額，指尖微涼，按著短笛，和著鄉間的曲調。

他是如此心無旁騖，自在翻騰，以至二十歲時，名門望族的太尉郗鑒派人到王導家去選女婿。王導的兒子和侄子聽說太尉家要來提親，紛紛喬裝打扮，希望被選中。只有羲之，氣度怡然，從容自得，不理不睬，好像什麼也沒聽到，自顧自躺在東邊的竹榻上，一手持餅，一手手指作筆在胸腹上寫劃著，滿心都是書法的線條和韻致。

奉命選婿的人被他的高貴不羈的豐姿所折服。回去後，他把看到的情況稟報給郗太尉。當太尉知道東榻上靠著一個不動聲色的羲之時，不禁拍手讚歎道：這正是我要的女婿！於是郗鑒便把女兒郗浚嫁給他。這故事便成了「東床」和「令坦」兩個典故，至今傳唱。

「忘我」二字，正是羲之出眾的所在。他激勵著我們慵懶人盡昧繁華，「收餘恨、免嬌嗔、且自新、改性情」。

或許，羲之的成功還是因深得馬祖「即心即佛」的三昧吧？認定了一樣事物，有一種敬畏感，約束自己身心，無時無刻不放棄自己的本心，專注若此，方有大成就吧？他所處的是佛教極盛的時代。心性如此，所以行止亦然。

看來，「敬」這個字非但可用來學習書法，還可用來修身養德。大地遼闊，平野蒼茫，我們現代人，匆匆來去，只為取富貴，學什麼技能，辦什麼事，都少了這個「敬」字。而無論什麼，只有敬了它，才事事唯它為大，沒事就練練肺活量，到時候憋住氣，猛地下深海去，哪有摸不到錦鱗的道理？

更或許，是書法這個「正聲」、「大音」的歌唱陶養了心胸的緣故，使得他這花不與眾花同，不染凡塵，自然技藝超拔，天下第一。

如此，他於喪亂至極的時候，在山水的背上快書幾筆，居然挽救了一個時代的體面。因為他，它才精緻些、含蓄些、文雅些、溫軟

些。如同第一個遲來的春天般，他扭轉了其他一切事物的命運：用先前的漢字，創造了楷、行、草的典範，書體的四季如他的愛憎一樣漸次分明。每一朵花都墨分五色，每一葉草都油潤四散，千年下來，當我們從他們身邊走過的時候，它們仍會一起微笑低唱。它們的歌喉清涼醞香，它們的聲音從我們的四肢直達心扉。

是的，書法就是漢字在歌唱。羲之的歌唱就是其中最早領唱和形容最美的那一個。

[人物簡介——王羲之]

王羲之（303 ～ 361）：東晉時期書法家。字逸少。琅琊（今山東臨沂）人，居會稽山陰（今浙江紹興）。官至右軍將軍，會稽內史，人稱「王右軍」。他出身於兩晉的名門望族。12 歲時經父親傳授筆法論，「語以大綱，即有所悟」。他小時候就師從當時著名的女書法家衛夫人學習書法。以後又渡江北遊名山，博採眾長，草書師法張芝，正書得力於鐘繇。觀摩學習，達到了「貴越群品，古今莫二「的高度。

與兩漢、西晉相比，王羲之書風最明顯的特徵是筆勢委婉含蓄，遒美健秀，擺脫了前代筆風，自成一家，後世頗多讚辭。另有白鵝換經書、一字千金等傳說流傳民間。

他最大的成就在於增損古法，變漢魏質樸書風為筆法精緻、美輪美奐的書體。草書濃纖折中，正書勢巧形密，行書遒勁自然，總之，把漢字書寫從實用引入一種注重技法，講究情趣的境界，實際上這是書法藝術的覺醒，標誌著書法家不僅發現書法美，而且能表現美。後來的書法家幾乎沒有不臨摹過王羲之法帖的，因而有「書聖」的美譽。

謝道韞：比好更好的女子

人家七歲的女孩隨口說一句：「未若柳絮因風起」，後世就稱讚能詩善文的女子統統為「詠絮才」了。厲害吧？

她是連接了王、謝兩大書法大家豐美錦繡的那根「紅線」，還親手拭過王家的東床，澆過謝家的寶樹……這個女子不一般。

很久很久以前的陳年舊事了，罩著一層有點寂寞、親切、古舊的光芒。那是北風緊、深閉門的寒冷冬天，一家人圍爐閒談。雪花以5公分的秒速，從天際到地面，從髮梢到眼前，十分好看。她的叔叔謝安問大家大雪紛紛而下像是什麼。侄子謝朗當即應聲道：「撒鹽空中差可擬。」她笑得不出聲。叔叔似乎並不滿意，不經心地問她——這個小傢伙，能作詩？不料她略沉吟，輕言說：「未若柳絮因風起。」

叔叔一時驚了，四座皆驚了，為之擊掌盛讚。叔叔竟高興得仰天大笑，還因此在心中暗下決心：將來一定要為這樣出色的女孩，找到一個才堪匹配的好丈夫。

年輕人的生命力真是值得驚慕，風一吹就能長大，轉眼間她成了窈窕淑女。一家女百家求，在水一方的她的目下排開的，都是玉樹臨風的好少年。

為侄女擇婿，最理想的對象當然是王家的兒子——既了解，又匹配。最初，叔叔本來頗為屬意羲之長子徽之的卓爾不群。但徽之的一件事使他打消了這個念頭：在一個雪夜，徽之獨自飲酒，突然渴望會一會老朋友戴逵，於是立即泛舟溯溪，半途中意興闌珊，又立即駕舟回府。有人問起，他答道：「乘興而來，興盡而去，何必見怪！」叔叔知道了這件事，覺得他做事太由著性子，擔心他恐怕不是那種將興致一以貫之的人，因而轉而選擇了他的弟弟凝之。

那人好福氣啊，娶的是才女，廝守的是終生。

相傳她嫁給凝之以後，對丈夫很不滿，回娘家時曾大發牢騷，甚至說：「不意天壤之中，乃有王郎！（《世說新語──賢媛》第二十六則）」說這話當然可能有點情緒化，不過凝之確實不讓人滿意，在家傳的書畫、學問上不求上進不說，還迷信到完全失去理性，以至充當會稽內史的任期內，孫恩作亂時，他不作準備，一味寄望於「鬼兵」，結果死於非命。她則怨恨終生。

時間過去太久了，關於這段姻緣有完全不同的版本，善良的人會喜歡這個版本：

相傳凝之稟性忠厚，才氣卻幾乎不如任何一個史上留名的他的兄弟。是，他文學上也有些造詣，也能草書、隸書，性格和平，篤信道教。人嘛，總有些渾渾噩噩，透著糊塗，她也不在乎。唉，這樣才好，綁縛人中之龍的大才子做丈夫有什麼好？他哪裡懂得憐香惜玉？

他萬事只當風過耳，只曉得些書，和夜半興致所至的揮毫。她卻是賢淑溫文，工詩善詠，兼行書清俊，未事藻繪。因此，夫婦暢美，兩相唱酬，更米熟菜香，成為家常的男女。彼此親切，信賴，不疏不膩，那樣聰明仁慧的相處，正是一對最好的伴侶應該具備的。

白駒過隙，時光甜蜜而匆促。她嫁到王家以後，溫、良、恭、儉、讓，樣樣周全，恪盡婦道，一針一線，織補出了一個小小、暖暖的幸福小巢，做成一名普通的良家女子，安靜，向內，像桌上的絲綢，或田野裡茂長亭立的鳶尾草。

唉，多麼好，又多麼可惜。

羲之全家認為她是一個不可多得的好媳婦，正如民眾都認為她是一個不可多得的大才女一樣。她被埋在家裡，離開筆墨，樂不思蜀。

然而，才華那東西像紛紛揚揚的絮狀大雪，是捂也捂不住的，

總要一點一點，覆蓋了莽野。

她什麼都正確、都好，唯一的錯誤就是：生成了女人。

因漢代以來儒家的地位獨尊，當時男女授受不親的禮教漸受重視，所以大家閨秀即使參與清談，也須張設綾幕以自蔽，使對談的男性客人，只聞其聲而不見其容顏。

她不是那種逞強喜功、貪好虛榮的女子，即使才比天大。但避不得事有湊巧：一次，丈夫的小弟弟獻之與世族友人談論詩文，正處在下風、急得百爪撓心時，被經過的她聽到了。她躲在屏風後悄悄聽了一會，然後讓婢女告訴獻之，她願為小叔子解圍。獻之與客人異口同聲表示願意聆聽她的高論。

她端坐在青綾幕樟之後，將獻之的前議加以肯定，再引經據典圍繞主題加以發揮，立意高遠，義理明晰，懸河瀉水，注而不竭，「哇哇哇」一口氣溫軟聲氣拋丟下來，客人無不甘拜下風。當然，求得她搖筆題簽的嫻雅字幅也成了客人們對外炫耀的理由。

她詠泰山，一反前代名媛詩作以陰柔見長、婉約自憐的小家氣，篆筆靈動，吐出的漢字像吐出一枚枚在口中含了許久的堅硬桃核：「峨峨東嶽高，秀極沖青天。岩中間虛宇，寂寞幽以玄。非工非復匠，雲構發自然。器象爾何物，遂令我屢遷。逝將宅斯宇，可以盡天年。」真是女才子中的翹楚啊，胸襟不讓鬚眉。《晉書》本傳記她：「風韻高邁」、「神情散朗，有林下風氣」，此詩正可見一斑。

當然，她也遭遇到很多的大不幸，跟每一個人一樣，免不了傷心無奈。然而其夫君被一刀梟首時，她面對虎狼叛軍，竟鎮定自若，持寶劍挺身向前，手刃數敵——她殺了好幾個敵軍將士！最後，她殺到凜然面對敵人首領，那氣場竟使其不敢稍近，動手傷她。等回過神來，他表示要殺她的外孫劉濤！她亢聲而辯：「事在王門，何關他族？此小兒是外孫劉濤，如必欲加誅，寧先殺我！」

側耳聽去，字字懸磬，擲地有聲。那敵梟為其所懾，竟無力揮手，示意左右放走兩人……，簡直半部史詩。

就百年論，誰願有此事？就千年論，不能無此詩。但該以一個女子怎樣浩蕩無垠的堅強，才能鑄成這樣奇男子一般的大義凜然、從容不迫呢？我們不得而知。使艱難困苦的局面化險為夷，這種「泰山崩於前而色不變」的剛毅氣質和敏靜風度，的確是得了謝家真傳。我們所處的年代，女子們太強調自己的性別了，縱有些個性和才華，也因為某些原因隱忍不發而日漸老去，未免小器。我也一樣。

她體驗與經驗相諧，靈氣和骨格共盛，手下漂出的絮一般的輕軟雋永、雲淡風清好字跡，從容落成一條溫柔煦暖的銀河，經由她的好嗓音緩緩流動，澆灌古今，從沒有放手廢棄過任何一個河段。

傑出的女才子是多麼地罕見呀，能夠與她相提並論的，在當時只有同郡的張彤雲。彤雲是張玄的妹妹，論家世不及謝家，論才情卻差堪比擬。彤雲嫁到顧家，而朱、張、顧、陸是江南的四大世家，張玄也常常自誇自己的妹妹完全比得上她呢。

據說有個叫濟尼的人，常常出入王、顧兩家，有人問濟尼：「謝道韞與張彤雲誰更好一些？」濟尼說道：「王夫人神清散朗，故有林下之風；顧家婦清心玉映，自有閨房之秀。」二人各有所長，大家都認為還算公允；但立在當下看去，她應該還是最出色的那一個吧？如同現代文壇的張愛玲與蘇青，名是齊的，文字還是高下立現。歷史童叟無欺，是最公平的一桿秤。

哦，而今舉目盡是「花魁」，口既不吐溫柔語，針線也不必提，算了，反正人和時代都機器化了，到哪裡去尋覓一隻閉緊的櫻唇和清潔的玉指尖，去花費工夫潑墨寫春秋？

無奈鶯聲與花瓣一齊蒼老，晚來的我們只能側耳聽聽古老的傳說，再也摩挲不到謝家阿姐「秋水為神玉為骨」的古典範本了，如同

一同消散了的，那而今也片紙全無、消息盡逝、只能聽聽傳說、與之齊名的彤雲女才子的芳名。

應該慶倖啊，「謝、道、韞」，本來互不相干的三個的字，像有關愛情的幻想，一路從驛站送來，她的芳名永駐，如她的芳齡永繼。永不更改。

女子就應該有些成就的，也可以因此更美麗些——比起胭脂鉛粉，黑黑的墨更像女子最端莊的配飾呀。女才子是女子的二次發育，更典雅也更女性化的二次發育——她由此拔節，婀娜開來，散播迷人氣息。

無論什麼時候，放眼望去，但凡光輝耀眼的行事都幾乎是男人的天下。而突然，有一枝或幾枝栀子香出來，不是吸引了你的目光，而是直接掐斷了你的目光。她驚動了你，奪去你的心神。這個世界就對了。

試想：天下人雖多，卻不過分男女兩種，女子的柔細、清芬，女子的純潔、母性……都是大地之心啊。如果沒有了女子點橫活色，撇捺生香，天下哪有筆劃？

唉，女才子——那些比女子更女子、比好更好的好女子，是粗莽世界的第二幅筆墨呢。

[人物簡介——謝道韞]

謝道韞（349～409）：東晉時期書法家、詩人。她出身於晉代王、謝兩大家族中的謝家，陳郡陽夏（今河南太康）人，從小便有過人的文才和口才，聰慧過人，出身於詩書富貴之家、禮樂簪纓之族，是東晉後期打敗符堅的百萬大軍的一代名將謝安之侄女，安西將軍謝奕之女，大書法家王羲之的二兒媳，王羲之之子王凝之之妻。……其實，這些都可以忽略，她的書法和詩才是不可小覷的關鍵字。在離亂交織的晉代，她稱得上是一個「人中之鳳」的人物。書法惜無墨蹟存世。

張旭：那樣的舞蹈

大唐本身就是一首壁立千仞的書法豐碑，洋洋灑灑，氣度恢弘。那崢嶸氣象叫人不由得頻頻回首，西望長安，鄉愁大霧般蒼茫四起。

而這些年過去，如果他不是出色的書法家，誰還記得這個「宗」、那個「帝」呢？不高高在上還不夠風雅的「張顛」卻光華萬丈，震動士林，至今香著。

張旭和他的朝代是如此相像，簡直父子——都是羅曼蒂克到了無以復加的地步，而抒情寫意的大門一旦打開，他們各自的盛唐氣象就到來了。

他的乖戾特異是出了名的：每每作書，呼叫狂走，山呼海嘯，然後，在最癲狂無羈的時刻，落筆成書，到最忘我的那一瞬間，還會脫帽露頂，將自家頭髮錯當狼毫，蘸墨揮灑，旁若無人，呼喝一聲，所有的點橫撇捺齊齊聚來，帶了整個中唐都隨他的筆而恍惚浮動。花香、劍氣、鳥鳴、珠玉……都肖妙鮮活又不約而同地，從他胸中泉湧至他的筆尖，流動、恣肆、縈繞、牽引，他蘸飽一筆，一次寫數字至墨枯，出現了「飛白」，再蘸一筆，既保持了字與字之間的氣貫，還控制著筆的粗細輕重變化，氣韻生成。

就這樣，他如同馬上橫槊大將軍，神虯出霄漢，夏雲出嵩華，行筆中筆筆帶風，遲速互救，或駿馬賓士，或雲煙漸起，像滾滾長江從天而降。他又如同一位普通的農人，荷鋤下東田，透過「鋤頭」，將土地深翻，把力量、情感、意志和豐稔傳遞給糧食。他整個人帶著光芒，還挾帶了歌唱，那真是千年難得一見的好景色啊。

高適《醉後贈張旭》描述：「世上漫相識，此翁殊不然。興來書自聖，醉後語猶顛。白髮老閒事，青雲在目前。床頭一壺酒，能更幾回眠。」李頎《贈張旭》還記錄：「張公性嗜酒，豁達無所營。皓

首窮草隸，時稱太湖精。露頂據胡床，大叫三五聲，興來灑素壁，揮筆如流星。」杜甫在《飲中八仙歌》也說道：「張旭三杯草聖傳，脫帽露頂王公前，揮毫落紙如雲煙。」說的都是他的不隨俗流。

哪裡需要勞動杜工部他們一眾好友來費勁形容？他的作書過程便是舞蹈——且慢！他的幅幅書法本身也是一支舞蹈呢：舞蹈有起伏、有高峰，張書的運筆也有高峰和低谷；舞蹈有亮相，張書有用筆的倏然停頓；舞蹈有旋轉，張書筆端有反轉和連帶，真是各自神妙各自收，又能互通有無。藝術之間彼此說話，親密絮語。

唉，「酒中八仙」嘛，作書的時候，當然少不了在松前抑或石後，藏一把熟睡的酒壺，多可愛呀。酒是催開他才華的甘露一滴，而他的狂草，則是他對這個悲歡人世的誇張告白。

同時代的書法大家韓愈在《送高閑上人序》中讚揚他說：「喜怒、窘窮、憂悲、愉佚、怨恨、思慕、酣醉、無聊、不平，有動於心，必於草書焉發之。觀於物，見山水崖谷、鳥獸蟲魚、草木之花實、日月列星、風雨水火、雷霆霹靂、歌舞戰鬥、天地事物之變，可喜可愕，一寓於書，故旭之書，變動猶鬼神，不可端倪，以此終其身而名後世。」對書法家，不，對一名藝術家而言，沒有比這話更高的評價了。

幾乎絕代芳華。史上只有讚語而無半點批評的，唯張旭而已。

可是，即使「癲狂」若此，峭拔奮張，運筆卻疾緩有度，字的法度還是絲毫不亂。所以，每每看到電影、電視上書法家風一樣地瀟灑地瞎寫，我都感覺如五雷轟頂，忙不迭地捂眼，狀如見鬼——草書哪有那個寫法？草書不是沒時間才草草書寫，也不是亂草般蕪雜無序，是指書體的神韻呀。

因此，我們看今人的字，常常是在觀看花紋好看的布帛和衣服，而觀看古人的字，則好像摩挲青銅的鐘和鼎。也因此，書法上有「正源」和「傍流」一說：「正源」突出一個「謹」字，取法度森嚴意；

「傍流」突出一個「肆」字，也就是亂來的意思。如你所知，師法是好的，寫的字沒有書法氣、流淌的野趣也是好的，但這完全不代表可以亂來。

而且，他的真楷尤其小楷是異常謹嚴的，每一筆都沉著不浮，交代得十分清楚，透著靜氣。將字寫得安靜，反而比動更為不易。什麼叫做斯文，什麼叫做斂入規矩，讀一讀他的小楷吧：典型的橫平豎直，甚至沒有太強的個性，行筆之間十分從容，外形柔和。就整幅作品來說，氣息初看平淡，細看依舊平淡，斯文氣度是似有若無地分散著，有活力在靜態中潛行遊弋，如微風徐來，細澤涓滴。

原來人家做為高度自覺的書法家，為書寫而「癲」的癲，是作草書時需要的絕佳狀態，不是真癲，研究一下他幾乎兩極化的楷書就知道了。況且，為了好玩，後人於他的草書風格和作字姿態上多有敷衍，性情描摹得過了，反在一定程度上掩蓋他不同書體的鋒芒。

再者，其詩名也一直為其書名所掩。同時代及後人論及他，都稱頌其書而不及其詩。其實，人家不但是「草聖」，同時還是造詣非凡的詩人。比起草書的虎虎有生氣，他的詩簡直就是寒夜桌下爐旁蜷縮盹著的一隻貓。呵呵，幾乎教人聞書喪膽的人，字句裡居然情懷纖巧若此，有若女子，簡直好笑。可翻翻《全唐詩》及《全唐詩續拾》中他僅存的 10 首詩，其婉約工細，竟讀得瞠目結舌：

如五言絕句《清溪泛舟》：「旅人倚征棹，薄暮起勞歌。笑攬清溪月，清輝不厭多。」

這首詩描繪的是旅人弄舟清溪，滿月初升，歌聲四起，舟中人攬溪中月影，四座歡笑，流連不已。詩如畫圖，有人物，有情景，有動感，素樸空靈，人讀後，不由得起了幽思之情。

再如七言絕句《春草》：「春草青青萬里餘，邊城落日見離居。情知海上三年別，不寄雲間一紙書。」這是一首感懷詩。離恨恰如春

草，更行更遠還生，詩人遠離故園，寓居邊城，於一望無限的春色之中，離愁別恨漫捲心頭，發散著薏苡、茱萸等深重的植物味道。前兩句以樂境寫哀境，使哀頓增。後兩句對仗極工，以低迴清幽之氣徐徐吐出，將思人之情的抒發推向極致。他詩歌的哀婉動人與他草書的狂放無羈之比，宛若魯達粗中的細，細中的粗，格外有趣。

還有，七絕《桃花溪》：「隱隱飛橋隔野煙，石磯西畔問漁船：桃花盡日隨流水，洞在清溪何處邊？」短短 28 個字，將陶淵明《桃花源記》大概氣象囊括其中，真是仙筆。它使人隱約覺得，生活年月稍後的王維的《桃源行》名句：「春來遍是桃花水，不辨仙源何處尋」，似乎就是撿拾他的詩句，而且在構建令人無限遐想的意境上彷彿不如他呢。此詩堪稱極品，它被清人選入萬中取一的《唐詩三百首》，編者並說：「四句抵得一篇《桃花源記》。」

僅從這三首可以看出，他的詩歌，堪與他同時的大家並稱。只可惜流傳下來的太少，使後人有遺珠之恨。

難怪他事事有成，才華蓋世，卻也難怪——他看看公孫大娘舞劍也想到他的書法，看看公主和擔夫爭道也想到他的書法，他塵務全不經心，以書法為妻，詩歌為子，池水盡黑、退筆成塚，全沒有名利之欲、官職之爭。

從心境而言，甚至藝術的技巧也不必顧及，想到的只是一支筆。比起我們的慵懶和毫無激情，他真正活得如花似玉，而那種狀態才是癲狂到癡迷的創作狀態。這是和他同時代的字匠們終其一生都想像不出、臨摹不到其好的原因所在。

而且啊，他竟然還是書法大師顏真卿的嫡親的老師呢，想起來也是好玩的事情。他會給顏真卿介紹一些名家字帖，簡單地指點一下字帖的特點，促其臨摹。有時，他放情丘壑，興寄煙霞，帶著顏真卿去爬山、游水，或去趕集、看戲，回家後又催顏真卿練字，或看他揮

毫疾書。而幾個月過去，顏真卿仍得不到老師的書法秘訣，心裡著急，決定直接向老師提出要求。

某年某一天，顏真卿壯著膽子，紅著臉說：「學生有一事相求，請老師傳授書法秘訣。」他答：「學習書法，一要『工學』，即勤學苦練；二要『領悟』，即從自然萬象中接受啟發。」

唉，他的聲音傳播得多長、多遠，直到今天，我們還是可以聽得見他月白風清、滿含深意和情意的聲聲叮嚀。他的聲音，是真正氣沉丹田的聲音，是並沒有經過粉飾和金飾的聲音，而在今天，我們已經不太能夠輕易聽到那麼純粹的聲音了。

也許，在某個春陽融融的午後，我們想念他想得久了，不堪其苦，便取窖藏，來一杯冰紅酒，恍惚間發一點點醉意，如此，可以有幸隔著一個仰望的距離，睜大眼睛，一睹碧空中雲卷雲舒──他那夢幻般的乾淨書寫，龍搏虎躍，而又圓婉超然；縱橫之極，而又筆筆不放，左右開張，墨色枯潤相映；……而窗外，桃花正豔。

[人物簡介──張旭]

張旭（生卒年不詳）：唐代書法家、詩人。字伯高，一字季明，吳郡（今江蘇蘇州）人。初仕為常熟尉，後官至金吾長史，人稱「張長史」。他的母親陸氏為初唐書法家陸柬之的侄女，即虞世南的外孫女。陸氏世代以書傳業，有稱於史。

張旭為人灑脫不羈，豁達大度，卓爾不群，才華橫溢，學識淵博。與李白、賀知章友好，杜甫將他三人列入「飲中八仙」。是一位極有個性的草書大家，因他常喝得大醉，就呼為狂走，然後落筆成書，故又有「張顛」的雅稱。後懷素繼承和發展了其筆法，也以草書得名，並稱「顛張醉素」。又工詩，與賀知章、張若虛、包融號稱「吳中四士」。

顏真卿：雪封門

　　他一生都像聖嬰，初來人間。

　　那時，雪正大。而他的一生，也似乎正是沿著雪的稟性，這一既定軌道求真求清，兼具那可愛的忠誠，玉樹臨風迎來送往，歷任玄宗、肅宗、代宗、德宗四朝輔國大臣，以至逆風飛揚，殘枝斷柯，為唐王朝捨身取義，殺身成仁。

　　他秉性樸質，有正義感，一生忠烈豪壯的事蹟，提高了他在書法界的地位；儘管他的成就，根本無須這事蹟來提高。

　　他少時家貧缺紙筆，筆蘸黃土水在牆上練字，初學褚遂良，後師從張旭，又汲取了「初唐四家」的特點，兼收篆、隸和北魏筆意，一反初唐書風，化瘦硬為豐腴雄渾，結體寬博氣勢恢宏，骨力遒勁而氣概凜然，造就了「顏體」。只要認識毛筆的，誰不知道顏體？偉大的顏體，奠定了他在楷書千百年來不朽的地位。

　　他字「清臣」——透過他的字，不難看出父輩首先對他道德品行方面提出的要求和希冀，也註定他的一生將是不凡和不安寧的一生：作為小小的平原郡守，他大膽改革，廢苛政，黜宵小，除奸詭，從大唐強勁開放而漸次轉弱的坐標中，激切地想變革當時衰頹的現狀，充滿著雄邁的責任意識和開拓創造的虎虎生氣。在安祿山起兵謀反的時候，面對朝廷的懦弱，他高叫：「河北二十四郡，無一忠臣耶？」挺身而出，舉義討賊。然而。他一生都受到來自四面八方的瘋狂圍攻和陰險掣肘。

　　這件事非說不可，因他是一名不折不扣的將軍：在與安祿山的鬥爭中，他將原來的三千兵迅速擴充到萬人，並擇取統帥、良將，與堂兄常山太守顏杲卿相約共同抵抗安祿山。顏杲卿在安祿山後方討伐叛軍，他被大家推為聯軍盟主，統兵二十萬，橫掃燕趙。戰亂過後，

當時兵力最強的淮西節度使李希烈又起意造反，刀兵出鞘。那時，早已鬚髮全白的他全不懼怕，只帶了幾個隨從奔赴淮西。

而李希烈得知他到來，見面時令他的部將和養子一千多人聚集在廳堂內外，以壯聲勢，嚇住來者。他剛開口勸說李希烈停止叛亂，其部將、養子就一衝而上，各個手裡拿著尖刀，圍住他又是謾罵，又是威脅。但他面不改色，只朝著他們冷笑。

李希烈命令人們退下。接著，把他送至驛館，企圖慢慢軟化他。

叛變的頭目都派使者來跟李希烈聯絡，勸李希烈即位稱帝。李希烈大擺筵席招待他們，也請他來參加。使者見到他，向李希烈祝賀說：「早就聽說顏太師德高望重，現在元帥將要即位稱帝，正好太師來到這裡，不是有了現成的宰相嗎？」

他卻登時氣忤，旋即揚眉破口：「什麼宰相不宰相！我年紀快八十了，要殺要剮都不怕，難道會受你們的誘惑，怕你們的威脅嗎？」

李希烈拿他沒辦法，只好把他關起來，派士兵晝夜監視。士兵們在院子裡挖了一個土坑，揚言要把他活埋。第二天，李希烈來看他，他平靜地對李希烈說：「我的死活已經定了，何必玩這些花招。你將我一刀砍了，豈不痛快。」

過了一年，李希烈自稱楚帝，又派部將逼他投降。士兵們在關禁他的院子裡，堆起柴火，澆足油，威脅說：「再不投降，就把你放在火裡燒！」

他二話不說，縱身跳火，叛將們把他攔住，向李希烈彙報。

就這樣，他懷抱驕傲，殺身報國，剛烈如鋼刀，又柔情似春水；他凜凜無犯，不阿於權貴，屈意媚上，以義烈名於時，又日月高懸，把同時代的那些對手都照成爬過慘白牆面的小蟲。

　　他讓我想起 409 年前的義大利修道士：偉大的天文學家布魯諾，在被柴火燒烤的時候，還有心情跟教會那幫混蛋理論，也是烈士心胸，一般人比不了的。

　　即使是這樣的道德君子，氣宇軒昂，人初見時必被其氣勢所震懾，然而再低頭看他的字，卻不由覺出他性格的篤實純厚，稚真木訥，而摩挲把玩，捨不得放下。

　　江山疲軟，除了豁出性命扶持挺立，就好像只有書法是最好的避難所和最後的家園了。

　　他總是在他的傳奇裡，頭戴襆頭，光芒四溢，不可企及。他的墨蹟僅僅由黑白兩色組成，卻震顫著迴盪在時間的天空裡。每一次都以不同方式出現的點畫，尋找著一個目標，沉浸在簡單的墨色中。忽然，像開始時那樣，他停住了。沒有延續，沒有結尾，戛然沉寂。這是我們享受傳奇的時刻：被抑制的期待，被誘惑的觀者。

　　觀看並分享他的充實、他的開闊、他的思辯、他的天真，甚至他的怒斥，他的悲傷、他的流離。然而，他以此開始新的段落，手撚筆管，從流淌的線條中，感受到他的情緒侵入了進去，進入到書法最初的高貴中。無論生活還是藝術，他不是人們可以輕易仿效的人，也不是隨意說些細雨輕風、晴空明月、對逝去事物發點小感歎的人。

　　他的傳奇，人們心中的傳奇，以及對他的書法尺牘的無限敬仰，與飛鴻雪泥般的記憶糾結在一起，猶如某種出其不意的情緒迸發，彷彿我們一生裡不同階段的微妙轉變、不同地理路標的沉默指引。

　　他的字自不必說——無論多大，個個都站得住，立地生根，一枚枚神氣十足，像那樣一種裡黃外黃的肥美水果，表裡如一，頭大肉肥，色彩逼人。

　　讀他的帖是需要放慢節奏的，否則總難免要被它的波瀾壯闊所厭煩——不是你煩它，是它煩了你。如同品嚐多汁飽滿的水果，扯一

點皮下來，不像香蕉那樣「吱溜」一聲痛快地皮肉分離。它在這一點上似乎有點過於抒情，扯了皮連著肉，還要彼此執手不放，兩兩相望。然而，他的筆端散發出來的、鋪天蓋地的甜香哪，影響了我們多少心思啊。小時候，除了習柳的八年，我練了他又八年。

我們總是願意放出十二分的耐心來對待愛著的事物。好東西，總是值得我們為它逗留更多的時光。

不得不提的還有他的《祭侄文稿》，這是為紀念他的侄子顏季明而作的，所以又稱《祭侄季明文稿》，是一個男人吹出疼痛的一把長號。此篇不似他正書的沉著肅穆，所有的竭筆和牽帶的地方都歷歷可見，通篇使用一管禿筆，以圓健的筆法，極盡流轉篆書的本事，自首至尾，雖因墨枯再墨醮，因停頓初始，不免黑灰枯破，然而前後一氣呵成，哭天泣地。

這篇大文、大字的誕生有著不尋常的背景：「安史之亂」時，他任平原太守，堂兄顏杲卿任常山太守，相約起兵抗擊叛軍。杲卿的幼子季明曾往來傳遞訊息，後來常山失守，「賊臣不救，孤城圍逼。父陷子死，巢傾卵覆」（《祭侄文稿》原文）。又由於奸臣構陷，三年後他出任蒲州刺史時，杲卿父子才得以追封。彈去傷疤如同彈去征塵的他，在尋找死難親人屍骨的最後一瞬間落淚了——他僅尋得了季明頭骨歸葬。

撫今追昔，他不由得哀思鬱勃。援筆作文的時候，國恨家仇齊齊漫捲心頭，血淚並迸，以至華彩燦然，一瀉千里，心中的波瀾起伏都一一現於紙上：開篇從「維乾元元年」開始，前六行因是記敘時間、人物等，所以心情異常沉重，落筆比較冷靜，變化賦形，尚能控制，墨色凝重而近於凝固，似乎在書寫過程中，還在構思文章所要表達的內容，字體也算端正，運筆頓挫速度也較慢，像一些大的白鳥在清晨赤足過溪，和傍晚時分在葦叢間的跌伏起落。

　　第七行至十二行，主要是回憶季明幼時的品性及「安史之亂」的情況，激憤之情漸漸高揚，運筆速度明顯加快，在「爾父竭誠，常山作郡」一處竟連續塗改三次，難以定稿，筆墨翻飛間，他想到與自己手足情深的兄長顏杲卿，字體蕪雜橫飛，如同舊瘡迸發的鷹展開夜一樣大的翅膀，朝著岩石一次次的撲擊；當他寫到：「土門既開，凶威大蹙，賊臣不救，孤城圍逼。父陷子死，巢傾卵覆。天不悔禍，誰為荼毒」時，字形突然放大，行筆加重。

　　手稿節奏鏗鏘，音調悲壯，嗚咽之聲由弱至強，聲聲入耳：當寫到「百身何贖，嗚呼哀哉」、「撫念催切，震悼心顏」時，我們彷彿看到他老淚縱橫，痛心疾首；當「嗚呼哀哉」第二次在文中出現時，「手稿」已經是滿篇狼藉，肆意塗抹，無列無行，雷霆轟鳴。對逝去親人銘心的追念和對叛亂奸佞刻骨的仇恨，使得他無法抑制自己胸中的情感，無法控制手中的這支筆。

　　沉浸於深悲大痛之中的他，腕下字形、筆劃更為隨意、潦草，多處塗抹修改，現出那時他心境的複雜紛亂，如同幼子被捉走的虎豹，在洞穴外暴戾的逡巡和嘯叫：時而哽咽不前，時而慷慨悲歌，時而渴筆凝澀，時而縱筆浩放；至最末兩行，幾不成字，紙盡而情難盡，如同絕望的大鳥和大獸的暴走尋找、泣血的昏厥和醒來後的無力站起。

　　整幅作品楷、行、草相互交錯；中、側、露鋒，濃濃淡淡，一任心緒。若論以書法抒發情感，那麼這幅作品已臻高度自由的境界，似乎不是在寫，而是天然一段浩氣充塞端在人間……江海翻湧，山巒崩催，其驚心動魄，令人歡美。

　　因融合了正義的特質，所以他的字無法不寬博平正。而那樣的寬博平正，註定只能來自於一顆同樣寬博平正的心靈，篤實豐腴，光照四野。連蘇東坡也衷心讚美：「詩止於杜子美，書止於顏魯公」。而且，就書法的學書道路而言，你不平正，哪裡來的行草？「溢而為

行草」，是說要平正得滿滿的，滿得不得了，流出來，才成了行草。因此，只有從楷（也有從隸）入手，從平正入手，才是最好、最穩當的開始。

平正多好啊，它是一種開端，是實在的根基，同時又可以作為一種目的，一種虛靈的終極境界。當然，即使再好的東西也不可太過，他剛剛好。與之相反的險絕是我不怎麼喜歡的；險絕一般到二流階段便遇到瓶頸，上不去了。

險絕可以作為一個過程，是和平正糾纏在一起的必由之路。沿著平正走下去，過了，就是匠氣、俗；險絕著，或沿著險絕走下去，就是怪異、狂；只是像他一樣，由平正而險絕再至平正的虛實轉化，才是簡直跋涉之後的風景，是質樸勞動之後的喜悅。

[人物簡介──顏真卿]

顏真卿（709～785）：唐代書法家，偉大的愛國主義者。字清臣，琅琊孝悌裡（今山東臨沂）人。安史之亂時，他抗賊有功，封魯郡開國公，故又世稱顏魯公。他是繼「二王」之後成就最高，影響最大的書法家。其書初學張旭，初唐四家，後廣收博取，一變古法，自成一種方嚴正大、樸拙雄渾、大氣磅礴的「顏體」。

他的曾祖、祖父、父親都工篆隸，母親殷氏也長於書法。他創立的「顏體」楷書與趙孟頫、柳公權、歐陽詢並稱「楷書四大家」，和柳公權並稱「顏筋柳骨」

顏真卿的書跡據說有 138 種。楷書有《多寶塔碑》、《麻姑仙壇記》等，行草書有《祭侄稿》、《爭座位帖》、《裴將軍帖》、《自書告身》等，其中，《祭侄文稿》刪改塗抹，正可見他為文構思，始末情懷起伏，胸臆了無掩飾，所以寫得神采飛動，筆勢雄奇，姿態橫生，得自然之妙。

歐陽詢：一棵樹

他是我嚮往過一百遍的那棵樹。

唉，人跟書、跟某一種書體的緣分，和人跟人的緣分是多麼地像啊！小時候，如果父親給我的是一本歐體字帖，我會不會不像今天這樣，對書法一下熱、一下涼？會不會熱愛書法如同熱愛一棵樹呢？

沒錯，歐體就是這樣有魅力的一棵樹。

據記載，他的相貌並不好看，算得上醜陋。這當然也正符合我對於一棵樹的審美標準：沒必要好看，好看是不好的。對於一種絕好的書體來說，如同對於一棵絕好的樹來說一樣。當然，對於一名絕好的男人來說也一樣。

他（它）難看、傻乎乎、有小恙，就更激發起我對他（它）的憐惜和喜歡，忍不住想照顧他（它）。很奇怪的性情。

他雖然醜陋，但聰敏勤學，少時就博覽古今，精通《史記》、《漢書》和《東觀漢記》三史，尤其篤好書法，幾乎達到癡迷的程度。

據說在他年近 70 歲時，有一次在外出途中，偶爾看見路邊雜草叢中有一石碑，於是下馬觀看，發現是西晉著名書法家索靖書寫的一塊碑石，他非常喜歡，端詳了許久，可是站得時間太久，感到腰酸腿痛，便轉身策馬上路，走不多幾步，又返身回來，捨不得離去，最後乾脆以毯鋪地，坐在臥碑前三天三夜，細心思索領會碑文的風采和神韻……，這種遼遠也是一棵好樹的象徵呢。倔強也是。

將字寫篤定，反而比動更為不易。何況再加上遼遠？

單以那八風不動心的三天三夜的碑前思索看，知道了他癡不假，還有就是：他不怕慢。反觀當代書法學習，是特別怕慢的。多數以才氣相誇的工作室、培訓班如雨後春筍不斷湧現，就連十天速成的書法

班也出現了——好像人人都忙著趕路，慌不擇路。

就這樣，書法從「慢功出細活」變成「一夜暴富」似的天方夜譚，和學廚師、學修機車、學美容美髮差不多。重天資、輕勤奮成為普遍失衡的狀況，「板凳要坐十年冷」的精神和決心已拋到九霄雲外。

我個人的不成熟見識：書法不需要太多天份，更多時候需要笨工夫，勤奮才是書法登堂入室的不二法門。羲之臨池池水盡墨，米芾臨池碎了十萬麻箋，吳昌碩刻印爛掉一截手，包括這裡說的歐陽詢，也曾因繁忙工作的間隙在身上習書太多手指磨破衣服。……事例不勝枚舉。這些均為書法史上的大師，以他們的天資，尚且如此勤奮，何況你我？可以說，急功近利、浮躁狂妄的心態在書法領域內表現的尤為明顯，這是藝術的大忌諱，需要遠遠地躲著走的——能多遠就多遠。

因為書法是抒情達意、表現心跡的藝術方式，哪怕一點點不好的蛛絲馬跡就會暴露出來，滿紙燥氣，東挪西跳，張牙舞爪。「快」是當今社會發展的節奏，誰跟不上潮流就是落伍，就沒人陪你玩。但是我們忘了，書法是一種很慢的藝術，越慢越好，雖然和時代不相稱，卻是真實樸拙、一千年都變不了的道理。

歐字則是慢中需慢的一種字體，可以令全世界都暫時停一下，因為看到它的那一刻面對的是一個遙遠的、無欲無嗔、沉著安祥的靈魂。他不說話，更不說大話。你看吧，說大話的人往往做不來大事。因為力氣都被說話用光了，會沒有力氣走路。

大事就像一個圓球，大話就是錐子和刺，會把要做的事情紮破的。那些行路的勇氣就在你的大言不慚裡一點點洩露，像氣球漏氣，最後就癟了。他根須深植，在土裡慢慢行走，腳步沉實，不出聲——不出聲是最難學的一種語言，很多人一輩子也沒能學會。他們總是說得太多：辯白、吹牛、抗爭、諂媚；詛咒、惡罵……，這些一概沒用。

　　然而，即使是離開熱鬧的塵世再遠、生長得再慢，一棵樹，它總是要被傷害的——你不招惹他（它），他（它）也會招惹你。或者雷擊，或者乾旱，或者秋風（秋風從來就是利刃一種，它總是無端打開樹的美玉之心，將之切割）；或者是開放在幽微的黑森林裡，不知名的、企圖耗盡你全部能量的野菌；或者是人，把長釘子深深地楔入樹幹，使它流血，而目的不過是要晾幾件衣服。喏，上帝給每一個的身邊都派來魔鬼，以測試那個人是不是天使。這裡的「魔鬼」說的是小人。

　　而人的成就是特別忌諱小人的。可是，人的大成又是需要小人的。——是個悖論嗎？有點像，是個非常有意思的邏輯。你有點成就之後，難免會沾沾自喜，小人的不絕罵聲可阻止你的驕傲；你不免要躺倒歇著，小人潑你冷水，可防止你懶惰；你不免要輾轉浮躁，小人在陰暗處射出的冷箭，可警醒你保持冷靜和安靜，去爭取更大勝利。所以，從某種意義上來說，小人是我們的恩人。一棵樹也要經歷許多，才能把傷疤長成肌肉。

　　他的肌肉也是從傷疤長起。

　　這「傷疤」就是愛好舞文弄墨的人。這樣的事例很多，最稀奇的是，某人居然杜撰了一部傳奇《補江總白猿傳》，內容敘述梁將歐陽紇（他父親）攜妻隨軍南征，至長樂山，其妻為白猿所竊，他歷盡艱險，四處尋找，找到白猿居處，設計將白猿殺死。其後妻生子，貌類猿猴。此故事明顯具有嘲諷性質。而那時，作傳奇以發洩私憤的事情實在是太多了，不勝枚舉，像一些沒有翅膀的人最痛恨翅膀、並以貼近大地詛咒天空，為自己的滯澀和臃腫辯護。

　　這樣的「傷疤」雖然酷似刀鋒，也是一根長長的撐杆呢，有著很強的支持力和反作用力，加上他自身的勤勉，促他不僅一躍而成了一代書法大家，而且在臨池之餘，不忘專心研究書法理論，堅持不懈，終有雙料的大成。

　　他在長期的書法實踐中，總結出練書習字的八法，即：「……如高峰之墜石，如長空之新月，如千里之陣雲，如萬歲之枯藤，如勁松倒折、如落掛之石崖，如萬鈞之弩發，如利劍斷犀角，如一波之過筆」。他所撰的《傳授訣》、《用筆論》、《八訣》、《三十六法》等都是他自己學書的經驗總結，具體地總結了書法用筆、結體、章法等書法形式技巧和美學要求，成為書法史上重要的書法理論作品。

　　這種嚴謹、理性和堅強也是好樹的品格之一啊。你什麼時候、在哪裡見過一棵好樹長得東倒西歪、如醉酒的人？他總是醒的，並一直向上；身為書法巨擘而醒著，一直向上，不休止，是大不易的事呢。

　　歐體是尤其需要臨摹功夫的字體之一。而臨摹的意義可用一句話來概括，即「帶著鐐銬跳舞」，在規矩中尋找自由，正如火車必須始終行駛在鐵軌上才不會翻車。臨摹中，一點一捺，一撇一頓，程序化的訓練是不可少的，捨棄這個過程，書法學習便是空中樓閣。從必然到自由，只有透過機械程序化訓練，讓古人的技法薈萃於心胸，才能下筆天成，進入良好的藝術創作狀態。

　　因此說，臨摹的本質實質上是置之死地而後生：明知是傷害個性，但必須先做一個裝在套子裡的人，一定要經歷這樣的過程，無法超越。這是學習書法臻於化境，達成自我風格和自然面貌的必經之路。只有臨摹，才能像鄭板橋說的慢慢做到「七分學，三分拋」，才能像李可染先生講的：「用最大的勇氣打進去，再用最大的勇氣打出來」。

　　而臨摹又是一種彈性行為，要有適應能力，如果入不了帖，於己無益，而出不了帖，則徒勞無功。臨摹不易，他的字又是最不好摹的，以至於在書法界有俗話說「十歐九不成」，因為，一個不留神，就入了刻板的、似仿宋字的窠臼，無法自拔，別人也沒法拔。那就糟糕了，像天天見面卻依然陌生的朋友，終究成不了彼此的摯愛。

別著急，先讀帖吧，讀兩年再說。沏杯茶，最好再插一朵花在旁邊細頸細腰的瓶子裡，坐下來，細細、慢慢地背臨和意臨他的作品——最好是那本被後人稱為「唐楷冠冕」的《九成宮醴泉銘》，像一個好愛人似的，與他的精神和靈魂去暗自靠近、緊密結合。

你會發現，他是很典型的橫平豎直，甚至看上去幾乎沒有太強的個性，平正，從容，外形柔和，結構沉著，通篇氣息初品平淡，細品依舊平淡，裡面藏著的斯文氣度不是咄咄逼人，而是似有若無地飄散著，如同那些入過《詩經》的細草和香花，有著白露茫茫、森幽無際的河氣。

摹下去，便覺它每一字都全神貫注，氣息暢達，而自己的腕底也有活力開始在靜態中潛行遊弋，像微風徐來，小澤涓滴，而體內也有什麼久久沉睡的東西，被瞬間啟動、催醒了，這個碑帖讓人常讀常新，足以使一個人心清氣平。

「靜為躁君」，坐久才思動，靜到極處才求動，而妄動、躁動、騷動和衝動，哪一樣是好的？靜並不是死氣沉沉，但可以清幽空靈，池塘生春草，無聲勝有聲，是充實豐富、平和寧謐、萬籟俱寂，是仰望等候和蓄勢待發。到真正宏偉的景色中去，便可知，山無言，水無語，是大美。大梅和尚曾經寫過：「一池荷葉衣無盡，數樹松花食有餘。住處剛被世人知，更移茅舍入深谷。」其實，真正的隱士內心是渴望那樣的音塵絕盡的，正如他曲折表示的：他需要安靜。這是一切修習的根本。

安靜時，合歡花開起來，木吉他彈起來，明月清溪素影，便滿眼和色舒顏；浮躁時則烈火烹油，壘石猙獰惡狀，到處不堪難抑。我們生活在生活裡，心動性起，行為舉止，無不隨心意起伏張合，一副軀殼，如役馬奔停。

實際上，人一旦靜下來，聲音反而會多起來，本來細微如絲線的風聲、雨聲和市聲，可以更清楚地進入耳朵，同時會發現心裡面新鮮的思潮情緒不斷浮現。

所以說，靜並不是空，而是騰空自己，放下一切，在澄懷觀道的心靈狀態中，能看到本來看不到的和平時視而不見的，感受到原本感受不到的，想到平常想不到的角度與內容。觀察變得敏銳，在最平凡中可以有新的發現和洞見，裝一大車來，落紙便成雲煙。這對於一個藝術家來說，實在是有如天賜。

而真正持久的東西本質上應該是靜的，動是爆發力，轉瞬即逝，靜才是永久的。就書法而言，總的來說，動得勢，形式應該是靜的。靜則古，靜則守勢，循序漸進，有條不紊，是真正的學書之道。作書靜，就有了隱忍，不出誇張之筆，但一定字字飛動，俊逸之氣充盈，也才能出來真正的傑作。

他的作品裡沒有任何心緒的波動，沒有憂傷或歡喜，沒有抗爭與激烈，它所散發的安靜是如此深厚和浩大，使所有看得到的人都為這種安靜所吸引，向這種安靜的內裡靠攏和深入。這是一種陌生的安靜，因為你很難從別的地方尋到，它是非自然的，它是人為的，卻如此自然（有些人喜歡裝自然純稚，是最不自然、最不純稚的了。他不裝，他就是一筆一筆，團結緊張、嚴肅不活潑地寫他的字，以成年人的樣子）。

它是一條小溪，藍色的，無聲息，將外在的我和內在的我相互連接；它也是一條你與自己相遇的小溪，因為在那裡流淌的雖然不是你的靈魂，是他的，但因為他是與你相對應的靈魂，因此，你會從中觸摸到自己的靈魂。你和他都緘默不語，可是你和他都聽得見彼此靈魂的人歡馬叫。把書法讀懂，把他讀懂，就讀懂了自己的靈魂。這是一種可遇不可求的幸福，作為人的至大的幸福。

　　相較於其他別類，書法是個十分特殊的例證：藝術之偉大不僅在於表現內心的痛苦。在這裡，大藝術最終是對靈魂的大慰藉，從大牢籠得大自在。這大自在來自對社會、對生命的敏感，也來自特立獨行的人格和寂然自守的孤抱——那根部的孤獨，從而達成自我新鮮的、可以摸得到的不朽符號，在枝頭悄然萌動，長成光榮，鈐印高古。

　　學書法是多好的事情啊。一用毛筆，人的精神自然集中起來，毛筆柔軟多變，牽一髮而動全身，引動隱約深藏的柔軟思緒，臨摹或創作，慢慢抄寫經文、詩句，體會其中的意境和神韻，帶來靈性、徹悟、改變看待世界的角度和方法，對生命的意義和目的理解也會更加深刻……，沉靜作書就是細細享受美好的人生啊。

　　書法與那些世界上最美麗的事物親密地坐在一起，並有著相似的本質：麥子、晚霞、鳥鳴、收割後的田野，這自然也是一棵好樹的氣質：它安靜。

　　安靜，幾乎是最好的一種氣質了。

[人物簡介——歐陽詢]

歐陽詢（557～641）：唐代書法家。字信本，出生於衡州（今湖南衡陽），祖籍潭州臨湘（今湖南長沙），書法史上的「楷書四大家」之一。隋時官太常博士，唐時封為太子率更令。他的楷書法度之嚴謹，筆力之險峻，意態之俊逸，世無所匹，被稱之為唐人楷書第一。

據史書記載，他的形貌十分醜陋，但他的書法卻譽滿天下，人們都爭著想得到他親筆書寫的尺牘文字，一旦得到就視作圭臬，作為自己習字的範本。他的兒子歐陽通的書法也好，一本家傳，父子均名聲著於書壇，被稱為「大小歐陽」。歐陽詢以 80 多歲的高齡逝世。

薛濤：浣花箋紙桃花色

　　她是美得如同西湖一樣的女子——從容顏到才華。憶起她，如同憶起西湖，不禁地會想到《富春山居圖》，想到牡丹亭，想到孤山，想到慕才亭，想到梅妻鶴子；想到湖上三島、花港觀魚、陌上花開，翩翩蝴蝶夢。步移景動，一天的雲錦，處處都得輕攏慢撚抹復挑地細細道來，讓你覺得不知從何說起。想起她，就想要馬上去捉她，歸到當朝，好來做了閨密針線聊天。

　　那時的女子啊，總有些叫人聽了心疼的娛樂，譬如：拜月、寫字。

　　似乎越聰穎的女子越是早慧。她八歲即知聲律。一日，父親指著院中井邊的梧桐樹隨口吟道：「庭除一古桐，聳幹入雲中」。哪知小小的女兒應聲續上：「枝迎南北鳥，葉送往來風。」父親愀然良久，說不出一句話來。

　　也許，從父親的角度既喜悅又擔心吧？喜悅的是女兒果然卓爾不群，擔心的是女兒的未來會不會太卓爾不群了？不群而成一幕劇？

　　然而，那位操心的父親不久後就離開了人世，看不到女兒的未來了。這也好。那首出口不凡、凝聚著她幼年智慧和才華的詩歌，竟真的成為其日後樂籍生活的讖語。

　　她美得不動聲色，再加上才華，花團錦簇，盛大得不像個女人。到及笄之年，有個名叫韋皋的鎮蜀，召她侍酒賦詩，她從此開始了咿咿呀呀的樂籍生活，這別樣的生活——一幕雜劇的開始，像一個小女孩與滄桑女人的複合體。

　　韋皋鎮蜀二十一年，其幕府人才濟濟。唐中葉許多著名將相都出自他的門下。她身為幕府樂籍，與黎州刺史行《千字文令》，其辯慧博得滿座喝采；她與幕賓僚屬們詩酒唱和，以錦心繡口贏得極高聲譽；她的詩篇和才名，隨著幕府馳出的使車傳遍了全國。

年輕的她還不知愁為何物，雖然自然界的氣候變化有時偶爾撩起她潛在的憂傷，但她仍以「但娛春日長，不管秋風草（《鴛鴦草》）」的自欺欺人的態度，在音律和詞語之中，消遣著詩酒流連的日子。白牆黑瓦玉簫紅粉裡的燈，照著她的憂傷，無處躲藏。

由於韋皋的寵愛，她一度介入了幕府的政事，何光遠《鑒戒錄》卷（十）記載：「應銜命使者每屆蜀，求見濤者甚眾，而濤性亦狂逸，不顧嫌疑，所遺金帛，往往上納。」這種樹大招風的事情一多，引起了韋皋的惱怒，罰她遠赴松州。

松州是西川的邊陲，她不免把邊塞索漠之景和自己內心的幽怨結合起來，寫下《罰赴邊有懷上韋相公》和《罰赴邊上韋相公》兩首詩，訴說委屈，後因獻詩獲釋。

獲釋後，她回到成都。不久，她終於脫去樂籍身份，隱居在浣花溪邊。

「前溪獨立後溪行，鷺識朱衣自不驚（《寄張元夫》）」，她經常身著紅衣，在溪畔徘徊，開始思索著什麼，在沉靜中顯出了成熟。溪畔的生活是自由、浪漫的，帶有她一以貫之的、被後人記取的突出的個性特徵：卓爾不群。

她喜愛紅色，不管是寫「紅開露臉誤文君（《朱槿花》）」中的朱槿花、「曉霞初疊赤城宮（《金燈花》）」中的金燈花，還是寫「竟將紅纈染輕紗（《海棠花》）」中的海棠花，無不從「紅」處著筆。她在門前種滿跟杜鵑一樣的琵琶花，讓自己生活在紅浪般前呼後擁的花海裡。無處不體現著她熱情活潑的內心世界。這在當時給女子設定的操守法則裡是不被允許的，為人所不齒。

值得單獨提及的她的詩才，還有一首《送友人》：「水國蒹葭夜有霜，月寒山色共蒼蒼。誰言千里自今夕，離夢杳如關塞長。」昔人曾稱道這位「萬里橋邊女校書」「工絕句，無雌聲」，仔細讀來，

還真像一頭俊朗肥美、腹肌飽滿的小獸。

她這首《送友人》就是這種氣質向來為人傳誦的一個註腳，可與唐才子們競雄的名篇。記得我早年初讀此詩時，一顆心好像清空了電子郵箱，頓覺清爽中有無限蘊藉，藏無限曲折，以及無限的可能。她實在不能不名噪一時，乃至名噪歷史。

就這樣，數十年間，劍南節度使共換了十一位，每一位都被她的絕色與才華吸引。然而白駒過隙，直到她四十二歲那年，她才第一次全心全意地愛上了一個人：前來成都公幹的元稹。

她和他在文字裡相逢了。從此，她像一隻生了病的蘋果，心裡住上了想念他的蟲子。

正劇開始。

古往今來，在如她一般既脆弱又柔韌、既美麗又快開到荼蘼的女子這裡，所有曾經的物質享受都被認定成靠不住的東西，只有心中的纏綿，似乎才應為一生所是。至於名望，更不用說，「自古名高累不輕」，虛名再高貴，哪有愛情的殷切？而在滿染女性生命的喜悅色彩裡，道德倫理判斷在這樣特別的空間裡是不成立的。她像押寶一樣，將此生所有全部放出去。你知道，如此一來，哪怕她衣衫襤褸，哪怕她在渾濁的泥漿中，這女子也必是光彩奪目的。

她呀，把自己的全部都悶上，武火燒了文火燉，然後，一股腦兒地端給了他，熱騰騰的，烈香馥郁，好似戲臺上那清幽婉轉的水磨腔。

他比她整整小了十一歲，並且是當時全國聞名的才子。她看見了他，他也看見了她，並自然也為這位雖遲暮，卻依然美豔逼人的美人所深深吸引。地位、年齡極為懸殊的這一對，兩顆質地相似的靈魂靠攏了，他們在一起度過了一年多和諧美滿的甜蜜時光，她像一條美人魚，在他的水裡歡暢游動。

　　然而即使再好，離別是總要離別的。他到底是她的劫，而不是別的。他回到長安後曾寄詩給她，一顆熱騰騰的心，試寫離聲入舊弦，表達小別後的思念，其真摯動人，彷彿遍翻史上記錄也少有人及，但他最終，沒有回來。自此，美人魚的尾巴就切成了雙腿。

　　沒有回來。這是塊鐵，實實在在，一道凜凜的劍光，一下子切去了心中瘋長的滿滿的藤蔓，以及所有的風花雪月，那些軟綿綿、飄渺的、雲煙般的東西，而她整個人登時化成了被鐘聲追逐的裊裊黑煙和潮濕的瓦片，在那裡守候、眺望遲歸的人。

　　歷史她小腳挪移，走過了許多里路，許多道理都變了，包括我們以為一定沒錯的科學真理們，都已經變了幾番。可這個道理似乎一直沒怎麼更改：太愛一樣事物，比不愛還要傷人。

　　她受傷，只因不能忘記啊，只因她是個女子。她像《詩經》裡《衛風·氓》裡的那個女子一樣，翹首期盼，不見愛人，焦急煩躁，淚花飛濺；偶而愛人突現，便欣喜若狂，手舞足蹈，高聲歡呼；思念恣意奔流，無法停止。

　　她盼望著，那個或許明天就會乘著五彩祥雲回來或許永世不得再見的愛人，如同秋天埋伏在狗尾巴草裡抖動著小嘴，尋覓收穫農民剩下的一塊木薯，並希望藉此混過冬天的長耳兔。可是，隨著歲月的流淌，她的幽怨跟思念一樣，廓大無邊了。

　　「言笑晏晏」、「信誓旦旦」，已變為眼下的「反是不思」、「二三其德」，真是恍如隔世。而那些意義迥異的詞彙，它們彼此不認得。

　　年華老去。

　　在開始那場轟轟烈烈戀愛的時，幾乎同步，她也開始使用一種自己獨創的、只夠存小八行詩的深紅小箋來書寫閨中欣悅和憂鬱。當時的他新官上任，政治上尚能剛正不阿，他主動申請監察東川，正是為會她而來。

　　她筆力俊激，行書妙處頗得王羲之法。一見面，便走筆作《四友讚》，讚硯、筆、墨、紙云：「磨潤色先生之腹，濡藏鋒都尉之頭。引書媒而黯黯，入文畝以休休。」使這位「貞元巨傑」大為驚服。次年二月，他因得罪宦官被貶為江陵府士曹參軍，她又寫下《贈遠二首》，斷線珍珠似地絮叨，意境清涼悠遠，訴盡心事。而「雙棲綠池上，朝暮共飛還。更憶將雛日，同心蓮葉間」，這首甜蜜的「薛濤詩」便隨著「薛濤箋」上的甜蜜字，隨著淒絕的傳奇故事播送得曼妙無任。

　　然而，他的妻子韋叢離世後，他卻在江陵被貶的地方納了安仙嬪為妾，再後來，又續娶了裴淑為妻——她們的名字都不叫「薛濤」。

　　再後來，癡心的她因他入翰林而遠寄小箋，他則在箋上作《寄贈薛濤》一詩轉遞給她，結尾有「別後相思隔煙水，菖蒲花白五雲高」的句子。接到贈詩後，她情難自已，也寫了《寄舊詩與元微之》回贈，文字如蛇一般地相互糾纏，其中有「長教碧玉深藏處，總向紅箋寫自隨」的表白，真是無比真切動人。唉，那樣耽溺的愛，無望的愛，每一步都好像踩在刀尖上的愛啊。

　　可以想像：雅致的碎花，隱在質地很好的紙面上，發出似有似無的香味。信箋上是她或他抄下的即興小令。小楷筆法，美麗的不僅是信箋，還有製作信箋時的工匠，街頭叫賣信箋的小女孩子，寫作信箋時的他，信箋的內容，傳遞信箋時的郵差，收到信箋時的他，他們那一刻和收到前一夜各自變幻了的心情，和不變的、始終相同的心情，像小時候我們的手中，握有的一張張小小的、不肯輕易示人的五彩糖紙。讓我們想起，我們曾經不斷收到也不斷回覆的、手寫的信箋，最初的愛情——塵世的沙染了最初的白。原來誰都一樣。

　　即使是美麗盛大若此，他最終還是沒有回來。在最初和最後的愛情啟程的地方，她等他等得人都瘦了。

　　在夙世輪迴的過程裡，是不可以輕易動心的——心一動，便是千年。也不可以隨便應了什麼人的聲，他若柔聲喚你，你就裝作沒聽見；因為你不知道那是誰的命，用梅花朵朵的姿勢，在敲門。女子喲，算了吧，不想他。冰封的淚，如流星隕落，跌碎了，誰的思念？

　　不想不想，為什麼不多睡一點，而是醉意朦朧地鋪開了紙筆，讓心生出陰鷙？後來啊，她依舊用那種著名的、紅淚浸染的紙張，只記因緣不記仇地，寫下了十首事關思念的別離的詩——那思念，比通往被思念的人的路還要長，比憂傷還要長。

　　這後來被通稱作「十離詩」的啼血之作，假藉著致意另外一名男子的名字的心歌，是用犬、筆、馬、鸚鵡、燕、珠、魚、鷹、竹、鏡來比自己，而把他比作是自己所依靠著的主、手、廄、籠、巢、掌、池、臂、亭、台。只因為犬咬親情客、筆鋒消磨盡、名駒驚玉郎、鸚鵡亂開腔、燕泥汙香枕、明珠有微瑕、魚戲折芙蓉、鷹竄入青雲、竹筍鑽破牆、鏡面被塵封，所以引起主人的不快而厭棄。這樣柔細溫軟的女子情懷，是很容易打動塵世裡被粗礪剛硬裹著的心門的。

　　果然，一時間，遠遠近近、嗅覺靈敏的文人都聞香而至，並以得到此箋為榮，卻鮮有人對箋主有意——男人們都是葉公好龍的人。好在她也無意委身他們之中的任何一個。她害怕寂寞又需要寂寞，正如你我。

　　她孤鷥一世，晚年移居成都西北的碧雞坊，在坊內建造吟詩樓，自己衣著女冠服，棲息樓上，告訴自己：無愛的日子，你要適應；當愛再次來臨，你依然要沉靜。沒有再次的來臨，只有越來越適應的日子。終於有一天，在遍受紅塵紛擾之後皈依道門，她關上了自己多彩的才華之門。她到底被無望的愛情蛀空了。

　　直到最後一刻，她也沒能展開美麗的眉頭。

　　我們多麼脆弱，是承受不住悲劇的，所以，我們有化蝶，有還

魂，有蝴蝶夢，有牡丹亭，有奈何橋，有相思樹，有三生石，有胭脂扣……，有薛濤箋。

哦，樂籍加女冠，這幾乎是中國封建女子中最不幸的一生了。她偷吃了智果，又品嚐了禁果，決絕如裂帛，走了一條與舊時代女子截然不同的道路。她失去了女子應該得到的東西，卻獲得了一般女子難以獲得的價值；她失去了人生寶貴的愛情，卻獲得男子也難以獲得的才名。

唉，許多人在遭遇最真的愛情時，選擇的卻是平穩的生活，並認為平穩的生活比最真的愛情要重要。那樣做當然有其道理，可他們卻忽略了，自己所放棄的，是生命裡最有味道、最美好的東西，所能保全的，是了無意趣、活也是死的日子。——誰能有幸獲得自己生命的本相，誰就有福了。誰？

她不是這樣的人，她身上帶了些後來《紅樓夢》中史湘雲的影子，一派光風霽月。在結婚證上、在貞節坊前、在名教簿中，也許不會有她的名字，她飛蛾撲火，像嫦娥奔月，因此，她擁有了光華燦爛的愛情和生命，而歷史上也因此產生又一位卓越的女詩人和女書法家。這是我們的榮幸。

[人物簡介——薛濤]

薛濤（約768～908）：唐代書法家、詩人。字洪度。長安（今陝西西安）人。父薛鄖，仕宦入蜀，死後，妻女流寓蜀中。

薛濤姿容美豔，性敏慧，8歲能詩，洞曉音律，多才藝，聲名傾動一時。德宗貞元(785～804)中，韋皋任劍南西川節度使，召令賦詩侑酒，遂入樂籍。後多人相繼鎮蜀，她都以歌伎而兼清客的身份出入幕府。韋皋曾擬奏請朝廷授以秘書省校書郎的官銜，格於舊例，未能實現，但人們往往稱之為「女校書」。後世稱歌伎為「校書」就是從她開始的。

她晚年好作女道士裝束，建吟詩樓於碧雞坊，在清幽的生活中度過晚年。

八大仙人：誰有我癡

　　他的字如同跳出形容詞的琉璃，第一眼看上去沒什麼，仔細看，卻有了多出來的意思。再三地看，又轉了內外明澈的簡單，不屑表達。放起來，去忙其他的事。過一段日子，想起他來，取出默讀，那字才彷彿是落在燈影裡的一點桃色，漸漸洇開紅瓣，花開四方，一枝動百枝搖的，發出舊年的香。

　　他的字是有感覺的東西，一種老翁帶著幼孫，什麼也不管不顧、不觀景、閉眼散步的氣息，有節奏地脅迫讀者往前走，而且是愉悅的散步。看著他的字，我們就覺得舒坦親近，可以安靜下來，還得到一些自信。仔細品味那些線條和墨蹟，血液中某種由來已久的東西突然被啟動了。我們的感動從來沒有來得如此迅速自然。有了他，我們就沉住了氣，就可以守時、買菜，洗衣、逛街，順便嚐一份不太地道的小吃，覺得生命的大屋原本如此乾淨和飽滿，無須髒物和剩米攪亂。

　　所謂從「看山是山、看水是水」到「看山不是山、看水不是水」再到「看山是山、看水是水」的佛家講的三種境界之外，人家他又抵達第四層「看山不是山、看水不是水」的別樣境界。

　　所以，有時藝術這東西，真是玄妙得沒話說：同是一起光屁股玩大的夥伴，肉體看來沒有什麼分別，可骨子裡的靈性是完全不一樣的，一朝他走在前面，得道躍過了龍門，騰空而去，你小魚大魚淵藪自顧，便只有在後面對著人家偉大背影望洋興嘆的份，想抵達或靠近？一點辦法都沒有。

　　他的晚年書畫均署上「八大山人」四字。這名號的來歷有兩種說法：一說「嘗持八大人覺經，因號八大」；另說「八大者，四方四隅，皆我為大，而無大於我者也」。

　　他山風浩蕩，風日灑然，大寫意、大簡練、大胸襟。其實呢，

這都不算什麼，他是大癡人──哪裡還有比他更癡的呢？

他八歲能詩，明亡時不過十九歲。居然為國家的政權改變，而「棄家後避賢山中」，還在門上貼一個大大的「啞」字，到二十三歲，已經剃髮為僧。後來在一個夏秋之交的午間，像喝足了水的沙漠仙人掌那樣睡飽了覺，之後，不再開口，「遂發狂疾」──他「瘋癲」了。

此後，「瘋癲」的他常住江西南昌，以詩文書畫為事，直至去世。這一生，他經歷明清的時候天翻地覆的變化，自皇族宗室淪為草野逸民，雖清統治者又千方百計地籠絡他，可他一眼都不看，後來，竟連署款都時常乖戾不拘，瘋癲有之：將「八大山人」連綴寫成「哭之」、「笑之」字樣，畫魚、鴨、鳥，則全白眼向天，充滿驕傲之氣。

而他畫山水，多取荒寒蕭疏之景、剩山殘水，仰塞之情溢於紙：「墨點無多淚點多，山河仍為舊山河」，「想見時人解圖畫，一峰還寫宋山河」──唉，他裝啞佯狂，還不是出於家國之恨？其悲愴寸心度之，也不免泫然。對山人的種種奇行，當時人們都認為「其癲如此」。看慣了也就認為他是真的瘋了。

說到瘋，尤其說到畫，就說一點他的「瘋畫」吧：他曾經畫過一幅《古梅圖》，樹的主幹已空心，虯根露出，光禿的枝杈，寥寥的點綴幾個花朵，像是飽經風霜劫後餘生的樣子。

上面題了三首詩，第一首寫道：「分付梅花吳道人，幽幽翟翟莫相親。南山之南北山北，老得焚魚掃□塵。」

「梅花吳道人」是指元代畫家吳鎮，他自號「梅花道人」，以隱遁避世聞名。詩中有一個字是個空的方框，顯然是被當時或稍後的收藏者有意挖掉，以避免「文字獄」的災禍。那是什麼時代？朝著暮色而去的時代啊。

不難猜測，這個字不是「胡」，就是「虜」。清以滿族入主中原，最忌諱的也是這兩字。要在「南山之南北山北」掃除「胡塵」，清朝

的「文字獄」曠古有名，多瘋狂，他卻比它更瘋狂地、異常明確地表達了他的反清復國的想法！真是膽大包天。

他的第二首詩題：「得本還時末也非，曾無地瘦與天肥。梅花畫裡思思肖，和尚如何如采薇。」

詩中用了兩個典故，一是元初遺民畫家鄭思肖，在南宋滅亡之後隱居吳下，畫蘭花露根不畫坡土，人問何故，他回答說：「土地都被人搶奪去了，你難道不知嗎？」二是殷遺民伯夷、叔齊在周滅殷以後，恥不食周粟，隱居首陽山採薇而食，直至餓死。

原來他這幅《古梅圖》蚪根外露，也不畫坡土，是仿照鄭思肖畫蘭之意，暗含著國土被清人所搶奪，他這個明代宗室子孫，之所以成了和尚，正如伯夷、叔齊採薇首陽山那樣，不肯臣服於新王朝。國破家亡，復國無望，這使他「苦淚交千點」。這個畫作裡面的亡國餘痛就更明顯了，在當時的歷史背景下，被殺一百次頭都不過分。

他做人尚能無羈無懼，名字也隨寫隨起，落在後人口中不少字、號、別號和法號。他出家後的名號就有：雪個、個山、屋驢、人屋……十幾個之多，尤以「八大山人」最為知名。據載，他還曾棄僧入道，改名朱道朗，字良月。在書畫上他也有許多特異的畫押，如「三月十九日」、「相如吃」、「拾得」、「何圜」等，含義苦澀，都溢於字表。

強調一下：他的書法成就蠻高，但被畫名所掩，注目者不算太多。然而，也許是摻和了自己偏愛的緣故？總覺得他的字才真正可以被稱作「大字」。你見過佛的肖像和塑像，心中恭敬而親切，會覺得大，而面對大山、大廈你又會說「真大！」，然而，你對天空和大地有老感覺「真大」過嗎？沒有。因為它們是真正的、無可爭議和懷疑的大。

「八大」就是真正的、無可爭議和懷疑的大。黃賓虹說他：「書一畫二」，我想，可以在某種程度上理解為至言。

他的書體，以篆書的圓潤等線體施於行草，自然起截，全沒有藏頭護尾的樣貌，以高超的手法把書法的落、起、走、住、疊、圍、回，藏蘊其中而不著痕跡。寓巧於拙，筆澀生樸，此中真義必臨習日久才能有所悟。換成書法上的說法，就是用篆書的筆法去寫行草書。

他的字、畫、全鋪滿文氣，讀來舒服。舒服是蠻重要的事，生活中的夫妻對看是如此，書法上的耐心觀賞也是一樣。小時候喜歡寫字的人和字胸有乾坤之氣，浩然直上雲霄；長大以後更尊敬這樣的書法，但骨子裡開始喜歡起笨人、老實人、呆子和傻瓜，以及他們的笨、呆、老實和傻字了。不知是我退步，還是時代進步了。

他在中年時各體書風全貌的，莫過於《個山小像》中八大的自題。他以篆、隸、章草、行、真等六體書寫，功力之深，罕與倫比，可謂集他的書法之大成。呵呵，哪有這麼霸道的人？樣樣都領先，簡直不讓別人活。

在他去世前夕，其書法藝術水準達到頂峰：人變得溫煦，草書也不再激烈，以前書裡見的喜怒窘窮、怨恨思慕，乃至中期的憂憤悲佚、鬱鬱不平統統不見了，全變成平淡天成。

像本雅明描述過的，這一階段他表現得「有些心不在焉、若有所思和自由散漫」。如八十歲寫的《行書四箴》、《般若波羅蜜心經》、《仕宦而至帖》(即《畫錦堂記》帖)，自由散漫得一地大水，絲毫不加修飾，好似大雪覆蓋的村莊，靜穆而單純，發出銀子似的和緩光亮──像月光，「清到十分寒滿把」，把地上的莊稼樹木房屋以及道路的起伏一一輕擁，使一切都圓滿稚氣，沒有一絲人間銳利的鬧哄。縱觀史上，高僧作書大致如是。近人得其神氣一二、而略靠近他一些的，我覺得，也只有弘一法師一人了吧。

他也擅金石。這在書法家裡也並不少見，好多人也常把自己的「印」放在自己為人稱道的其他藝術別類前面。但真正像他那樣刻得好的，還真不多。其印文往往別出心裁，變化有奇。

　　我特別關注他金石上重視藝術本體的特點。譬如：兩方「驢屋人驢」印，前一方白文方印把「人」放大，儼然一個鐵帳罩在屋上，造成的縱向線條與右側的橫向線條形成對比，右部又多圓形轉角，整個印面不蔓不枝，勾掛完滿。他贏得許多人的喜愛，主要是因為構圖特別生動，又不裝腔作勢。沒事了取放大鏡細細賞玩，從裡面能見著草木花實、山水崖谷，有妙手偶得的意思在裡面，讓人眼睛直直發愣。

　　所以，身上如果有一枚見之則喜的好印而不可以換米麵，有一枚金子而不可以換喜愛的藝術作品……那麼，我寧願要好印。與藝術相比，金錢就是糞坑。當然，要有些哪怕糙一點的食物在手比較好。

　　他的畫，是我非常喜歡的那種，比他的書法還要喜歡。他的畫好比在遙遠和不遠的大地上，風一吹過，田野慢慢醒來，像棉花蓄了堅實冷硬、而後會漸漸溫煦細軟開來的芯。即使是你喜歡繁華熱鬧，那種意境的荒涼寂寥也還是可以輕易打動你的心，就像那樣傻女婿求婚似的倔強：不僅要將它水滴石穿，還要將它日日啃噬；就像老鼠，啃噬衣櫃裡的棉布。他的一切都談不到世俗意義上的美，但美的秩序、生動、靜謐必然在場。

　　他的畫的特點大致說來就是著墨簡淡，意境空曠；精力充沛，氣勢雄壯。他的一花一鳥不是盤算上下、左右、多少、大小，而是著眼於佈置上的地位與氣勢，以及是否用得適時，用得出奇，用得巧妙。

　　他有三者取勝法，例如在繪畫佈局上發現有不足之處，有時會用款書補其意。他能詩，書法精絕，所以他的畫即使畫得不多，有了他的題詩，意境就填足了，因此他的畫使人感到小而不少，這就是他藝術上的巧妙，也是他自己從書法裡得到的好處。

　　他畫山水，以放任恣縱、逸氣橫生見長，又在不完整中求完整，不論大幅還是小品，都有著渾樸酣暢又明朗秀健的風神。值得一提的是，他的花鳥初師董其昌，上窺黃公望、倪瓚，又承襲陳淳、徐渭寫意花鳥畫的傳統，稍一使勁，就發展成了闊筆大寫意的畫法。

他的「大寫意」似乎面朝大風，倏忽千里，興高采烈般孩子氣，但那是有收的，甚至比一般的畫法收得還緊緻，簡直法度森嚴，無一筆唐突，是有節制、堅定乃至犧牲。像一個腦筋靈光、盡心盡職、一輩子受寵、忠誠得、老得都有點癡傻的帳房先生，這一筆是誰的，那一筆是誰的，他比誰都記得。這是他尤其可貴的地方。

如今，一看到許多今人不求甚解，多有錯會，動不動就揚言顛覆這顛覆那，把「大寫意」弄成「大任性」，把水分充盈、端莊閨秀的文人畫給變成淫欲滴答、如假包換的青樓女子「思春圖」的「新文人畫（新文人畫有好的，不多）」，就想念他。

特別是看到許多人把外戚作供養、把金錢叫成媽，尤其想念他。

[人物簡介──八大山人]

八大山人（約 1626～約 1705）：明末清初書法家、畫家、詩人。南昌（今江西南昌）人，為南昌甯獻王朱權九世孫，清初畫壇「四僧」之一。

明滅亡後，國毀家亡，他心情悲憤，以明朝遺民自居，不肯與清合作。後來落髮為僧，法名傳綮，字刃庵。又用過雪個、個山、個山驢、驢屋、人屋、道朗等號；後改當道士。通常稱他為朱耷，這是學名，但這個名字用的時間很短。晚年取八大山人號並一直用到去世。其於畫作上署名時，常把「八大」和「山人」豎著連寫。前二字又似「哭」字，又似「笑」字，而後二字則類似「之」字，哭之笑之即哭笑不得之意。

八大山人的山水和花鳥畫都具有強烈的個性化風格和高度的藝術成就，尤其是其簡筆寫意花鳥畫。他的書法亦與他的繪畫風格相似，極為簡練，風格獨特，常有出人意料的結構造型。在創作上他取法自然，筆墨簡練，大氣磅礡，獨具新意，創造了高曠縱橫的風格。三百年來，凡大筆寫意畫派都或多或少都受到他的影響。

國畫之美

第四章

《國畫之美》：深剖作品，行文動人，語言大氣，質地結實，串起中國美術史。——中國日報評論

吳道子：星辰之上的星辰

相信吧，在那頂端之上，仍然有著頂端，他們是星辰之上的星辰。萬象繽紛，只有他們光照四野。

真正的藝術家是不能夠被模仿的，正如不能夠被嫉妒和損害。我們搆不到他們。他們好像一直在別處，一直在遠處，在別的星球——他們似乎是另一種生物。

然而他們總是有來處，那來處有時還極為低凹。正如他，說著一口玉米和地瓜味道極濃的河南腔，黑紅著臉膛，有一點哀愁地，手挽著滿月般曼妙翻捲的線條，站在噴吐著風沙，黃著臉蛋的黃河故道裡，像站在天上。

是的，據他娩出的線條，我們有理由推測他是個極端多情的人，以至於他雌雄同體：那麼柔美如春天的晴絲和情思一樣的線條，不是陰柔氣質濃郁的男子，哪裡可以手繪得出？心裡有筆下才有。看看他的線條，就不由得想起李商隱那些心細如瓷的《無題》詩，就眼神迷離起來，如同林下醉酒，推松臥石，回不了家。

查一查，他的記載很少，甚至連他的具體生卒年份都沒一字記載，這當然是因為當時畫家的地位的低下，即使是像他這樣的宮廷大畫家，史家也不屑於多廢筆墨。

查閱新、舊《唐書》，對他的出身竟然不著一字，這又側面證明他的確是低級畫匠出身，沒走過什麼科舉之路。是的，他幼年失去母親，勉強活下來，做了個民間的畫工畫畫炕寢、棺槨之類用以謀生，其間曾學書於張旭、賀知章，未成，才改習繪畫。命運並沒有多憐惜

他一點──唉，對他那樣的人，是應該體恤的。藝術家所需的不多：一口飯，足夠的時間，可以了。

然而，歷史又是最不欺的，這些一點都不妨礙他以無與倫比的光芒，照耀著西元 8 世紀──那個原本就陽光燦爛的盛唐時代。他是半神般的藝術家，人物、鬼神、山水、樓閣、花木、鳥獸無所不能，無所不精，陳懷瓘在《太平廣記》中稱他：「禽獸山水，台殿草木，皆神妙也，國朝第一」他不僅在東方、而且在世界上都稱得上是一代宗師，堪與生在歐洲比他晚八百年的達‧芬奇、拉裴爾等西方畫聖並駕齊驅。

縱觀他的畫作摹本印刷品──即使是摹本再加上印刷品（尤其是駐足宗教畫《八十七神仙卷》的時候），你也一樣會被那氣勢嚇到，那可真叫「吳帶當風」！他們雲間漫步，排闥而來，所有的仙人一應所有均無一不正大仙容，氣宇軒昂，人人都好像急著去赴一個偉大時代的盛會。每次看到它，我都想起《夢遊天姥吟留別》中：「霓為衣兮風為馬，雲之君兮紛紛而來下……」唉，這簡直就是為這位天才動筆寫下的詩句。天才們總是互相映照得更為華彩奪目──奪我們的目。

它讓我們有足夠的想像力用來想出，當時這盛世神跡驚現於民族空前衰落的時刻，悲鴻大師一見之下該是怎樣的一種悲欣交集。他後來還專門為它刻了一方印，喚「悲鴻生命」，鈐在上面，四處倉皇逃亡時都不離身上。當然，最後它還是在大師外出歸來的猝然昏厥中發現已遭盜。

那些線條，它們左依右靠，俯仰向背，個性十足，敷色簡淡，甚至不著色，滿帶著生拙與支離、真率與爛漫。你很容易看出，他在創作的時候，一定是處於一種高度興奮與緊張狀態，整個謀篇和局部無不飽滿圓潤，然而又緊張，有力道，主觀感覺強烈，自我表達充分，一瀉千里的視覺衝擊力是我在和他同時代的其他人物畫畫

家那裡所沒有感受過的——是他們過於靡弱？還是他太強勢？不得而知，只隱約獲悉，它們的表達很有點西方表現主義的味道。

這些，似乎都透出了後來疏筆水墨畫的先聲。可以說，中國風格的人物繪畫是在他的手中最後形成的，他的繪畫，代表了中古時代東方藝術的重大成就，沒有誰會覺得這樣的說法誇大了，他擔當得起。

而在中國藝術史上，僅有三位藝術家被戴上「聖」的桂冠：一位是晉代王羲之，被譽為「書聖」，一位是唐代杜甫，被譽為「詩聖」，還有一位被譽為「畫聖」，就是他了。

連民間畫塑匠人稱他為「祖師」，道教中人更呼之為「吳道真君」、「吳真人」，他的影響力可見一斑。就連蘇東坡，也曾在《書吳道子畫後》一文中激動不已：「詩至於杜子美（杜甫），文至之於韓退之（韓愈），書至於顏魯公（顏真卿），畫至於吳道子，而古今之變，天下能事畢矣！」唉，他的繪畫水準之高一望便知，而東坡的可愛在也這裡了，他書畫詩文無一不精，卻盛讚同人。

他的壁畫，曾在洛陽上清宮熠熠生輝，但如今連一塊壁畫殘片都見不到了。當年他除了在上清宮畫過壁畫外，還在洛陽福先寺、天宮寺等處留下壁畫，皆屬精品，口口相傳。即使到了千年後的今天，他也能以他堅定的步伐，從遙遠盛唐斑斕的畫幅中，走進民間滔滔不絕的嘴巴裡。他是這樣的一個人：站在唐代的大石上，隔空傳遞給我們一些活著的線條，一些素淡的色彩，一些生動的傳說。

他使三個城市感到驕傲，一個是洛陽，一個是長安，一個是禹州，三地共留下壁畫三百餘間。2008 年春天我去洛陽參加全國隸書展時，聽到一個說法：在洛陽，民間認為他的名字不是「原裝」，而是唐玄宗改的，因為「吳道子」三個字，不論讀，還是寫，都帶有宗教色彩，不像常人的名字。據說他年輕時曾經拜一個名為峿峒的道人為師，並向他索求畫譜。峿峒道人沒有正面滿足他的要求，卻給了他

一個授之不盡的道理：世上萬物皆可為師！於是，大自然成為他最好的老師，山和水變成他最美麗的畫譜。

有一年的秋收季節，他站在門前放眼望去，山坡上黃澄澄的穀子，被秋風吹得葉子一晃一晃的，盪起一層層浪頭，粼粼地泛著黃綢般的波影，細細碎碎的，泛成貪食麻雀敲響的日光，開在蒼綠底子上。他被眼前的景象所打動，思想如同依偎在老樹下的苔蘚和不知名的藤條，萌動發芽搖曳。那一刻，他心領神知地，提筆在牆壁上畫就一幅《金穀圖》。

就在他畫完以後，意想不到的事情發生了，幾隻麻雀從屋簷上俯衝了下來，竟把他的《金穀圖》誤認為是穀子，一頭撞在牆壁上死掉了。流傳在當地的這些民間傳說，雖然無法考證，但它恰好印證了有關史書對於他的記載：他家境清寒，父母早亡，同時他也是一個早熟的畫家。他的早熟，不僅來自先天靈感，也來自大自然對他的啟發，來自民間傳統文化對他的薰陶。其他的傳說還有不少，不能一一記述。就這樣，他無處不留痕跡，卻又到處無跡可尋。

今天，我們只能從傳為他作的《天王送子圖》及刻在石頭上的觀世音菩薩造像的面相、衣紋、飾物中去感悟那遒勁、靈動、灑脫的線條，去感受他的被稱為衣紋裙帶像被風吹起一樣的飄曳的好筆法了。據說，柏林禪寺的前身「古觀音院」就留有能令風起雲湧的《水圖》墨寶。那些天衣飛揚的線條像有磁性的祥和的音聲，注入我們耳際，使我們眼前如清潭印月清平明亮。

他不拘小節，為人豪爽，和李白一樣愛喝酒，「每揮一毫，必須酣飲」，醉中作畫，一氣呵成。相傳當時的皇帝唐玄宗，想請他畫一幅反映嘉陵江景色的山水畫卷，他用了三個月的時間，沿嘉陵江兩岸考察寫生，當玄宗讓他出示創作草稿時，他答覆：「臣無粉本（草圖），求賜素壁一面。」於是，八百里嘉陵勝景被他一揮而就，一日即成，煙霞橫飛。

　　它們躺在紙上，大模大樣，彷彿自從有了這片土地，就有了它們，而且一直就是躺在這大紙上面——他多麼驕傲，他的畫就有多麼驕傲。說到這裡，竟覺得畫畫的他和寫詩的李白從性格、風度、胸襟、優點和缺點、到創作方式到藝術風格，甚至到生活習慣都有些像呢。

　　他的驕傲還表現在：他膽子大，善想像，有著堅強的藝術意志，畫菩薩就是畫自己的樣子——他以自己為模特兒，為諸多佛寺殿堂所繪製的諸佛菩薩、護法龍天聖像，筆下神氣如生，完全世俗化，然而又美到出塵、出奇。這幾乎是個悖論，教人搞不懂他是怎樣做到矛盾的統一：那些佛像身後的背光，都能於一切處懸筆空掄，一筆劃成，那光含萬象，美如滿月的一道弧線，是世間最美的線條。

　　他膽子更大的表現是在《地獄變》中，把達官貴人統統打入了十八層地獄——蔑視權威和神靈，在那個時代是需要相當大的勇氣的。要聽從自己心靈的聲音，才有可能成為得大自在的人外之人。你理解為人上之人也未嘗不可，我一直認為眾生平等，人人、人物皆一般高，然而硬要分的話，無疑地，最大限度地保持了人的初始特徵的人是高人一等的。

　　從他的畫作中可以嗅到自發、自由、自我等優質的味道，也讓我們知道，「美」是藝術的高度發展，出「新」就是為迎娶「美」而準備的伴娘。唉，「出新」，這是很多東方藝術家普遍缺乏的一種珍稀資源，可能是由於民族性格或民族文化傳統的問題所囿吧。他不缺，還富裕，真是有點匪夷所思。

　　說起來，中國的繪畫是以線描為主要造型手段的藝術，原則上含蓄，寫意，能像他那樣，能畫出一條條筆能扛鼎、力透紙背、靈動滑滋、飄曳自如的線，漫天跳舞，讓觀者說不出什麼來，一直是中國書畫家畢生的追求。

　　而線描（白描）最初的練習方法是在長短線和大小圓圈中開始

的。所畫的圓圈，就像我們燒的蚊香那樣的形狀，細線圈從裡至外或由外至裡，一圈圈不斷地延伸，用筆的力度不緩不急，圈與圈之間的距離要相同，如禪堂裡用功夫，要專注、清明、綿密，畫在紙上的墨線會清晰地展現你的心路歷程。

我認為這是調柔身心的一種好方法，要耐得住寂寞，坐得住冷板凳。這樣經過很長一段時間的訓練，才能畫出一條心手雙暢的線來。有了一定的描線功夫，就能夠表現大千世界的種種變相；如果再能畫出表現自己獨特藝術語言的線來，那更要經一番寒徹骨的歷練了。要不斷地在生活中增進自己的功夫。

我想，他若不是跋山涉水搜盡奇峰打草稿，藏萬千丘壑於胸臆，納須彌於芥子，也不可以在素壁面前披雲獨嘯，一劍倚天寒，筆筆生髮，將八百里川渝秀色盡收筆底吧？這是「畫聖」之所以掌握了卓絕工夫的根本所在，也是作為人的「本我」真性的自然流露。

不由得思念起古代的書畫家們聽海潮奔湧，觀夏雲列陣，睹柴夫爭道，見公孫舞劍，皆可體悟藝術真諦的那些事，一時起了大嚮往：書畫之技，雖為小道，然通玄門性海，八萬四千門，門門可以道通長安。

[人物簡介——吳道子]

吳道子（約 685 ～ 758）：唐代畫家。陽翟（今河南禹縣）人，一生主要活動於盛唐時期。早年孤貧，喜歡作畫，未及弱冠便能「窮丹青之妙」，因畫名遠播而被唐玄宗召入宮內，任內教博士官。《歷代名畫記》給他以極高的評價：「國朝吳道玄，古今獨步，前不見顧、陸，後無來者。」

他在藝術上多有創見和突破，善用疏體與白畫的風格。其作品多色彩簡淡，只在焦墨之中略加布染，便有一種自然飄逸之感，有時甚至採用不著色的「白畫」。他所用的線條雖不以鐵線描為主，多用「蒓菜條」，但更能表現出高低深淺的立體感。可惜的是，他沒有真跡傳世。

荊　浩：開圖千里

　　秋天的風尖利地打著口哨，都吹成了一條河，青楊樹葉子卻還很細嫩。這很好。使我有心情打開畫卷，跟隨大才子，去山中流浪。

　　他一生住在北方，隱居在太行山中，但這不妨礙他來一座南邊的廬山來畫畫心──每個好的藝術家都有搬運的本事，並扛著畫心的大旗。

　　況且，哪裡的山巒不是石頭？哪裡的人物不是螻蟻？我出去旅行，常常有恍惚感，宛若早上驀地醒來，駭然汗下，不知身在哪裡。

　　再說，那時候的人幸福啊，哪一座山不蔥蔥蘢蘢？哪一座山沒有五彩的鳥飛來飛去的鳴唱？還有隨隨便便伸手可擷取食用、乾淨的花朵和露珠？隱士們就近尋個小山，就可以晴耕雨讀地做逍遙遊了，願意做藝術的，隨時隨地可以得到江山之助。

　　並且，你就是想在作品裡帶出燥氣、不安和張牙舞爪，到哪裡求去？到處都樸素、溫潤，生命茂長。想想他們的濃福，嫉妒得眼睛冒血，多想登時掛冠求去……世俗生活就是戴不爛、磨不破、緊箍著頭腦、壓迫著身軀的冠啊，難道只能當官嗎？一顆優美純粹的心靈當然要竭力擺脫這一頂要命的冠的。

　　他和山溫柔對話，和山砥足而眠，平時在山的懷抱裡埋頭田間辛苦勞作，農閒時走動寫生，辛勤筆耕。動物是他的父兄，植物是他的姐妹，秋來冬去，他們片刻不離。

　　中國山水畫到了他這裡，發生了轉折，有了極大的變化。這種變化的第一反應是：在他之前，中國畫以人物為主流，他之後，以山水為主流。第二反應是：技法已成熟，有筆有墨，有勾有皴。而畫界的一個觀點是，皴法的成熟是中國山水畫成熟的標誌。第三反應則是：誕生了中國山水畫的畫論《筆法記》，作者是他。

　　在那本劃時代的大書裡，他提出了「圖真」說。這個觀點幾乎成了歷代乃至今天區別中國山水畫格調高下的標準。他提出的衡量畫格的「四品」，在很長的時間內左右著中國人對山水畫的審美力。因此說，這個人在山水畫史上是個里程碑式的人物。

　　我們知道，在到達目的地之前，一般來說，有很長的時間需要過，許多的路等著我們去繞，無數的機會將擦肩，有緣的人會終不得見，然後才可以成長，才能夠了解痛苦的煎熬，才會去珍惜甜蜜的滋味，也才能知道那個當初盼望的結果並不見得就是我們應得的緣分。

　　當往往只有到了水落石出的時分，我們才會恍然大悟，原來所有的來路和挫折都不是白費的啊，我們必然要經過那些惶恐和迷惘，必然要在那些我們以為的歡樂和幸福裡耽擱，必然懵懂而後覺知，才知道今天必然到來，一切盡在掌握。

　　他也是。無論隔著多遠、多久，他和我們一樣，也是個有血肉之軀的人啊。他在山裡，也會有寂寞的時候，會有懷疑自己工作意義的那時候，也會有溫飽之類現實的悲苦的侵襲，甚至也會有愛情荒蕪不能得到灌溉的饑渴……。可他駐紮下來了，一直沒動——耐心些，好東西自己會說話的。最後，他終於在對山的上下、遠近、虛實、賓主以及各種物象的全方位的深情審視中，形成了「山水之象，氣勢相生」的整體觀念，提筆即開圖千里，寫出胸中山水，如同綻放了慢慢抽出染了一層紅暈的花箭。

　　至此，他完全可以驕傲地說，他在山裡，山也在他裡。他和山長在了一起，那樣的山當然是大山，山勢雄渾襯得樹木愈加嬌小可人。他是畫樹木的大家，曾一口氣習寫松樹一萬多棵，讓人敬服和喟歎：一個大師他總是比別人有更多的下苦功和創造力。

　　很多時候，下很多的苦功才有很多的創造力。那樣的山總在高遠處，像一個赤裸著上身、紅黑臉膛的男人，也許就是他的形象——樣貌像，胸襟也像。山與雲齊平，水隱約可見，似平靜如鏡，又像在

隱隱運動，藏著心事。山腰間雲煙繚繞，而上山的路徑就淹沒其中了。山坡土地、村落樹石無不被一層細緻處理過的平和，與鮮豔控制住的沉著籠罩著，各自湧動著平靜遼闊的深情。

　　整個畫面裡的那些雄壯，仔細看，也是有層次的，第一個層次，在一個寬大的水面上有一隻小船，一位船夫在慢悠悠地撐著小船要靠近岸邊，似乎要將觀者帶入畫境。拾級而上，山腳樹木森密，有山屋院落，似是旅店，又像是畫家本人的居所。

　　山屋周圍竹籬短矮，樹木纏繞，後面有石徑蛇動，環著山，旁邊設一古渡，古渡旁邊有水，大水蒼茫，另見長堤木橋，和趕驢的行人，躑躅慢行。山居的安謐裡漾著清甜和一絲清苦。唉，只清甜不叫甜，要有些微的清苦來提提鮮，才更有滋味，接近雋永。像愛情。

　　第二個層次是兩懸崖之間有飛瀑噴瀉而下，擊在石頭上似發出轟轟隆隆如雷的擊打聲。順著路徑看過去，一彎小橋橫架於溪澗之間，兩邊危壁林立，似乎讓人感覺，石壁飛在空中而不是在立於地上，多麼險絕好看！

　　在陡峭的山勢中，山崖垂直而下，像是有一把利斧劈下，但往下劈的時候沒有太多的規範，像亂剁般，使整個山崖更加險峻了。前面的山巒和後面的山巒有機地組合在一起，使人看起來山與山之間也有了君臣之分，後面的山似乎在向前面的山鞠躬致敬，山呼：「萬歲」——這山不只有靈有性，還有社會性。

　　畫中的山不多也不少，多了會使整個畫面顯得很亂變得擁擠，山少了會讓人感覺到山的單薄和畫面的空白。山的遠近造型也十分鮮明：遠處的山不連接近處的山，近處的山也不遠離遠處的山。

　　在山腰中，山峰似乎迂迴擁抱在一起，在山頂，它們又各自為政，劃地為營。還有，點點滴滴的小綴物也是不可少的，如沉默的青草，山屋院落，以及山屋裡懸掛的書法，和正攜琴而入的書童……這

些不可或缺的精美細節，使畫面看起來更加生動有生氣了。

　　整幅畫裡樹木的形態也是不一樣的。樹木曲中見直，瘦勁有力，被安排得曲線玲瓏。大山如睡，把樹木做成了溫暖的炕席，而樹木也把山當作了一架屏風，遮了來不及躲避的淒風苦雨；就像人與衣服一樣，人是山，衣服是樹，山借樹為衣，樹借山為骨，而樹木雖多卻不密不透風，襯出了山的俊逸，而山的不擁擠也顯出了樹木的秀麗；更像世間的愛人，他挺拔、她深秀，他操琴、她知音，在幽僻處相伴相倚，到白髮蒼然，到化骨成灰，也不分開。

　　有這樣一幅好圖畫掛在史上，即使是掛不得冠、撇不開身邊的熙熙攘攘，也可以安心，不時仰頭望望，如望明月。而低頭思思歸不得的、千里之外的故鄉，也就能當作歸去了吧？

　　如此想著，就憐惜了自己，和他。

[人物簡介──荊浩]

荊浩（生卒年不詳）：五代時期中後樑期間的畫家。字浩然，河內沁水（今山西沁水）人。主要活動於 9 世紀至 10 世紀上半葉。他工詩文，通經史。因唐末、五代中原一帶戰亂頻繁，政局動盪，他絕意仕進，隱居於太行山的洪穀，自號洪穀子。

他對中國山水畫的發展作出過重要貢獻，將唐代出現的「水暈墨章」畫法進一步推向成熟。他總結了唐代山水畫的筆墨得失，認為李思訓大虧墨彩；吳道子筆勝於像，亦恨無墨；項容用墨獨得玄門，用筆全無其骨；只有張璪筆墨積微，真思卓然，不貴五彩，得到他的肯定。

他在山水畫的師承上不只取法張璪，同時亦在吳道子與項容等人的筆墨得失之間，捨短用長，加以發展。

範　寬：綽號美麗

一個人的綽號往往概括了這個人身上最突出的生理特點，而綽號又往往帶有漫畫的特點，是把特色放大誇張。他當然也不例外。可是能像他一樣，把綽號給叫成大名而流傳至今並芳香猶存的，中國書畫史上卻只有他一個。

他是布衣，一生不仕，想來這樣的人一定是大好人：好德行、好性格，藝術上有好身手。可性格要寬厚到了哪種地步，人家才會叫他「寬」？人緣要好到了哪種地步，人家才放過他的其他特點而單取一個「性格寬厚」的意思來做綽號（其實，在那時，「寬」除了寬厚，還有一說愚拙的意思。他寬厚得都有點愚拙了）？我們不得而知。

只看到這位關西大漢的畫是威武不屈卻溫厚可親。北宋人評兩人一文一武：李成之畫，近視如千里之遠；範寬之筆，遠望不離坐外。「不離坐外」就是身臨其境、可以親近呢。

宋這個神奇的朝代堪比西方的文藝復興時期，悄悄在五代孕育，至北宋一舉產生了那麼多的好東西。在廣為流行花鳥畫的同時，也大肆流行著一種精緻優美的山水豎軸或長卷。真是神奇啊，中國文人自殺率低，是不是也得益於寄情山水呢？寄情於真的山水，以及山水畫。

有些專家，會在不同的畫家、以至同一個畫家不同的畫作裡，看到他對文化觀念、時風世風、平生遭際等不同的理解和感歎。所以，安靜下來吧，就可看到大處和大處、細節和細節，它們各有不同的美。

他就是以畫山而為人所熟知的。

說起他畫山，就不能不提到他的老師荊浩。這位大畫家常年居住在洪穀山，自稱洪穀子，在與山的朝夕相處中，對於山水畫有了許多深入的見解。

　　那樣的山在沉鬱蒼涼中藏著樸實、厚拙，經過長期的歷史積澱與文化演繹，已漸成為一種風格特色，一種人文理想和一種藝術境界，它特有的色彩、氛圍、形態、所傳達的資訊與他個人的美學理想和藝術追求相契合，促使他矢志不渝地以山為繪畫主題，不厭其煩地給以表現，在事實上是要復原一種複雜的精神記憶。畫家毅然作出了選擇，並認同這種美感，便是自動地選擇向一種理想的復歸，向精神家園的復歸。

　　他直接繼承了老師的成就。重要的是他不僅僅只學習老師的筆法，更注重領悟大自然給予的啟迪。他也學著老師，離開長安、洛陽那樣的繁華地，到終南山長居。舉凡自然之物，大都有靈且美，這不應僅僅是好的藝術家的見識，而應該成為大家的共識，如此，才能真正懂得做人的滋味吧？自然山水，中國山水畫畫家，中國山水畫，這三者究竟是怎樣的一種關係？自然山水，人，人的一生，這三者又是怎樣一種關係？想想就迷惑，就清醒了。

　　後來的國畫大師徐悲鴻曾說過一句有意思的話，大意是，中國的畫家啊，他們就連畫荷花、小鳥這樣的小題材，也要用掉二十刀宣紙。意思是即使題材小，也要大量練習過，才能駕馭。因為中國畫是寫意的東西，譬如荷花，它有形，然而它的精神是無形的，形而上的，所以很難表現。

　　所以說，荷花並不難畫。有什麼難的，就擺在那裡，難畫的是荷花內裡藏著的意蘊，譬如清潔，「出淤泥而不染」，是中國文化賦予它的一層螢光。要畫出這層「光」。從池塘搬一枝到宣紙上，需要多大的力氣。大力需要二十刀、或三十刀紙的支援，才有望得到。很多時候，一百刀紙的支持也得不到，因為這裡面還需要天賦。中國畫的神秘也在這裡。

　　後人總結他的筆法叫「芝麻皴」，就是用很多小點點，一點一點組成一個面。只有這樣的筆法，好像才最適合表現北方大山春天放

蕩而凌亂的質感與氣勢。這是他師法自然得來的寶貴經驗。那些親愛的、早春三月的大山，初生的艾葉透出泛白的嫩綠色，懷著讓自己的生活，與土地的色彩和諧相融願望的先民們，在放眼青青的草、青青的樹木和青青的稻穗的煥發季節開始了勞作——他也不例外。他沐浴著陽光，開始了他偉大而平凡的勞作。

他以蒼老沉著的筆力畫山石，用「芝麻皴」，輔以短而有力的「搶筆」，自下而上急急挫出，勾勒山的輪廓和石紋的脈絡，濃厚的墨色激動如大海，正契合了秦隴山川峻拔壯闊、雄奇浩莽的男子氣概。那氣勢奪人若此，使得明亮的大白天也好像成了凝重欲滴的漫漫黑夜。

他的代表作《溪山行旅圖》是一軸豎幅的大作品，全畫為全景式構圖，採取仰視的角度，可以分為遠近兩景。遠景描繪巨峰迎面矗立，風撲面而來的懸崖峭壁捲去了整個畫面的三分之二，猛一看，恍然如獅，又如生鐵澆鑄的紀念碑，挾帶一種劇烈萌動和隱匿的神秘力量；又好像一個平時溫和的人，一下子暴跳起來發脾氣，讓人無法防備，大得嚇人，幾乎是絕望了的意思。這時候只有水才能壓得住那種強作歡樂，卻已悲從中來的場面；如果讓樹出場，會壓不住那種氣氛，那氣氛太大，太沉，太暗，只有溫柔的水才壓得住。

水出場了。山頂凹處的岩隙之間，飛瀑奔瀉如練，它的轟鳴傾落打破了高山巨岩的靜穆，逗笑了一點它嚴肅的黑臉。還不夠，見他近景橫向取景，在畫面的山路兩側添了幾筆澗流清淺，伴著巨石橫陳，產生了「水際作突兀大石」的動態藝術效果。

在畫作的右下角，一隊商旅正趕著馱有貨物的騾馬，穿行在崎嶇的山徑上。人、馬雖為襯景，塵土也不起眼，卻巧妙地造成了「點題」的作用，給畫面添了一抹亮色。

畫的立意、佈景、造型，再現了北方高山峻嶺的雄渾神韻和磅礴氣勢，真實生動，頗得河朔景象，不僅層次豐富，墨色凝重、渾厚，而且極富美感，整個畫面高嶺深澗，雄渾險峻：人在其中抬頭仰看，

山就在頭上，而商旅又給人了動態感，馬隊鈴聲漸入畫面，澗中還有溪水淙淙的聲音相和。詩意就在一動一靜中慢慢顯示了出來，彷彿聽得見人聲、馬聲、溪澗聲從山麓那邊慢慢傳來，然後從眼前穿越而去。一幅空間藝術的繪畫，卻給人了一種時間藝術的恍惚錯認。

　　藝術的魅力竟至於此！他不用神奇的蠱藥，瞧你一眼，你就乖乖跟著他走。他的雄渾讓人在那一刻自然想起義大利「文藝復興三傑」之一的米開朗基羅。仔細想想，他們真的很像。

　　自然造化，鬼斧神工，自然是人的筆力所不及，可是當掌握筆墨的人，將自己的喜怒哀樂興怨朗愁，以及牽掛熱愛注入進去，自然造化就呈現了不一樣的樣子。所謂人的心是怎樣的，眼中所見就是怎樣的——你優雅美好，你的藝術就優雅美好，你滿心忿忿，你的藝術就戾氣沖天。

　　就這樣，面對帶有了他的情志、有些模糊、肯定有些失真的、一千多年前的這座山，這座可行、可望、可遊卻不可居（其氣勢叫人噤若寒蟬）的山，而與之同著心情、共同呼吸，是幸福？不安？懷念？是激動？還是塵埃落定，這種感覺難以形容。

　　他呢？他當時看到這壯美的情形、起意畫這幅畫時是怎樣的雀躍，如同孩童？我們仍舊不得而知。

　　《溪山行旅圖》將山水的壯闊、永恆與人類的渺小、短暫，刻劃得淋漓盡致。畫作似乎沒有題目，含混、矜持，有著刻石般述而不作的冷靜與低調。可有人近年在圖的右下角的樹叢中，發現了「範寬」的細小簽名。是不是畫家把自己上升到一個足以內省的高度，感受到自然的永恆、偉大及人的微不足道和脆弱無依，因此寧可將自己融於自然中，也不願自己的名字突出在畫面上，影響山水的和諧？還是想了想，覺得還是應該給後世一點關於珍惜或警戒的生命提示？對此，我們不得而知。

　　而一旦你看到他的《雪景寒林圖》，就一定會被它另外一種的幽邃氣象所迷住，而失魂入了山林之魄：山上遍作寒柯，山下水面寬闊，不勾細波紋，僅在近岸用稍深墨色濕筆橫掃，顯得水流寧靜冷凝。岸上寒樹密集，雄悍如帶。巨石後村居屋舍隱現，一人在門口向外張望、盛歡：好大的雪啊！坡後群山漸漸向上隆起，半山的密嶺中有寺觀顯現，積雪的白色屋頂在灰色的霧靄中分外耀眼。

　　一峰偉岸，群山拱繞，坡上及山頂白雪皚皚，山谷中霧嵐的迷茫和樹木的堅硬渾實形成對比，而遠處，山巒起伏，雪峰蒼莽，透出逼人的寒氣——那寒氣撲面而來，噴嚏連連，叫人忍不住想為它借來春天的好太陽暖暖手腳。情境之恢宏磅礴，即使在以氣勢為勝的宋畫中也不多見。

　　他以雄強的墨筆勾寒樹，枝椏尖利濃密，一棵比一棵詭異，個個能開口說話，飛過天頂，也飛過地獄。坐落在那裡一萬年沒有移動過的磊磊山石，是以空靈的濕筆由淡而濃、反覆地連勾帶皴、帶擦、帶點地架構而成，渾然一體，又用前面提到的、細密拙重的「雨點皴」加些「短線皴」積成凝重厚實的山體，質感鮮麗，以墨色「留白」法烘染而成的白雪則鋪陳開了中國畫雪景圖獨特的魅力。它的氣場跋扈，與天地沆瀣一氣，竟佔據了時間。

　　在此說個題外話：古代「沆瀣」二字都指夜間的霧氣或露水，所以「沆瀣一氣」即：沆也氣，瀣也氣，沆瀣本是一氣，無褒無貶。它本來是指「一回事」，可解作「意氣相投」，不過，現在多數都是當作貶義語了，形容互相勾結，臭味相投。詞義的變遷，神奇難料，也提醒我們：不去精細學習，是難得古典文化精髓的，也容易誤解。

　　雖然自唐代王維已經開始使用這種方法畫雪景，但繪畫技法之純粹，畫面場景之精到，山水的生命力和人生命力融合表達之統一和諧，《雪景寒林圖》都可以讓所有看到它的人為之傾倒。不誇張地說，他是當時唯一一位畫雪山畫得這麼好的人。

　　他所在的五代到北宋前期是個多麼紛亂的年代。懿宗之後，政治上、軍事上的一系列危機最終使僖宗被迫「出幸」蜀郡，而導致了中原大亂：先是王仙芝、黃巢的黃巾起義，奪取長安，隨後沙陀橫刀入京，燒殺擄掠，繼而朱溫稱帝，移都開封；石敬塘認賊作父又引狼入室，割幽燕十八州，興晉，遼人揮鞭又牧中原，劉知遠樹漢，郭威割席稱周……正所謂亂哄哄，你方唱罷我登場。

　　僅數年間，王旗頻換，武失橫掠，中原如同屠場。置身於這樣的亂世之中，文人士大夫只有避世深山，遁跡斂形，託身佛老，以圖苟全。政治理想破滅了，精神境界卻在火光中昇華了出來。你看吧，絕大部分人是操著外面的心的，戴著外邊的高帽拿著外邊的銀錢，有的還為權力和銀錢掉了腦袋。他卻是史上罕見的、真正安於民間的平民畫家，與荊浩、關仝、李成共同撐起國畫的半壁江山。他又是其中影響最為深遠的集大成者，被公認為中國高遠山水畫的祖師。連後來那個一直堅持繪畫以淡、柔為美的董其昌見了他的畫也不得不說一句「宋人山水第一」呢。

　　一個平民，有著再怎麼不醜也不雅的綽號，卻不以為意，呵呵笑著，用它來畫圖題款，一天一天，和山對坐，熬著等著靈感來襲，再忙著奔回書桌上，皴皴點點地大聲讚美，也顧不得生前身後人們對自己的毀譽，終老山間。

　　他在意的只是自己的讚美——讚美山和水，讚美山水間的人。他的圖畫就是他的讚美。

[人物簡介——範寬]

範寬（生卒年不詳）：北宋時期畫家。華原（今陝西耀縣）人。名中正，字仲立。因性情寬和，人呼範寬。生於北宋前期，名列北宋山水畫三大名家之一。畫初學李成，繼法荊浩，後感「與其師人，不若師諸造化」，因移居終南山、太華山，對景造意，不取繁飾自成一家，與李成為北方畫派之代表。他的作品以關陝一帶真山真水為描寫對象。他強調師法自然的同時，突出獨創，而不是拘於師承某家。

陳洪綬：樸素的意義

　　太多的所謂藝術，看著沖淡，實則淺薄之至。使我特別反感自我標榜天真平實的東西——藝術不是生活的翻版。雖然那句話既常見又正確：樸素是最高級的藝術標準，包括了真、簡單和自然。但，樸素絕對不是直接拿來就算是藝術。沒本事才說自己達到了最高標準。至於連樣子都懶得做、明目張膽出怪詞、擺酷、「灑狗血」的藝術就更不值一提了。

　　十幾歲的時候有段時間極喜歡他的鐵線素描，跟著也喜歡蕭雲從的鐵線山水，都是一樣的素面朝天，不管季節是春是秋，日頭是晝是夜，草木是黃是綠，天氣是晴是雨，大大不凡。

　　中國畫走過宋元明的高峰，也就開始了下降——任何一種藝術都有高峰對吧，也不一定與時代的發展同步，不少時候，是倒退的。到了清初，就必須在這個高峰上打出新天地，師古而不泥古才可以。泥古便不如古，而不泥古又非常難，因此雖然多種嘗試，流派眾多，「四僧」、「四王」、「八怪」，不一而足，可出大家就非常難了。不過那麼幾個。

　　而同樣是蒙古人種，每個時代顧盼的眼神真是不同。徐悲鴻畫的是摻雜了西方血統碧藍深邃、眼白不安的民國眼，而他畫的是擦過的火柴頭一樣的焦灼眼。對比著看，簡直有意思極了。他的東西橫看豎看都只取了這兩個字：樸素。

　　他的樸素是真樸素，不是裝的，更不是自封的，是在不樸素裡鑽進鑽出許多回才見的真章。

　　「險危易好平遠難」，在繪畫上，技巧是淺近的事情，精神才是關鍵所在——我想這並不僅限於國畫和西畫。跟藝術相關的事物都看重精神吧。而「精神」二字裡，最值錢的又莫過於「樸素」二字。

　　在他久負盛名的《水滸葉子》裡，他鐵劃銀鉤，運筆老實，看似家常、樸素，但有一股汪洋浩蕩的氣息，頰上風行，眉尖火出，就像他被時人屢屢稱道的、淵厚的學問一樣，個個虎虎生威，神龍變化。在這裡，敏感與控制力都有，矛盾但和諧，絕大多數人物獲得了縱橫恣肆、甚至漫畫般誇張的表現，而有些不好表現的人物也由於他的才華而獲得了新生，就像由於他的嫁接而獲得了陽光和水的葉子。這簡直是一個按自然法則建立起來的社會與自然界相諧的生物大全。

　　《水滸葉子》到晚明時已經有了四種刻本。在中國畫裡，所提及的「葉子」並不是戲曲上的「折子戲」，而是一種與竹籤做的酒籌、酒令相類似的東西。他把水滸英雄人物用白描的藝術形式設計在酒牌上，註有「＊＊飲」當喝酒的說明，新鮮，實用，還風雅別緻。

　　提一句：《水滸葉子》的題詞個個極好，透著血性，刻出了人物風骨，使英雄們聽起來如同登頂。譬如：題宋江為：「刀筆小吏，爾乃好義」；題李逵是：「殺回虎，奚足聞，悔不殺封使君」；題武松曰：「申大義，斬嫂頭，啾啾鬼哭鴛鴦樓」；題劉唐說「民旨民膏，我取汝曹。泰山一擲等鴻毛」……簡直都可以作為《水滸》每回的開場詩，既活潑多趣，又有深意。

　　因為想像不出的好，所以，在經歷了幾百年的歲月變遷後，它絲毫沒有遺失裡面一一精心編排好的密碼，只要我們一看到它，一想到它，仍會感覺得到一種博大氣息的籠罩和呼喚。它給人的精神帶來了壓迫和激靈，促人很想跳進去與那些可愛的傢伙們一起大碗吃酒，大塊吃肉，冀土當年萬戶侯。——要使勁按捺才能拘住這個念頭。

　　就這樣，他的畫那麼實在，還有些俗，可就是帶給人這種衝動。也許，真正的、頂級的藝術是一台把人的感官全部調動起來的發動機，讓整個肌體優質運轉。如此一來，我們就獲得了身心靈雙倍的健康。

　　當然，他更多的是畫文人。他的文人雖然叫文人，但沒有一般人以為的酸文假醋。外人捏造得太多了，其實只要一沾上酸文假醋乃至裝腔作勢，肯定不是真文人。

　　他的人物最多在那裡看看梅花，或喝喝小酒，其他的和我們一樣。《賞梅圖》就是畫兩個文人坐在石桌旁對著一瓶古豔的梅花喝酒聊天。梅花插在古銅瓶裡，古銅瓶上有點點銅綠，椅上還有一張琴尚在錦囊裡還沒取出。還有一幅是一個人剛剛洗了頭，在那裡的上風處晾頭髮，坐在石邊，石上有一盤嬌黃的佛手，又胖又大，一瓶古豔風情的臘梅，還有一瓶酒，石邊有張琴……東西不多卻樣樣耐看。

　　還有一張《品茶圖》，畫上畫著兩位很古的古人……他的人物都很古。這兩位古人一位坐在其大無比的、老得站不直腰的芭蕉樹的葉子上，捧著杯，好像是剛剛抿了一口，他身旁也是石桌，石桌上有小的茶壺和茶爐，茶爐裡的火正紅，坐在他對面的人也是寬袍大袖，也是手裡捧著杯，凝著神氣，也好像是剛剛抿了一口，而面前的石桌上也是張琴。旁邊不是臘梅，是插在古瓶裡的老蓮，三花兩葉，亭亭地開著，好像同時也寂寞地香著，瓶邊是扭七扭八的老藤編的畫筐，裡面睡的是一捲一捲的書畫。

　　其實放眼望去全都是普通的題材，十分普通的構圖和設色，用筆用墨又那麼收斂，無跡可求，然而有率意，也有工細。就是這麼奇怪，別人焚香沐浴、腦袋上頂著一座大山地神聖端坐工作，他呢，斜倚歪站，把畫畫的那些零碎東西一應所有攔到桌上，不當回事地東點點，西挫挫，剝蔥擇蒜似的，一樣一樣的好就被他提煉出來了，簡直是出奇地好，爛俗也成了爛漫——天真爛漫，花開爛漫，透著一種自然天放之美的珍貴。

　　他畫文人的題畫詩又是不一樣的風格，可仍然樸素得嚇人，也照舊不可思議到就算那麼樸素也襯得人物活像真神仙：「久坐梧桐中，久坐芰荷側，小童來問吾，為何長默默？」根本不用祥雲來祥雲去的，

就已經仙風道骨三千年，有「低頭弄蓮子，蓮子清如水」式的大相不雕、信言不美的古意在。有這樣的一支筆在手，我們可以相信，他被他的時代頌讚成：「才足比天，筆能泣鬼」所言是不虛的。

　　一般說來，樸素的用筆用墨，才更有利於把人引向更加渺遠的地方。這也是中國畫更成熟、更迷人的境界所在——它給人留了想像：用墨的，你自己可以去填充你喜歡的顏色，留白的，你自己可以去填滿你喜歡的事物。一個觀者被放在了最高處，像深山亭上聽松風，胸次豁然打開的感覺多麼妙不可言。

　　其實，人生的境界也無非如此。他一個正直、潔白又努力的人，早年未必不想立在社會的高處，要一個結果。然而它所處的歷史階段既溫柔富貴，也藏著許多的尖銳矛盾和黑暗，所謂最好的和最壞的時代。所以，當他立於高處看清當時社會的齷齪之後，他灰心了，清醒了，於是就從「高處」退下來，立到了社會的「遠處」，默默無語。

　　只有「遠處」才是真正遠離塵世的地方。「高處」的根本仍是塵世，也許是更汙濁的塵世。而「遠處」的「高」和「下」皆在遠處。譬如，在史上著名的隱士陶淵明和王維的詩風變異中也有例證，陶由「金剛怒目」式的「剛險」演繹為「悠然見南山」的平淡；王則由「一劍曾敵萬人師」的「剛險」變成了「人閒桂花落」的閒雅。

　　他三、四歲既開始學畫，博得「神童」的美譽，19歲既無依無傍、自創形象作《九歌圖》木刻插圖 11 幅，既有經天緯地的天賜才華，又有《九歌圖》裡屈原的志向韜略，然而，由於身處明清鼎革的時候的混亂時期，他報國無門，終於歸隱山林，內心深處當然憤怒又哀痛。

　　《蕉林酌酒圖》正是表達這種情緒的畫作：圖中渾茫山中行走的主人正在舉杯欲飲，童子裝著滿滿一衣服的落花向一個盛花的盤子裡倒去，另一童子則高捧著酒壺款款隨行。畫作含道映物，澄懷味象，正是他自己「和露摘黃花，煮酒燒紅葉」表面曠達、內心隱憂的隱逸生活的實際寫照，也將他的真人本性洩露了幾分。它是如此切近，我

們幾乎伸手可探那人的末世感懷，而心生憐惜。

　　中國的藝術有這樣一個大好處，就是很少需要外界的刺激和慾望的薰染，即可自立於世，翩然臨風。並且，組成的成分很複雜，神、氣、骨、肉、血，缺一不可，不能單取一種成分斷章取義不及其餘。正因為有這樣天然的生機、生意和審美上的完整性，才能把客觀物象移情於人的精神之中，或把人的精神物化於客觀物件之中，舉其大要，去其色相，達到物我皆化的境地。

　　也只有將物與人的精神融為一體，人的精神也得到「寬快」、「意思悅適」，繼而再充實溢出，需要用藝術加以表現，加以昇華。藝術家只有在這種情況下所創作的藝術品，才是他本性的流露，才能現出他的精神和人品，即鮮明的個人風格，從而強化其固有的筆墨特點，襄助他成為一代宗師。

　　也因此，我特別喜歡孔子在《論語‧八佾》裡提出的「繪事後素」這個命題。夫子的意思是，繪畫時要有很好的素帛做底，才能在上面畫出豔麗逼真的圖畫來。其實這裡含有「後於素」與「達於素」的兩種意義指向，並且在歷來的繪畫理論中有著深刻的表現。

　　對於「質素」的美學觀，是被中國的藝術界一再肯定的。《老子‧十九章》中也有說：「見素抱樸」，同樣值得注意。「朴」按《說文》釋：「樸，木素也」。沒有經過雕琢紋飾的木，為樸。樸是老子對質美的最高評價。這是那些靠脫褲、撒嬌、乃至各種主義活著的「藝術家」們所不能理解的──他也不屑。當然也不配。

　　我想也可以這樣概述一下先哲們在藝術上所言的樸素的意義吧：人最可寶貴的就是潔白純真的本性，一個人倘能固守他的這種本性，那麼他後天所受的教育或是取得的成就，就只不過是在這個基礎上多添或少添的一筆罷了。

唐詩之美

第五章

《唐詩之美》：以豪壯曠放為軸，盡寫大唐風骨。——中國日報評論

王勃：萬里念將歸

西元 676 年的秋天，王者歸來。

那樣的人的歸去其實就是歸來。你不能以人的概念來界定他的喜與悲、生與死——他當然是東西方文化裡都有傳說的半神，似乎用眼神和呼吸就可以寫詩。否則，27 年的旅程裡產出 16 卷煌煌著作，難道你以為這是肉體凡胎可以完成的嗎？而除了這 16 卷並非全本的《王子安集》，佚失的還有：《漢書指瑕》十卷，《周易發揮》五卷，《次論語》十卷，《舟中纂序》五卷，《千歲曆》數卷……他是唐朝的代表作。

我去到江西采風，遠遠看見滕王閣，真想跳上雲彩，在天空寫一個大大的狂草「序」字啊！好激動。而提起滕王閣大概不會有人想起什麼滕王，腦中只會浮現出那篇光輝燦爛的序，在南海風暴中他死無葬身之地，無墓碑，更無墓誌銘，只有這彪炳千古的無字碑——沒有序，閣和滕王都什麼也不是。藝術的魅力如此之大，它點石成金。

那是他的代表作。歷史上的滕王李元嬰是一個「驕縱失度」、「狎昵廝養」的花花太歲，從「以丸彈人」、「以雪埋人」、「借狗求置」至逼淫官眷，實在是劣跡昭著，後「望法削戶」，「謫置滁州」，更可謂聲名狼藉，臭不可聞。

歷史上閣制的規模並不稀奇，而滕王閣一經損壞旋即有人修復如新，迄今有 28 次。這是歷史上不多見的風景，這是那篇序的魔力。有清代詩人尚榕的詩句證明著：「倘非子安序，此閣成荒。」一千多年來，沒有人不這麼認為。我相信以後的人們會更加注意對它的保護

和修繕，因為雖然心疼他的盛大才華的人少了，可是舉著《滕王閣序》打旅遊牌賺的錢是越來越多了，簡直如同不可替代的心上愛人，無汝不成歡。

除了這篇驚人的序，他也寫下了許多驚人的詩歌，其才華甚至超過了德高望重的駱老師，而位列「初唐四傑」之首，撥開傷於濃豔的陳隋雲朵，總領著大唐先鋒派四位一體無可取代的星星閃爍。

四位都是少年天才：除了盧照鄰二十歲才當典簽、冒土稍晚一點外，駱賓王 7 歲、楊炯 9 歲就被舉為神童，而他更是 6 歲就作出讓人感歎的詩，9 歲不僅能讀讀古書，而且能寫出《漢書指瑕》這樣洋洋大觀、糾正古聖賢錯誤而無所不宜的考據文章。

「四傑」名噪海內時，在任的禮部侍郎裴行儉曾有評點：「讀書人要做官，首先要看他的器量見識，之後再看他的才學。『四傑』之中如王勃等人，雖然有才華，但是為人浮躁，鋒芒太露，怎麼可能是做官的料呢？只有楊炯還比較沉穩，處世冷靜，可以當縣令一類的小官。」這個人以善於鑒別人而著稱於世，所賞拔的文臣如蘇味道、王勮，武將如程務挺、張虔勖、崔智辯、王方翼、郭待封、李多祚、黑齒常之等人，後來都功成名就，而之前他只見過「四傑」一面，卻對他們個性和仕途前程的評述驚人地準確。

但是，你不得不承認，其中他最頌讚會做人的楊炯恰恰是其中才華最低、成就最小的，雖然要單論雄厚他當仁不讓，可是，就像人心再善也很可能寫得一手爛字一樣，才華和品格乃至美和善，根本就是兩碼事。雖然最後決定是否能夠抵達頂端的決定因素還是品格——但還要有其他許多參數來做觀照。總覺得，一個詩人，他還是走回自己的村莊，埋頭硯田、少抬頭看人臉色的好——人的臉色好壞，救也救不得、毀也毀不得自家田裡的一根秧苗。

就這樣，他沒時間左顧右盼，天落雨只當晴，蛇纏足只當藤，兩腳泥巴，在他的路上走著，是走在歸來的路上，左右詩句紛紛飄落，

像九月的玉公尺葉子被風吹動，而所有路途都有隱約的溫柔。就這樣，我們還在啟程的時候，他已經在歸來了，一壟一壟望不見天邊的麥田的路啊。

27 歲時的那篇序是他最茁壯的作品，是無心栽插的，似乎一朵雲彩剛被他指出，於是它突然有了好聽的名字。這是另一種很盛大的佈置，也是一種被謹記在冊的寂寥——在冊的那些人和事哪一個不是寂寥的呢？

關於他寫序的經過，五代時王定保編著的《唐摭言》作了生動的描繪，當時他正經歷了人生中的第二次沉重打擊：好友推薦他到虢州地方當了個小官，卻在虢州參軍任上陰差陽錯殺死了自己匿藏的官奴而獲罪。這讓他心灰意冷，十幾年光陰荏苒，蹉跎了歲月，也消磨了他的豪情。

那時，他前往交趾看望父親，路過南昌的時候，正趕上都督閻伯嶼新修滕王閣成，重陽日在滕王閣大宴賓客。他前往拜見，閻都督早聞他的名氣，便請他也參加宴會。閻都督此次宴客，是為了向大家誇耀女婿孟學士的才學。讓女婿事先準備好一篇序文，在席間當作即興所作書寫給大家看。

宴會上，閻都督讓人拿出紙筆，假意請諸人為這次盛會作序。大家知道他的用意，所以都推辭不寫，而他一位晚輩，竟不推辭，飲了一瓢酒之後，接過紙筆，稍加思忖，便當眾揮毫，文不加點，頃刻成書，還不改一個字，簡直一段傳奇！

這情景讓閻都督憤怒並拂衣而起，轉入帳後，還讓人去看他寫些什麼。聽說他開首寫道：「豫章故郡，洪都新府」，都督便說：不過是老生常談。又聞：「星分翼軫，地接衡廬」，沉吟不語。等聽到：「落霞與孤鶩齊飛，秋水共長天一色」這樣氣象渾厚、隨手而來的句子時，都督不得不嘆服道：「此真天才，當垂不朽！」

於是，如同一朵蠻橫要開的反季節花朵，它涉夜而來，淡香盛大。

類似的故事在《新唐書》、《太平廣記》和《唐才子傳》等著作中均有或繁或簡的記載。後來馮夢龍作為話本《醒世恆言》第四十卷「馬當神風送滕王閣」，並由此成為民諺「時來風送滕王閣，運去雷轟薦福碑。」鄭瑜曾根據這個情節編成的戲曲南北二調，將故事搬上了舞臺。宋代也有以他作序為題材的名畫出現，而後來文人為滕王閣所寫作的千萬篇詩文，無一篇能與王序相媲美。那樣高華的詩才，不必欣賞和學習，好像只能作為北極星，引領前進的方向，或嚇人愧怍不前。

有關他的告別的故事只發生在一句詩中，美得、別緻得都不可思議。讓我們像打開摺扇一樣打開他的詩篇吧：《江亭夜月送別》二首、《別人四首》、《秋江送別二首》……那些更像是記憶的「亂煙」和「飛月」，那些彷彿被打上月光的、青瓷似的句子「寂寞離亭掩，江山此夜寒」，應該都真的是當時的景色吧？

有一條叫做渭水或揚子的、波浪寬闊的大河在他家門前流過嗎？深秋時的河水江水應該舒緩而清冷吧？想來水面山巔早晚之間都會升騰起淡淡的雲煙了，青苔已一點一點爬上老樹木的身體，河洲的蘆葦也全然失去了鬱鬱青蔥，垂頭喪氣，水鳥們都緊縮起翅膀和尾巴，準備渡過未來的嚴冬，有的飛到很遠很遠的地方找溫暖去了。

有像他一樣，只在朋友那裡找溫暖的嗎？又是什麼樣的朋友，讓名動天下的年輕詩人如此動情呢？是他從龍門縣跳到都城、躍馬長安、青錢換酒時的舊雨，還是因一個小小的鬥雞就鋪陳出滿篇辭藻、因此罹禍、被高宗趕出沛王府、去四川散心時的新知？是去找杜少輔還是找盧照鄰？是神采清俊，眉頭好看地蹙著，身著圓領袍衫，襟袖斜飛，對不對？……唉，我們什麼都看不到了，又什麼都看得到，那些呼之欲出、糾纏不清的景色和心緒，像風一直吹，一直吹，直到大

概一千年前的黃昏也要被吹下來，覆蓋了他說過的曠野。

　　而那樣早早歸來的半神，說少也不少吧？除他之外，還有跟他各方面都十分相似的同時代詩人李賀，明代詩人的夏完淳，現代詩人的朱湘、海子、顧城，還有域外的同行：英國的雪萊、濟慈等等。

　　詩人的一生，短暫得還沒來得及矯情，就已流水落花。正如濟慈為自己所題的墓誌銘：「詩人，是把自己的名字寫在水上的人。」也像他詩裡自況：「……心事同漂泊，生涯共苦辛。無論去與往，都是夢中人。」沒錯，歸去和歸來都是浮生大夢，而他們，那些相似的靈魂雖長天秋水遙遙相望，卻天涯若比鄰，化身為一只可以開遍風信子的芬芳的蘭舟，坐著我們，去看他們共同愛著的黃昏，並在落霞下，把酒臨風，喝得全身喧嘩，同題共賦一江一海、一天一色的瑰麗淺唱。

[詩人小傳──王勃]

王勃（649 ～ 676）：唐朝詩人。字子安。絳州龍門（今山西河津）人。王勃與楊炯、盧照鄰、駱賓王以詩文齊名，並稱「王楊盧駱」，也稱「初唐四傑」。王勃的祖父王通是隋末著名學者，號「文中子」。

王勃才華早露，未成年即被司刑太常伯劉祥道讚為神童，向朝廷表薦，對策高第，授朝散郎。幹封初為沛王李賢征為王府侍讀，兩年後因戲為《檄英王雞》文，被高宗怒逐出府。隨即出遊巴蜀。鹹亨三年補虢州參軍，因擅殺官奴當誅，遇赦除名。其父亦受累貶為交趾令。上元二年或三年，王勃南下探親，渡海溺水，驚悸而死。

張若虛：試衫著暖氣

此刻，已是月光鋪地，等著他來穿上那首詩歌，去江邊花下，薑些朱紫青黃，好壓住大唐的韻腳，和他亂了的詩歌陣腳。

是時候了，暖暖的，他來試這件蘭花一般柔軟和乾淨的春衫了。

多麼好聽的題目啊，五個名詞，五個互為表裡、互相映襯的漢字：春、江、花、月、夜，原來可以當作簫來聽——徐徐地，竹音浮出來，行行復行行，是溫靜的綠玉，和開遍梔子花的山坡或者水畔。它腳步妖嬈，彷彿白衫的娘子，剛飲了桃花酒，纖巧的繡鞋，旖旎的香袋，修長的鬢，腮邊染了酡紅……世界上可能沒有一種文字像漢語這樣，蘊含著如此精深的書寫經驗了吧？

據說《春江花月夜》居然始創於那個「全無心肝」的陳後主陳叔寶。然而陳叔寶究竟在這個美麗的題目下寫了些什麼，卻因詩已失傳，無從知道，但可以肯定的是，絕對不是什麼好東西。歷史上以荒淫而著名的隋煬帝楊廣，倒留下了現存最早的兩首《春江花月夜》，不過只五言四句，短淺輕浮，浸足了醉紅，而衰老總是以盛宴的方式驚豔；詩歌和它所在的朝代一起終結了。

陳叔寶還寫過一首《玉樹後庭花》，常被後人在文論中與《春江花月夜》並提，詩也留存於世，雖是七言，卻僅六句，非常肉麻，與隋煬帝如出一轍，都是因為香得過分而臭不可聞的宮體詩。開始時作者往往還以「古意」、「擬古」一類曖昧的題面用來遮羞，後來居然毫無顧忌，不可救藥：簡文帝《孌童》、吳均《詠少年》、劉孝綽《詠小兒採蓮》、劉遵《繁花應令》，以及陸厥《中山王孺子妾歌》……簡直不堪入目。一時間，人人眼角流瀉著淫蕩，心中懷著鬼胎，而床上俱都是玉體橫陳，詩裡也相互撩撥。那叫詩嗎？分明名喚「無恥」。而它們，還不能夠讓我動心。

　　好在，他踏著月色來了，要洗煤為雪，要磨磚成鏡，要泥牛水上行。他做到了。

　　無疑地，他的詩中所繪是揚州歷史上最美麗的一段時光──它是如此美麗，以至於我在深夜的燈光下重新翻到這個段落時，開始變得恍惚，幾乎要帶著一點絕望醉過去：在春天如酒的花月夜，只需要一場很輕的睡眠，夢見心上的愛人，醒來也若無其事，相當神清氣爽。那種似醒非醒的時候，總是一次次讓我輕易把自已搬到了書上，就像人們可以互相看到各自的夢境一樣。我最大的希望就是有一日，可以從這樣的時刻抵達那個他的夜晚，做為他清淺的芬芳。這樣完美的想像讓我變得勇氣百倍，以及理直氣壯。

　　它不是人們所熟知的「腰纏十萬貫，騎鶴下揚州」的鹽商之都，而是屬於雲蒸霞蔚、氣象萬千的初唐，一個清麗如青鳥民族，正向著世界，向著宇宙，睜開一雙澄明而充滿憧憬的眼睛──詩歌的題材由宮闈私情轉變為男女健康之愛，體制由台閣應制轉變為江山風月，風格由菱靡細弱轉變為爽快清新。就是這麼一首詩，把以往那些髒亂都沖洗乾淨，就在那樣的一個地方、那樣的一個民族、那樣一個有名有姓有作品、歷史大河淘剩下來、仍然多達三千兩百多名的詩人，發動了綺思、一起醍醐灌頂、開始動筆寫作真正的詩篇的夜晚。

　　多少次，我想像著那樣一個沒有力氣的春夜，孤獨的詩人，在寂寞的江流聲裡踱步、徘徊，被一種前不見古人、後不見來者的蒼茫壅塞胸懷。突然，從蓊鬱的花林那邊升起，一片最初的月光擊中了他。他感到自己的軀體開始透明，並隨著江月一同浮升，一同俯瞰這片廣博而溫馨的大地，一個波光灩灩的夢幻世界。

　　於是，彷彿江水自然流瀉一般，這樣的詩句從他的胸中汩汩而出：「春江潮水連海平，海上明月共潮生。灩灩隨波千萬里，何處春江無月明……」這是何等動人的氣象啊，就像把很多年花香襲人的時光揉碎，交疊在一起，沒有了時間順序。這時光他給擱置得太近，就

在我們的眼睛底下，簡直看得見它的香氣。唔⋯⋯，僅此幾句，足可使一個詩人永生了。

然而，如同神啟似的詩句繼續挽著臂翩然而至，四句一轉韻腳，流麗翩躚，惝恍迷離，每一句都要飛了起來。因怕打擾她們安靜流暢的飛行，我幾乎屏住了呼吸：「江畔何人初見月？江月何年初照人？人生代代無窮已，江月年年只相似。不知江月待何人，但見長江送流水⋯⋯」此時，他在深微的歎息聲中，有一種朦朧的生命意識的覺醒：我們從哪裡來？我們是誰？我們忙忙碌碌，我們要到哪裡去？看看藍天之上你獨自在等待什麼人，我只看到長江一波又一波，送去無邊無際的時間。由對自然的周而復始與年華的轉瞬即逝的領悟，感到自己易朽的軀體似一葉扁舟，被潮水的韻律推湧著，在水天一色的月光裡，飄向一個永恆的境界，載著人間的愛憐、思念、期待和迷惘。

唉，江水乾淨，閒潭裡飄著落花，乘著月色回家的歸人，女子倚門的背影，孤燈一樣的明月，不知所以的生命來去無賴感⋯⋯它們都那樣淡淡地使人發愁，和歡喜。

讀著它，無端地忽然就想起很久很久以前某個夏日午後收到遠處來的信，一邊走一邊拆，路上行人恬淡，而我在讀著信的月光裡，把頭髮像草一樣溫柔地展示給 18 歲的春夜，而風躲在門後，一層一層吹過。那樣的月夜，當然讓人想起了所有的月夜和月夜裡的一切，以及春花似雪的前塵。

在中國文學中，能與西方相抗衡的，好像只有詩歌吧——去翻翻傳奇，不免難過。《春江花月夜》的誕生，於浩瀚的中國詩史，是一個奇蹟，那種對時間的從容追問，身心與宇宙俱融為一體的空茫之境，惟東方特有。但對於尚意趣而乏玄思的中國文化傳統，《春江花月夜》又同時是一個可貴的異數。

　　如果說《論語》中的「子在川上曰：『逝者如斯夫，不捨晝夜』」是一首具有宇宙意識的偉大詩章的起興發端，那麼，他的《春江花月夜》在純粹的詩的意義上，在宇宙意識的開掘上，更稱得上是縱深發展的重點橋段。這個歷程像一株單薄的蘭，長成了一片溫柔的影子。

　　然而，在漫長的詩史中，他不能不說是寂寞的，即使近於同一流派的李白、蘇東坡那樣的大詩人，也未對這位前輩詩人表示一點應有的尊敬，甚至一生的作品裡都對此未置一詞。這在見一個人寫一首詩、到一個地方寫一些詩的那些朝代裡，多少有點不正常。

　　李白的「青天來月有幾時，我今停杯一問之」，蘇東坡的「明月幾時有，把酒問青天」等名貫古今的名句，明顯無一不是從《春江花月夜》胎出。相反地，他們對那些二流甚至三流詩人卻表現了異乎尋常的熱情和激賞，如李白對寫下七律《黃鶴樓》的崔顥的一再嘆服，蘇東坡對婉約靡弱的秦少遊的極端推崇……都是有蹊蹺在的。

　　這不禁使我們想到歌德對三流音樂家澤爾特的信任、卻對偉大的貝多芬視而不見的有意思的事情。這是一個值得研究的現象，顯然，這幾位偉人所推舉的對象都不能對他們的才華提出挑戰，動搖他們的位置，他們完全可以以寬容和放鬆的心態對待他。

　　況且，在喜以詩才炫勝的中國古代，以自己才華的弱項與自己讚美的物件的強項打個不分勝負，也是一件令人愜意和瀟灑的事。這可以理解為：無論是多麼具有偉大人格和胸襟的詩人，都首先是有思想和個人情緒的凡人。也可以想像成，李、蘇初讀《春江花月夜》的瞬間，一定跟我們一樣，會有種被什麼擊中的感覺，從此開啟了對瞬間和永恆、人生和世界的思考閘門，一再賞玩之餘，也很可能會發出「既生瑜，何生亮」的歎息。

　　至此，我們必須充分理解「明月」對於詩人的特殊意義。何夜無月？而在詩史中，詩人所詠歎的物件，就屬明月最多，也最精妙，它的功能類型、體裁形式、語域特徵及其意像組合模型等等都那麼叫

人神往，幾乎是大家共同受孕產生的一個完美的小寶貝，圓滿於東方人的心尖；又好像詩人們的靈魂長出的驚惶翅膀，使詩歌飛翔。

　　這飛翔碩大無朋，遮天蔽日。實際上，明月在中國詩人這裡，已成了人類所面對的大自然或整個宇宙的象徵，「明月詩人」也成了中國詩人所嚮往的、最華美的桂冠。在這一原則問題上，天才而驕傲的李、蘇當然都是不會拱手的。最適宜的選擇，自然是沉默。

　　但在歷史最終確定送給人類的這三大「明月詩人」中，李白的明月最雄奇飄逸，蘇東坡的明月最富於情感，而他的明月是懸得最高的。他不僅以自己的「孤篇」蓋全唐，甚至詩人本人也已成為一種象徵：一個詩人，你為白，我為黑，與他的整個時代共同呼吸的全部努力，就是為了最終成就一首偉大的詩篇。從這個意義上來說，他是無與倫比的。

　　記得博爾赫斯在他的一篇精彩隨筆《論惠特曼》中曾寫到：一直存在著兩個惠特曼，一個是由一生枯燥乏味的日子構成的凡俗肉軀，另一個則是由詩歌的天國般的宇宙所提煉出的偉大象徵。而後者在本質上，可能更接近真實。然而，我們所面臨的事實又是如此令人難以置信：他僅留存下一首孤篇蓋全唐的《春江花月夜》，和另一首僅為文史研究者知道的《代答閨夢還》，這簡直是造化弄人。

　　我們不妨先看一下《代答閨夢還》，全詩豔麗工整，已經出了宮體的疏籬，啟動了溫李的風致。一般詩人作出此等詩來，也應頗自負了，然而，若站在偉大的《春江花月夜》身邊，則就像雲泥天壤，顯得侷促，拘謹，沒有能夠充分地放開。

　　這裡，歷史又給我們出了一個謎：為什麼這首青澀的詩作，能和《春江花月夜》一道，掛在他的名下？唯一合理的解釋，它應是他的少年成名之作，而有機會僥倖流存。如果仔細品味，這首短制奏鳴曲式的結構，對時光流逝的悵然詠歎，都是他的風格，並預示了其日後的光輝。我們每它讀一回，就覺得和他一起長大、戀愛了一次。

　　不論怎麼說，它只能充當《張若虛詩集》的地基。在這地基與塔尖的《春江花月夜》之間，按常識推斷，至少應佈滿了婉轉心思的「海上生明月，天涯共此時」、「同來望月人何處，風景依稀似去年」這樣豐華的景致。可惜，我們看不到了。

　　在「江湖多風波，舟楫恐失墜」的古典時代，沒有現代印刷術的大量普及，詩人作品的散佚都應屬於正常現象，否則後來那個以清廉著稱的鄭板橋，就不會冒著破壞名聲的危險，用公款印製自己的詩文集了（知足吧，他不收賄就已十分好了。所以，當時的百姓不管這事，為他建了生祠）。

　　然而，同為唐朝著名詩人，李白作品散失十之八九，至今仍有九百餘首流傳，連甘於澹泊的山水詩人孟浩然也傳下兩百餘首詩歌，為什麼只有他受到這麼重的損失呢？唯一的一個解釋就是：他是真正的隱士。他連比較高尚的「要求就求萬古名」這樣的想法都放棄掉，更不用說用之換酒、換金印了。這不容易。

　　具體看看他的生平吧。《全唐詩》僅有寥寥數語：「張若虛，揚州人，兗州兵曹，與賀知章、張旭、包融號『吳中四士』。」對於包融，我所知不多，至於賀知章、張旭，當然是歷史上赫赫有名的人物，以唐人那特有的飽滿的生命力、蔑視習俗、乖張行為而名噪一時。他當時能與此輩並提，性格特徵，行為舉止上，一定有其不俗之處。

　　從《春江花月夜》所透露出的氣質分析，他應與激情迸飛、外向型的賀、張相反，獨自以內傾的沉思、哲人的孤僻而引時人注目。無疑，這一性格特徵，在出版業和傳媒均不發達的古代，對他自己來說並非幸事。

　　遑論李白，即使方正拘謹的杜甫，也會懷揣詩章，壯游天下，四方拜謁，博取詩名，並有助於自己詩篇的流傳。所以有不少平庸的詩人和詩卷都能在《全唐詩》中佔有醒目的美譽和篇幅，而作為偉大的哲學詩人，他的精神世界是自足的，他完全陶醉於向宇宙、向未知

發問，傾聽著詩行間那迷人的迴響，並充分體會著作為一個詩人的無窮樂趣，而其自身也必然離世俗的世界愈來愈遠。

儘管，他曾以最初的「文辭俊秀」，如《代答閨夢還》一類的作品名聞當時，但從同代詩人中，竟尋不到一首與他唱和的詩作。這一罕見的情形，應證著他徹底的孤獨。與王維、孟浩然們的終南捷徑相反，他做到了真正的隱居，真正的不求聞達，完全活在自己的精神世界，不能夠落到凡間，去做紅塵事。

我幾乎是以一種愉快的心情，想像著那樣一個「清晝猶自眠，山鳥時一囀」的世外生活，只有當晚風吹拂的時候，詩人才款款醒來，與星辰一同睜開眼睛。水井邊草草洗漱之後，他就背著手，在屬於自己的小庭院裡獨自徘徊，伴著縹緲如孤鴻的影子……這個時刻，他的心境應該是滿足的，他已步入中年，已完成了偉大的《春江花月夜》。

涼風如水，拂過橫七豎八不像樣的竹籬，拂動水藻般浮動的松影，而松隙漏下的銀輝，彷彿星空來訪的故人眼神，與他交換著魚鳥美妙無比的語言。時間就這樣靜靜地流逝，直至夜涼露珠將他喚醒，才發覺庭院的階石，已不知何時落下一層霜色，彷彿剛剛走開的故人的履痕。於是，他衣角帶風地回到房間，他想捉住這時間偶然漏下的清輝，將它們一一鋪展在紙張上。

他書桌上的文字在疊加著，在一個又一個的夜晚出土、拔節，像植物一樣遍地生長。它們的亮度，已欲與窗外的星星比高，與時間抗衡——時間開始嫉妒了，它要收回它曾經慷慨饋贈給他的一切。終於，由於一個極其偶然的小事件，譬如，燈燭的不小心，或者家人的不珍惜，賣了換飯吃，於是，它極有可能最終遭遇了《紅樓夢》的命運，他默默疊加成小山的《張若虛詩集》，悲劇性地散佚了，無聲無息。

既然提到紅樓，就說一點曹公吧：如同歷史上許多偉大的作家一般，曹雪芹和他都遵從了命運的安排，將自己的身世遁入了宇宙的迷霧，遁入了自己永恆的作品，彷彿這這兩個肉軀的人從未存在過，

只是某種宇宙的秘密符號，在某個神奇的時刻，啟動了一下嘴唇，來於蒼茫，又歸於蒼茫之中。

　　他們之間的不同是，《紅樓夢》一直尾隨著影子和鬼魂一般的續書，而《張若虛詩集》的殘缺，則無人能續，也不可能有續。能彌補，或想要彌補那一片千古遺憾的，只能是無邊無際、一如往昔的月華如水，和不捨晝夜、東逝如同月華的江水韻律……絕版的詩人和詩歌。在這一意義上，他又比幾乎所有的古典詩人還要幸運。

　　他在詩歌意境創造上取得的進展，如將真切的生命體驗和莊嚴思索融入美的意象，詩情與畫意相結合，濃烈的哲思氛圍，空明純美的詩境，表明唐詩意境的創造已進入爐火純青的階段，為中國詩歌頂峰的到來做了藝術上的充分準備，從而使那一時期的作品更加切近地觸到了上天和大地，帶來了略嫌羞澀的春天的消息。因此，意象玲瓏的盛唐詩歌如火如荼的隨之出現，也是十分自然的了。

[詩人小傳——張若虛]

張若虛（生卒年不詳）：唐朝詩人。揚州（今江蘇揚州）人。對於張若虛其人其事，人們知之甚少，我們今天所能看到的史料只有清《全唐詩》第117卷26個字的介紹：「張若虛，揚州人，兗州兵曹。與賀知章、張旭、包融號吳中四士，詩二首。」在《舊唐書・藝文志・賀知章傳》中也只附帶了6個字：「若虛，兗州兵曹。」

不僅他的生平事蹟難覓，而且他的詩作也長期淹沒無聞。在唐朝，似乎沒有他的詩集傳世。從唐至元，他的《春江》詩幾乎無人所重。

孟浩然：長揖謝公卿

他四十歲了，還老老實實地在老家當著一個農民，紫堂臉色，粗手大腳，好脾氣，長相老成，出口都是鄉音，近前來聞聞，還有蔬筍氣——和他的詩歌一樣的味道。

他沒有詩人風度，也沒有詩人該有的光榮，跟個靜默多年的老屋一樣，不挪一步地坐在村莊裡，坐出了坑。他比我們多一個角落，去安妥靈魂。這比當時許多歸來又離去、離去又歸來地折騰、人間沒個去處的詩人都要幸運許多。一個龐大的詩歌王朝，其實它的角落也是很少和有限的，到處都是人。

一個農民的孩子，長大後又是農民，到中年了依然是個農民，能有多少機會去專門練習詩歌？好像也沒人教他寫詩吧？像一隻野生的鳥，有一天忽然無師自通地動情歌唱了起來，懶懶散散、細細密密地唱，唱得大家都會站下來豎起耳朵聽，如聽滿堂風雨。詩人大致就是這種鳥，教都教不出的。生命深處的東西有時真是不太好說。

一個農民寫的詩，自然裡裡外外透著粗鈍或簡拙，也捨得長，個個頭面不小，切開來，跟玫瑰紅的蘿蔔或西洋紅的西瓜似的，並不知道含蓄著：「開軒面場圃，把酒話桑麻」、「聞說梅花早，何如北地春」、「我家襄水曲，遙隔楚雲端」、「野曠天低樹，江清月近人」……總不離自己那一畝三分地，普通，沖淡到無味無痕，落得很實，簡直都不像個詩的樣子。

而一般地，就藝術而言，落實了就平常了，於他卻不成例——這就顯出了他的不平常。讀起來，那些五言的小句子語調輕省，秩序井然，心思簡單；當然也有偶而的茫然，可他的茫然和秩序都是可感受的，以及可操作的。有時揉合著平庸和拙笨，但總有一股鮮明的氣，淨而韌。怎麼看，它們都那麼樸素，那麼美。

　　樸素總是美的，而一種美到了極致，就有了超現實的氣息。那樣的美，在這個世界的命運是顯而易見的，並且對現實產生動搖。那樣的樸素和極致的美，只來自勞動。

　　是的，勞動。沒有辦法，寫作和種麥子都只能勞動。每天從勞動開始，並且努力地愛外物，讓勞動與愛成為習慣，而勞動的意義是什麼？是挽留時光？為什麼要挽留？它用來證明什麼？它必須向誰證明？結果會如何？這些他都不去想。平時流汗，專心柴桑，在春天睡點懶覺，聽聽鳥鳴，冬季農閒時作點小詩，喝點小酒，也就知足。生活是簡單貧困，抑或負擔，平凡但充滿著生命力，那愉悅映照得連太陽的光都比別處的新鮮美麗。

　　勞動於他有多重要啊，他自顧自用小酒消解著勞動的疲累，彷彿小酒跟勞動一樣重要。每當小醉，他身邊總有一片開出碎花的藤架、安靜的晴絲，以及恰到好處的、自己用親手種植的柳樹親手製作的木椅。就這麼醉著，在後來的國畫大師——倪雲林風格的山水裡，全不管朋友們都像沒頭蒼蠅，嗡叫著撲到東、撲到西地求取功名。

　　朋友韓朝宗在京城當官，有心要提攜他，打算向朝廷舉薦他。他一時糊塗就答應了。可臨出發那天，他呼朋喚友，把酒言歡，居然把進京的事忘得一乾二淨。有人好心提醒他：「少喝點！您不是和韓公相約赴京嗎？千萬別忘了！」他不但不停下酒杯，反而笑呵呵地說：「既然都已經喝開了，還管什麼別的事。」結果，韓朝宗左等右等不見這位孟夫子，只好獨自一人悻悻地回了京師。喝酒對他來說，當然比當官還重要。

　　而命運給人的禮物，是學會忍耐與等待：忍耐無，等待有；或者忍耐有，等待無。他似乎開始「有」了，又好像「無」。到了那一年，年屆不惑的他居然起了舉仕的心思進京趕考了。那時的他，鬢角華髮已生，額上皺紋漸深。在去京師長安之前，他先到洛陽遊歷一番。

　　那時的洛陽，人口過百萬，四處盡人煙，天津橋上遊人不絕，銅駝巷裡駝鈴響著，是文人們最嚮往的城市。他在襄陽過慣了清淨日子，進到洛陽城來，猛地見了繁華，頓覺滿目新鮮。他騎著高頭大馬，「酒酣白日暮，走馬入紅塵」（《同儲十二洛陽道中作》），有些被迷惑了。

　　之後，他來到了長安。長安的文化界，對於這位來自基層的襄陽詩人的到來，一開始並不怎麼重視。直到在一次文學交流會上，他吟出了：「微雲淡河漢，疏雨滴梧桐」，天子腳下的長安詩人們才對他刮目相看：想不到這個貌不驚人的湖北佬，竟能寫出這樣不事雕琢卻美出鋒芒的詩句。

　　唐朝唯才是舉，腰纏萬貫的大富翁未必受人尊敬，寫得一手好詩的大才子，卻能瀟灑行走天下，處處被人善待。才氣驚人的他，就這樣用一句好詩，輕易博得了長安詩人群體的好感，成了眾人爭相結交的對象。王維、張九齡、王昌齡等人都將他奉為座上賓——尤其是王維，比他小十二歲，性淡遠，常嘯詠終日。他們結為知己，除了以文相會之外，兩個人歸隱自然的相同的心，恐怕也是一個原因。這兩顆寂寞的心，在他們的中年以後始由相會而相知。

　　他開始大「有」了——有名氣，有權威，有地位，有張九齡的舉薦，還見到了欣賞他才華的皇上。他是願意有那些煌煌名頭，但不願意同時還有應酬、有熱鬧、有奉承、有虛頭巴腦的浮躁，還有了被壓制的煩擾……他開始不安。這不安讓他開始自省：原來是上進之心產生了得失之患。

　　這因為得失的計較而產生的不安使他徹夜難眠，開始想念——想念他的田，想念他的鋤把子，想念他巴掌大的小酒壺，甚至還想念那個和同為農民、同樣熱愛文學的好朋友在重陽日一同去看菊花的約定。於是，他把長安舉仕的念頭，像打碎一只日日捧在手上擔驚受怕的玉杯子一樣打碎了，堅定了終生歸耕的決然，從此，真正放下，心

中有了紮了根的自在安詳，以及無畏。

不願留在熙熙攘攘的長安的他，在歸途中又獨自來到當初路過時沒有看夠的洛陽，繼續「走馬入紅塵」，把出仕失敗當作了一次逍遙遊。可是，「黃金燃桂盡」，洛陽那種大都市還是讓他很不適應：處處是監牢，出門便是草，就連都市里泛了鐵銹的雕花欄杆，都給人一種無形的藩籬；而離開了土地的那種不踏實感更把人架空了。一個詩人被架空了，也就意味著詩歌離他遠去了。

他終於無法忍受，因此在洛陽寓居了一小段時間之後，匆匆地給好友王維留下一首有些怨懟的詩「寂寂竟何待，朝朝空自歸。欲尋芳草去，惜與故人違⋯⋯。」並在表明自己「只應守寂寞，還掩故園扉」的心跡之後，就瀟灑地辭別都市，回到了家鄉，繼續低頭鋤草，汗滴禾下土，仰頭望雲，緩緩地踱步，看到葉子像花瓣一樣精緻的灌木和雜草，細聽它們均勻的呼吸和吸吮，會喜悅⋯⋯這一點，一個詩人和一個農民沒有兩樣。

就這樣，他繼續過他暗自著迷的散板生活，再不左顧右盼，彷彿晝長人靜的時光之初，最初的、最純樸的祖先用漫不經心的一眼，照大地綠淡紅輕。滔滔濁世，也許只有一方故土才算得上大地中央那唯一芳草繽紛的好去處。

跟世界上所有的農民一樣，他是一個天生的樂觀主義者。去看吧，哪個悲觀主義者走的不是一條絕路？坐思人生，會不覺悲從中來：人人從不同的來處來，又要向同一個去處去⋯⋯這樣想下去，便沒有了樂趣，生命的蓬勃就被一點一點窒息掉。還是一切如常的好，不華彩也不卑微，任憑憂愁歡喜，全不在我心。

農民就是：親人死了，就埋在自家的田地裡，自己在他身邊繼續勞動；自己死了，就被埋在自家田地裡，看著孩子們繼續勞動。一個詩人也無非如此。

　　他把一個人真正屬於自己的生命願望，上升到了一個真正屬於自己的生命行動，也決定了他的文化人格魅力，以及來處——它緣於一個人對其內心生活的選擇和堅持。所以，我覺得田園詩這個片語用在他身上並不太確切，如同《紅樓夢》的最後，賈寶玉身上的那領大紅猩猩氈的斗篷，好看是好看，就是有那麼一點招搖，因此，倒不一定合適了。

　　他的沖淡是魏晉風度的絢爛之極。在他的思想中，道只是表像，儒才是本源。道是肉，儒是骨。他當然只能是一種歷史文化的果實。記得俄國詩人葉賽甯在他的絕筆詩中寫道：「這輩子死並不新奇，活著當然就更不喜歡。」詩句是在一種極端狀態下寫出的，當然很極端，代表不了一定的普遍性。

　　根據這點，後來的詩人馬雅可夫斯基反其意而用之，在另一首詩中寫道：「這輩子死去並不費力，但創造生活，卻很困難。」雖然後來馬雅可夫斯基也自殺了，但這句詩中的道理卻不能也跟著自殺。的確是這樣，死其實是一件很簡單的事情，但死並不是解決問題的方法，關鍵是怎麼樣才能更好的活著。

　　這個問題在匈牙利作家凱爾泰斯·伊姆雷那裡，就更明朗化了，在其散文著作《船夫日記》裡，他說：「對我來說，最適當的自殺，看起來就是生活。」這句話說得似乎很絕望，但我們於絕望中卻感受到一種執著的力量。死是生命的結果，卻不是生命的出路。無論什麼時候，活下去，才是最終的出路；幸福地活下去，才是最終目的。

　　在西方，上帝死了之後，人們內心的教堂轟然坍塌，精神失去依託，靈魂於是一路跟蹌走來。但在我們的大地上，他卻把自己的道路修向自然。而自然是永恆的。中國的很多讀書人，他們往往穿著一儒一道兩隻不同的鞋子，在這條路上，一步步走向自己內心的田園。

　　自然一詞，在中國人的文化心理結構中，往往是一個情感的載體，也可以說是一種精神的境界。因而，它不是一個地理概念，而是一個文化概念。我想，我們「心中」的自然，和西方人「眼中」的大自然是有著很大的差別的。

　　因此，有人認為他的思想深度不如曾寫出《瓦爾登湖》一書的美國人梭羅，我認為做這種生硬的論斷比較是毫無意義的，不僅因為兩個人的文化背景不同、文化淵源不同，更重要的是因為兩個人生活的社會現實差異太大，還因為，文學很多時候是不能比較、不能妄斷的，有如佛家的「不可說」。在他的時代，他需要向現實索取自己的生活，而梭羅則可以從他的現實中挑選自己的生活。從長遠而普遍的觀點來看，我們應該在生活著的同時去思考，去到作者當時的思想之中，而不是閉著眼想著自己的歪點子。否則，就成了信口雌黃。

　　從一開始，他就不能適應他的現實世界。他「不能適應」，這也正是他的可貴之處。他選擇了自己的拒絕。拒絕是一種勇氣，也是一種權利。他拒絕一個物質的世界，拒絕一個他所不喜歡的世界，將自己的立足點落在了自己心裡的那個大自然。我們需要改天換地的英雄，我們也需要滋潤靈魂的詩人。他重新回到他熱愛的大地，一隻手阻擋著飄忽不定的冷風——因為那些形形色色的冷風總是透過生活脆弱的窗戶紙吹熄他內心的燭火，同時用另一隻沾滿泥土的手寫詩，撫摸春天掛滿露珠的身子。

　　發現了美，也就等於創造了美。當他用心靈的掃帚把那些生活的灰塵掃去，於是，我們一下子看見了那些樸實無華的事物原來竟然有著那麼動人的色彩。他讓我們相信：如果我們願意看，每一片葉子都是美的；每一個果實，都豐富我們的心靈，都是極好的教育。而熱愛自然，光讀書是沒有用的，自然的美麗只向參與其中的人展開。一雙沾滿泥巴的手，才可能真正了解泥土的大能。一對伺候過紫茄的膝蓋，才知道與自然謙卑而牢靠的聯繫要怎樣建立。

　　就這樣，他用語言締造了一個自己的世界，應該說，這是一個相對完美的生活世界，是一個坐落在心田的桃花源。語言的房屋，質樸，溫暖、一塵不染。桌上的史書，牆上沉默的素琴；語言的小院，花藥分列，一邊是感姓的理想主義的花朵，一邊是理性的現實主義的藥草；語言的籬笆，菊花朵朵，幽香細細，此起彼伏的開成一脈清寒孤潔的傳統；語言的陽光，綠樹成蔭，庇護著靈魂來去自由的鳥；語言的細雨、春雲，旺盛的莊稼苗、節氣和時令；語言的炊煙浮上黃昏的天空，又一個美麗的黃昏來臨，深巷的犬吠攪拌著農業社會濃得化不開的沉寂。

　　五穀雜糧的晚餐，生活的清貧和充實，素月出東嶺，月光如水，將凝望的身影漂洗成無聲的歎息，雲影落在青草上。他的隱逸，其實，從另一個角度來看，不是他疏遠了他的世界，而是他的世界遺棄了他。因為他未能與時代合作。他縶在黑暗的河水裡，他想在生活中找到一個清澈的上游。後來，他抓住了一叢詩歌的灌木條，筋疲力盡爬上了岸。應該找個乾淨的地方休息一下了，他坐在岸邊，看世界越流越遠。他慢慢走了，頭上是高遠的秋日天空，大雁的鳴叫聲從風中一串串滴落。他即將死去，這個，他最為清楚。對此，他早有準備。

　　那個冷冬的某日是否有陽光呢？即使有，應該不太溫暖吧？那天他被他耕種的大地接納，他完成了最後的棲居。或者說，他永遠安葬於中華文化源遠流長的文化記憶裡了。

　　他那麼愛他的鄉村──他的家在湖北襄陽城外，他的宅園叫澗南園。在《澗南園即事貽皎上人》這首詩中，他非常自得地寫了這樣幾句話：「弊廬在郭外，素業唯田園。左右林野曠，不聞城市喧。釣竿垂北澗，樵唱入南軒。」這裡面寫到了澗，澗在屋北，所以稱為北澗。屋在澗南，所以叫澗南園。這個北澗是可以行船的，所以他有時乘著船隻，從這條澗出發，到各地遊賞。

他也喜歡其他地方，譬如他對吳越的美景非常歆羨，非常愛戴，但平心想一想，他還是覺得自己家鄉的山水勝過吳越。於是回到家鄉之後，就寫了一首《登望楚山最高頂》，其中說：「山水觀形勝，襄陽美會稽。」都是因為熱愛才只看到了它的好，才離不開它。如同一個一輩子與它戀愛的人。

而他的鄉村一直在安靜地成長，像植物一樣溫暖地生根發芽，他就在自家的那塊瓦爾登湖似的田地裡勞動了一輩子，春來播種，秋來收走，沒有誰看見並驚奇，知道勤勞也不能致富，就乾脆落實到吃飽即可。他寫得慢，寫的內容也無非身邊事物，既沒有「鬼才」上天入地的淒思，也沒有「仙才」舉杯邀月的浪漫，芝麻綠豆，涉筆成趣，總帶著泥土的芬芳，土氣平靜裡自有一種世道人心的舊顏色。

後世很多人說，他的詩數量少，品質也不高，原因是他的學問不好。他的「氣蒸雲澤夢，波撼嶽陽城」，雄渾比不過老杜；「微雲淡河漢，疏雨滴梧桐」，清寂比不過王維；「不才明主棄，多病故人疏」，蕭冷比不過劉長卿和十才子……點點滴滴，似乎來自一嘴漏了風的牙。

直到今日，振振有辭的詩評家們，和他們為了評職稱而攢的各種各樣亂七八糟的論文都灰飛煙滅了，他和他的詩還活得好好的——那些來自潮濕泥土的新鮮觸覺和天真描摹是別家心裡都有、筆下全無的。

在他的眼光中，無論是沐浴在夕照清輝中的田夫野老，還是嬉戲於水下岸邊的魚獸蟲鳥，寓目所見的一切，彷彿都是一臉會心的、親近的微笑，那些詩境真有晶瑩剔透之感。他這個人呢，也活得晶瑩剔透，渣滓濾去：平時下田勞動，沒事了串串門子，喝喝小酒，偶爾寫點五言小詩自娛。他在大地上，伸展手腳，打開自己的各種感官像打開一把折疊刀，來收割世界，就為了自娛，自己高興。至於後人把自己的作品刻不刻石或選不選本，全是扯淡。

　　一個農民的邏輯也無非如此。去看旅遊景點大大小小的刻石，落下誰也落不下我們這位農民大叔。

　　一個農民的力量也就在此：他熱愛勞動。

[詩人小傳——孟浩然]

孟浩然（689 ～ 740）：唐朝詩人。襄州襄陽（今湖北襄樊）人。孟浩然生當盛唐，早年有用世之志，但政治上困頓失意，以隱士終身。他是個潔身自好的人，不樂於趨承逢迎。他耿介不隨的性格和清白高尚的情操為同時和後世所傾慕。

李白稱讚他：「紅顏棄軒冕，白首臥松雲」，讚歎說：「高山安可仰，徒此揖清芬」（《贈孟浩然》）。王士源在《孟浩然集序》裡，說他：「骨貌淑清，風神散朗；救患釋紛，以立義表；灌蔬藝竹，以全高尚」。王維曾畫他的像於郢州亭子裡，題曰：「浩然亭」。

後人因尊崇他，不願直呼其名，改作「孟亭」，成為當地的名勝古跡。可見他在古代詩人中的盛名。王維、李白、王昌齡都是他的好友，杜甫等人也與他關係甚好。

李白：白髮三千丈

　　君不見，李白之才天上來——他的好朋友杜甫是怎麼說的？「白也詩無敵」。這是非常高的評價，「無敵」，勢如破竹，無可阻擋。

　　他用什麼破竹？說起來像段傳奇。那樣巨重的才華他只用兩個字支撐著：誇張。有時太隨意了，現出自己性格的缺點也滿不在乎。

　　他多會誇張！從生到死，他都永遠像一個不斷惹禍、常常好奇的孩子，露出雪白的牙，帶著頑劣的笑，也像個還沒有參與社會生活的孩子，整天過著有趣、不用負責而充滿著好夢的日子。

　　他完全遵循生命和身體的指引，童言無忌地說大話，不推也不敲，把樂府和歌行直嘯得天地崩摧，黃河倒流，出他口，入我耳，讓人放心不下：「仰天大笑出門去，我輩豈是蓬蒿人」、「大道如青天，我獨不得出」、「我本楚狂人，鳳歌笑孔丘」、「狂風吹我心，西掛鹹陽樹。」、「天生我材必有用，千金散盡還復來」、「安能摧眉折腰事權貴，使我不得開心顏」。

　　他還在詩裡直接罵人，罵那些奸佞之徒「董龍更是何雞狗！」我最喜歡這一句，何其痛快！那些一場一場戰爭似的句子，讓人想起林中的響箭、雪地的草芽、餘焰中的劍影、大河裡的喧騰浪花，從天直落的狂飆和瞬間噴吐的火山，如羌笛吹、胡旋舞、山走動、星星說話……清新、鮮豔，每個字都是豐富飽滿的個體，原生，獨立，流動，潑辣，和絕對不重複自我的電光一閃。

　　他的浪漫、癲狂、愛恨情仇，寂寞與痛苦、夢與醒，他的憤怒和歡喜，全都達到極端，訴諸於歌喉。他的聲音飛在風中，聽久了，覺得那是可以長出翅膀。彷彿穿雲破霧、駕著五彩祥雲而來，能使自己打個寒噤。也許所謂絕美就是如此：美到不可方物，美到不安全。

　　對他而言，到處都是素材，都是美，放到籃裡都是菜。他用他的詩把我們一一還原成人。你敢說你活得像個人？你吹牛。而他，死了不管多少年，都一直在他的寫作現場，可愛地活在他的詩歌之中。

　　詩歌怎麼可以是循規蹈矩的？你稍誇張，就是吹牛，他誇張得無邊無際，你覺得那才最真實，最恰如其分。這就是真正的、如狼似虎才華詩人的好大本領。論語言的直覺美和詩性快感，中國古代詩人無人能出其左右，當代詩人和所謂詩人就更不必說。國外的又有誰，敢來比一比？一比就頹了，像一個興沖沖想做新郎官的糟老頭。

　　讀著他，我倒是常常想起被尊為西方「現代藝術之父」的塞尚。在塞尚之前漫長的藝術發展史中，所有的畫家都把注意力放在再現客觀物件上，像逼真的攝影圖片，做了模仿自然的奴隸。但塞尚卻信奉藝術「並不意味著盲目地去複製現實」，「畫家作畫，關於它是一隻蘋果還是一張臉孔，對於畫家那是一種憑藉，為的是一場線與色的演出，別無其他。」塞尚無意於再現自然，而他對自然物象的描繪，是為了創造一種形與色構成的韻律。他依靠自己獨立的觀察進行創作，有意識地將注意力轉向表現自己的主觀世界，透過概括和取捨，從結構的觀點來描繪。塞尚改變了整個西方藝術，對以後的藝術家產生了觀念上的震撼，這種震撼導致了西方藝術思想的全面解放。

　　他的行為和詩歌就具有這樣的意義。

　　有人停駐故地，就有人漂泊異鄉。他是沒有故鄉的，或者說無處不故鄉──醉酒的地方就是故鄉。他由碎葉入蜀，由蜀入荊楚入山東，由山東又輻射到大唐各地，沸騰的血液使他不能在任何一個地方停下。他像馬一樣走路，像荷馬史詩裡的那個奧德賽，永遠行走在漂泊甚至冒險的長路上，一路的洞庭煙波、赤壁風雲、蜀道猿啼……全都因他而頃刻飛揚，像清風演奏著雲的三十二根絲弦。

　　他拒絕根的存在。這是完全徹底的漂泊情懷，是孤獨，也是驕傲：把生命看做一場純粹的漂泊，一刻不停——在中國文化史上，再沒有第二人敢這樣做。

　　像他拋棄的世俗幸福一樣，在他，身外的一切都是沒有意義並浪費時間的東西，他的使命就是準確表達出上帝安置在他靈魂中的秘密。交流和影響是靈魂貧弱的庸人才看重的，對於他毫無用處——無論是打開家門奉送溫情，還是打開銀庫奉送財富，都不能交換到他靈魂的一道波光。而上帝不可能老是謫仙人下凡，他老人家哪裡有時間？

　　他是第一個，很可能也是最後一個，被上帝派來的使者，一個充當了「人質」、遊歷一番再帶回天庭關於人間消息的仙。讓我們相信，這個世界上，曾經存在過怎樣偉大的靈魂，而他們同樣偉大的才華照顧到我們，同時傷害到了我們。

　　他多嚮往自由，就有多討厭權貴：任華說他「數十年為客，未嘗一日低顏色」倒是沒有誇張。月亮是他的理想國、桃花源、圖騰和愛人，當然也是他的心靈史。很多時候，明月不在天邊，就直接是在他的詩歌裡升到我們心頭，讓人人都覺得自己成了詩人——在唐朝那個到處都唱著歌詩的時代，遷客騷人、戍卒羈旅、漁夫樵子、舞伎歌女，真的都能隨口吟詠。

　　他把月亮裝在酒壺裡，用酒灌得它大醉，幻化出無數個風情萬種的月亮，不經意間，靈機異趣便創造了光耀整個唐朝的奇蹟：「長留一片月，掛在東溪松」「峨眉山月半輪秋」「舉頭望明月，低頭思故鄉」「我寄愁心與明月」「暮從碧山下，山月隨人歸。」「今人不見古時月，今月曾經照古人。」「俱懷逸興壯思飛，欲上青天攬明月。」他寫明月的詩歌就像他這個人，高高在上，光明澄澈，真實到無須甄別。

　　可是，這樣一個仙人，一名虎虎生威、俊逸無比的王，他在他人生的最後十年中，一心謀著要靠近朝廷，殺身報國，是不是很奇怪

呢？能夠違背自己的天性，放棄自己一直嚮往和留戀的藍天似的遼闊自在，而選擇苦不堪言的現實世界，這本身就是偉大的轉身，而他關心國計民生的詩篇依然是揮手即來，將憂國憂民的心意完全釋放在詩歌中，剛強、激昂，始終透著悲憤。如《北風行》、《遠離別》、《一百四十年》、《戰國何紛紛》等等，一心只想喚醒朝廷，整頓朝綱。這也是他作為愛國詩人時的卓越之處。

他成為了一名地地道道的愛國詩人，甚至曾經前後兩次從軍，要拯救國家，拯救黎民。而在西元 762 年的秋天，病骨支離的他什麼都不想再要，甚至是酒。歸去的時候到了，他舉杯邀月，卻發現月在水裡，於是恍恍惚惚撲進水中，抱月而眠。他睡了。

誰像他這樣天真一生，連睡下去都是一首詩？他那天籟似的詩歌，萌芽於何方？他與我們為何如此不同？他為什麼如此獨特與純粹？沒有人知道。

[詩人小傳──李白]

李白（701 ～ 762）：唐朝詩人。字太白，號青蓮居士，又號「謫仙人」。被後人尊稱「詩仙」，與杜甫並稱「李杜」。祖籍隴西成紀（現甘肅靜寧縣西南），一說生於中亞西域的碎葉城（在今吉爾吉斯斯坦首都比斯凱克以東的托克馬克市附近）。一說生於四川省江油市青蓮鄉。

李白出生於盛唐，但他的一生絕大部分卻在漫遊中度過，遊歷遍跡了大半個中國。二十歲時隻身出川，開始了廣泛漫遊，希望結交朋友，幹謁社會名流，從而得到引薦，一舉登上高位，去實現政治理想和抱負。可是十年漫遊卻一事無成。他又繼續北上太原、長安（今陝西西安），東到齊、魯各地。這時他已詩名滿天下。天寶初年，唐玄宗召他進京，命他供奉翰林。不久，因權貴的讒言，於天寶三、四年間被排擠出京。此後，他在江、淮一帶盤桓，思想極度煩悶。

安史之亂發生的第二年，他曾參加了永王李璘的幕府。不幸永王與肅宗發生了爭奪帝位的鬥爭，兵敗之後，李白受牽累，流放夜郎（今貴州境內），途中遇赦。晚年漂泊東南一帶，傳說喝醉了酒，在水中撈月亮而溺水身亡。

李商隱：為誰成早秀

　　他把自己扮成月亮的模樣，或者隱蔽成一枚草木掩映的水井，我們得如猜謎或探險一般，摸索著去讀他的詩歌。或乾脆，他陷害我們看不見抱不住想不清楚，成瞎子摸象癡子娶親。

　　他的詩中充滿著隱喻，行文如堤絮，每一句裡都有彎翹和轉角，他閃躲、規避，我們本覺得分明抓住了他的影子，他卻一個轉身，去了深海；他是身子滑膩膩的美人魚，我們卻永遠是拙笨的捕手。

　　那些詩在夜半讀來，是黑白的花朵，會慢慢氤氳出水汽，存著淡淡的香氣，細細遣送。有時也會有嫵媚的顏色，是京戲裡那些微吊的眼角，一抹桃紅漸漸暈開，輕易就會打動塵封太久的心。我們又有多少曲水般的心事，剎那鐘鼓，長長日月，都從他這裡開始。

　　這是一個溫暖的秘密，總在不期待的時刻垂垂而至。當我在有雨的夜裡，用小行楷在宣紙上用繁體寫出「無題」這兩個字時，便用一件羽衣去擋心外的微涼，而另一個我與他隔屏相坐，一杯清茶是彼此之間的寂寞距離，聽他說著雲山霧罩暗自傷心的情歌，或者內蘊深情卻不動聲色的家常話，一點點沉入水底，不知道我是魚，抑或他是水，彼此靠近，又隔著距離。

　　那些文字是黃昏裡的涼風，隨時有吹散心事的纖巧。一粒一粒拈起，才發現裡面還有一種理性的克制，就算疼痛，依然淡到無痕；是大片大片清澈的月色，或綺麗，或寂寥，塗抹得天空迷迷濛濛；是一縷縷自由奔跑的風，如果你剛好低頭路過，那麼看看這些風，它們吹過你髮梢時，一定帶著輕輕的暖，一如江南的水，漠北的芳草離離。有時看得迷了心竅，竟覺恍若前塵。

　　然後，希望自己是一棵散發著清香的樹，風來，帶著我的氣息在煙雨裡把紅塵說盡。與他的靈魂擦肩而過時，也讓他的芬芳陪我落

盡塵埃。從此，清澈不再是一個使人神眩的詞而已，而是可以握在手心的一枚冰淇淋，化了也留下一掌的清明。

他的詩支持了我們的夜晚；同時，也求助了我們。

唉，懷才不遇、為情所困的人多了，我們卻特別擔心他。

他一生坎坷而短促，四處入幕，卻一直仰人鼻息；夫妻恩愛又不長久，相伴僅十幾年，愛人就離去了。偶爾也有短暫的愛情降臨，但終不可得……可以說，他的人生是相當失敗的。但是，他用詩歌把愛情的身影留住了，揖送我們。

我們不幸奈何不了生死，卻有幸能吟著他長長短短的詞句。為什麼那麼多生前鮮衣怒馬的達官貴人都已經腐爛成泥、湮滅無聞了，而辭根飄萍的他給我們留下的這個纏綿的感情世界，任由著歲月、風雨的淘洗，背景有雪，長袂有風，卻絲毫不減其美麗與華貴呢？喃喃地，我們開始存了憐惜並追問著。

挑出來，從那一首我最喜歡的、質樸無華的《巴山夜雨》說起吧。人人都知道那些夜雨一樣滲入我們血管的句子：入秋，川地秋雨綿綿，日晴夜雨，淅淅瀝瀝，正是撩人愁思的時候，舉凡遊子遷客，在秋雨的寥落中，孤燈如豆，孤枕聽雨，怎麼會不泛起止不住的鄉思閒愁？沒有詩人不痛苦，詩歌就該是痛苦之後的沉澱。

感受著他的心跳，就常常想起杜甫在《戲題王宰畫山水圖歌》中的「尤工遠勢古莫比，咫尺應須論萬里」，雖是論畫，也可以用來論詩——他的隨便兩句詩就縮萬里於咫尺，使咫尺有了萬里之勢——因那情絲纏綿，絞扯不斷。即使是出外十萬里，那愁那相思，也是那人身畔青縑白綾暖被一角……多麼家常，詩意來得多麼直接。唉，讓詩歌走過來，是一件最好也最難的事情。因此，我讚他、歎他，不能自已。

　　當然，還有他拐彎抹角、一地星光的《無題》，也有不一樣的好。需要你先盲了，用一種很慢的節奏去轉圈、去摸、去聽，然後才能看到一些恍惚的畫面……不管怎麼走，怎能繞得過去《無題》？他最好、最沉醉的華年？

　　想來古代的文人才子追求愛情也勢必要遭受痛苦，但也是不自覺的，追求幸福和自由的過程矛盾、痛苦，這種痛苦對於他們而言必然非常迷茫。

　　在這種環境下，他們追求自由、愛情、幸福時會隱隱產生犯罪感。當勇敢和不敢、渴望和不能產生抵觸時，他們又是痛苦的，所以多情和深情的人總是生活在矛盾與痛苦之中。在這種矛盾和痛苦磕磕絆絆、糾纏縈賺的過程裡，還往往擠壓出「怨訴無門」的無奈。在他的詩中，我們不難體會到這種深切的苦痛，而當這種苦痛用隱秘的語言表達出來，便可感受到透骨的悲涼。

　　許多人往往就此掉落──為詩作文以至做人，開始採取遊戲的態度，從而逐漸陰鷙，浪擲殘生。他卻沒有從流掉落，反而他孤獨地升騰了，到雲深處，成為了中國歷史上愛情長夜裡的一盞明燈。

　　他對自己靈魂、心靈的持有是執著的──他對於美好的東西不願輕褻。也正因如此，我們從他被一再提及的《無題》系列中，總能隱約體驗到美，儘管這種美的表現不乏酸澀的滋味──想起《紅樓夢》林妹妹說「不喜李義山」詩歌的話──難道你信嗎？女孩子的心本來就是雲朵難以捉摸，那樣一個「心較比幹多一竅」、聰敏多才又有些內向的女孩子，你指望她說她最喜歡他的詩歌嗎？他的詩歌恰恰觸到了那孩子的心事，其實，最喜歡的，是他的詩歌，也許還有詩歌裡和詩歌背後的人。

　　他說：「鶯啼如有淚，為濕最高花」、「芳心向春盡，所得是沾衣」……林妹妹的「花謝花飛飛滿天，紅消香斷有誰憐？」簡直就

是從他的詩中化出來的。一樣為草木傷心，一樣為花開落淚，一樣易於感傷的孤獨的心靈。哪一首不喜歡？若真不喜他的詩歌，肯定不會多情至此，為了他的一句詩，而留住滿塘枯荷葉。遙想那池殘荷，零落飄殘，卻因一句詩，而被她挽留在秋風中，繼續臨水寫意，真是何等幸運啊。就像美人老去，卻仍然有人願意親吻她的皺紋。

最美的詩歌或女子是有些缺陷的，一般美和缺陷美相互雜糅才是世間大美。也拿《紅樓》作比：如湘雲「呃」、「二」不分的咬舌，寶姐姐過於豐肥褪不下紅串珠的手臂，自然還有林妹妹的小脾氣……難道她、她或她不比不那樣更叫人心動？

無題自有無題的道理和來處：他一生鬱鬱，面對仕途、愛情也總是失意的愛情，加上他的性格又敏感深情，又有點軟弱不爭，對什麼都難以作出決斷，而這種性格使得他更加容易沉迷於愛情，妄圖在愛情的堡壘裡抵禦人生種種的風雨來襲。但這樣又使得他無法盡興展示才華，於是尤其感知了人生的苦難……這是一個惡性循環，但也促成了面前好詩的誕生。

就這樣，「古來才命兩相妨」，二十多年的生命之路，他跌得太多，誰也吃不消。因為總是處於迷茫、矛盾、惆悵、痛苦的交織和牽絆中，所以他的詩給人的感受就是那麼迷惑不清的，「謎」的成分十分重，不知是莊周夢蝶，還是蝶夢莊周，讀著他，就像跟隨他在真實與虛幻之間地走了一遭。他其實就是一個寫夢的人，而一個夢既然發生，也就有結束，也就一定有了他謎一樣的憂鬱。

你知道，那種明豔實則低調的華麗，那種「謎」的、帶點南方式的憂鬱氣質是很能吸引女子的，不覺想用寬大柔軟的雲朵將他包裹照看。

他於破敗中展現出來的複雜讓我驚喜激動和難過，和摻和有一種永遠只有自己知道的隱秘感覺，它牽絲攀藤，跟隨他的灰色、喑啞的風格細細密密擴散開來，瀰漫了整個房間。

　　不用說，他對愛情是十分珍重的。他似乎有橫亙心頭的一段刻骨銘心的愛情，每每欲說，欲說還休：「身無彩鳳雙飛翼，心有靈犀一點通。」「來是空言去絕蹤，月斜樓上五更鐘。」「劉郎已恨蓬山遠，更隔蓬山一萬重。」「賈氏窺簾韓掾少，宓妃留枕魏王才。」……那些詩的表達十分隱晦，幾乎都與夜晚有聯繫，就像你我的夜晚：明明見了滿湖倒映的霓虹，閃閃爍爍，卻管不了自己想誰不想誰，影影綽綽。

　　「春心莫共花爭發」，此「春心」與「花」之比很有些微妙，有別戀與正情的細微區別。而那些「彩鳳」、「蓬山」、「月」和「枕」，他取捨極其自由，個個表像如夢，薄淡若無，好像一吹，它們便會化為無物。那些關於離恨的內容，會用耳語般的呢喃，把無言之言準確地引到相思那裡。說到底，詩歌的靈魂無非細微和準確，正中閱讀者心臟的靶心，讓他靈魂遊走。

　　他的詩所表現的情感儘管十分含蓄和隱晦，還枯枯謝謝，並不蔥蘢，卻月白風清，沒有計較，遠離虛榮、慾望和猥褻那些愛情的渣滓。如賈氏對韓壽的傾慕，甄妃對曹植的嚮往，儘管有違禮法，卻令人神往。

　　感情豐富卻脆弱的詩人很難健康地發展一段也許不為世容的愛情，於是人性中自然的情感在某些時候比常人更深切地觸動他敏感的神經，凝成他心中不能癒合的傷口和蜜巢。其中夾雜著失望、希望、絕望、追求、追憶、深情的告別、羞澀和抱歉……等複雜的情愫，還隱約有著喪父失母的苦痛、漂泊東西的無助、冷落受辱的求學與中途喪妻的哀傷——其實，他自己本身不也是喪於中途？

　　就這樣，為了自我療傷和安慰，他馬不停蹄揮汗開闢出一片名喚作「無題」的土地，用筆筆散開的溫柔澆灌出內美的果實，散落四方。然而，那片土地卻是他獨自享有的，一畝花——明麗的花；一畝田——平實的田；一畝用來留宿自願飛來、野生的草籽——當面拾得

的樸質的草籽。

　　其實他的筆法並不宏闊，而他人卻無法企及。直到今天，雲山萬重，寸心千里，我們仍然無法穿越他用絕句和古風築造起的旖旎城牆，與他共用那些歡笑與苦楚。

　　但是，那是他自己的宇宙，一個真正的藝術家要造個人的宇宙。因此，當他因追憶如花一般的韶光而陷入無限的迷茫與感傷中時，我們做不了什麼，只能隱約聽到他「此情可待成追憶？只是當時已惘然」的月下歎息；當他官場失意，在進與退的矛盾中苦悶又彷徨時，我們仍然做不了什麼，只能看他的一襟情懷，洗心傾聽他「人生豈得長無謂，懷古思鄉共白頭」的把酒嘯歌。

　　他的詩是孤獨的徘徊，是極慢的拍子，一拍、一拍、一拍、一拍……一聲弱似一聲，憂傷而美好，最終，散去無痕。

[詩人小傳——李商隱]

李商隱（約 812 ～約 857）：唐朝詩人。原籍懷州河內（今河南沁陽），自祖輩移居滎陽（今河南滎陽）。擅長駢文寫作，詩作文學價值也很高，他和杜牧合稱「小李杜」，與溫庭筠合稱為「溫李」。其詩構思新奇，風格濃麗，尤其是一些愛情詩寫得纏綿悱惻，為人傳誦。但過於隱晦迷離，難於索解，至有「詩家總愛西崑好，獨恨無人作鄭箋」之說。因處於牛李黨爭的夾縫之中，一生很不得志。死後葬於家鄉沁陽。

他的詩風受李賀影響頗深，在句法、章法和結構方面則受到杜甫和韓愈的影響。許多評論家認為，在唐朝的優秀詩人中，他的重要性僅次於杜甫、李白、王維等有數的幾個人。就詩歌風格的獨特性而言，他與其他任何詩人相比都不遜色。

就這樣，他自傷生平，又長於懷念，也因此，悲哀、無助、陰柔、優柔，讓人不能自拔的色調自然呈現，啃蝕一代又一代的人心，並不稍作商量。他多麼溫煦就多麼霸道，他多麼迷離就多麼明確：無論你正在做著什麼，都必須停下來；就是要你看他輕輕吹開蒙塵，把玫瑰種植在傷口。

宋詞之美

第六章

《宋詞之美》：以溫婉低迴為線，傾吐有情之語。——中國日報評論

陳　亞：寄生草

　　如果說別的詞人都是四平八穩踱步的河流或無聲細細流的泉眼，他則是奔跑的小溪。毫無疑問，他是宋代詞人中的另類。

　　說起傑出藝術家裡的另類，唐人有懷素、王梵志、拾得……，有不少人，宋人則幾乎只有他。

　　寫詩填詞是他的生活，開藥鋪也是。他什麼都不理睬，去到世間就直奔藥鋪，把一格一格的中藥抽屜疊加，像一塊一塊磚頭的累積，藥香抹縫，韻腳打墨線，建成了他的國，他在裡面稱王稱霸，沒人管得著，也沒人管得了。

　　中藥是專屬於他的、獨立的生態是統，裡面藏著平平仄仄的大好河山，春有花，夏有果，隨意坐在哪一處，都仿若花間一壺酒。他不必抬腳去旅行，到西藏、九寨溝什麼的。被這些充滿啟示意味的靈物環抱，其實就等於修行。

　　中藥根本就是他的愛情，他倒像是一個女的，用伶仃的細手腕輕撫肺部，小聲咳嗽和偏頭疼訴說著的愛情。有時想：會不會他一離開中藥，就不會寫詩了呢？中藥差不多是長在他身上的一個器官，只用來抒情和歌詠。

　　如你所知，凡看起來另類的人大都有相同之處，就是身世苦——不苦就少了憋出另類的因數。懷素自小出家，王梵志、拾得二人都是棄嬰，他則是從小父母雙亡。一個人在童年時期如果經受過很多坎坷，那麼這個人未來的性格十有八九是與眾不同的，或孤僻敏感，或憤世嫉俗，反正不會是平平常常，順風順水。

他被人稱為「近世滑稽之雄」，想來也是深受了性格之苦和之甜的；不尋常的詞作，就是那苦中難得回甘的甜。

他的詞來源於他的生活。父母亡故後，還是孩子的他與舅父生活在一起。舅父是個郎中，懸壺濟世，救濟蒼生。他從小接觸最多的便是藥鋪裡滿櫃的中藥。他從小就見識過來往家裡的許多病人和疾病，以及形形色色的事件，所以對生老病死、人生苦痛自然比一般詞人多了一層自己的見解。像蒼耳的皮實，桔梗草的潑辣，他見風就長地就長大，他的獨一無二的詩歌跟隨他，走到西又走到東，溫柔天下。

非對人生有徹悟的人，不能做深情語。那深情不就是淚水養大的？魯迅說人生的第一堂課就是從天天往藥鋪裡跑開始的。他比魯迅還要徹底，他直接住在了藥鋪裡，那一味味有著詞牌子一樣動聽名字的中藥，彼此之間一往情深，兄弟姊妹情人一樣，打著滾地混在一起，顛顛倒倒開開謝謝的，薰染了他一身好聞的氣息。

讀著他，就忍不住地想，是不是詩歌和中藥這兩種東西，都是大得對我們不能言說的秘密？它們從他身體裡生長出來、發芽、開花，幻化成一枚枚漢字和中藥，用入我們的心和身體的方式，細針密線的，用最初帶有絨毛的羞澀和神秘，給予我們最悄無聲息的安慰。如果不是，那麼，為什麼他嵌了中藥的詩歌，那麼熨帖和自然生動？那些中藥裡藏起的、一再擊倒人的電流，又是什麼樣的過往？

他人到中年，才有了點功名，一生的官職也只做到極小的小官。人是卑微的，他卻並不卑賤，敢於拿自己的名字自嘲：「若要有口便啞，且要無心為惡，中間全沒肚腸，外面強生棱角。」差不多是用了漫畫的筆法，表面上不動聲色，實際上暗地洶湧，字和字叮噹相碰，石鐮一樣火花直冒，不小心就碰出一天的星斗，秋光燦爛，照著他臉上強作笑時忘記抹去的半夏憂傷。

他不哭——男人默默的、悄悄的流淚不算是哭，就算是，你也要當沒看見。他不聲不響地忍受著命運的鞭撻，只要見了中藥，就高

興得忘記身外所有，孩子似的唱出溫馨甘美的詞句，安慰自己，也安慰別人。在這個意義上來說，他的心靈並沒有受到損害，他的詞作中從不透露痛苦的消息，後世的人單看他的詞作，不會想到他遭遇過的屈辱與挫折，而只能認識他的心靈——多麼高貴、多麼純粹的心靈。

他在詞句中表現長時期的耐心和天使般的溫柔，慢熱地啟動，讓他的藝術保持著清明平靜的面貌。他在現實生活中得不到的幸福，卻在精神上創作出來。甚至可以說，他先天就獲得了某種特殊的幸福，所以他反反覆覆地傳達給我們。

關於他這個人的生平和具體事例，我們知之甚少，只知道他一生不曾離開中藥，「嘗、著、藥、名、詩、百、餘、首、行、於、世」，一個字一個字數數看，有價值的記錄不過這 11 個。他的詩，我們沒見過，詞傳下來的也只四首，統統叫做《生查子》：

「相思意已深，白紙書難足。字字苦參商，故要檳郎讀。
　　分明記得約當歸，遠至櫻桃熟。何事菊花時，猶未回鄉曲。」

這一首藥名閨情，如果單從字面上來看，閨情相思，是女人都犯過的病，是詞人都會涉及的題材。但若從藥名鑲嵌上來看，點滴不露痕跡不說，還帶著大地深處的氣息；再深味下去，清亮的秋天就來了。是很有意思的，想久了漸漸癡迷，像中了哪一種不知名的藥性的毒，覺得可以丟下身外一切不相干的事，睡到詞裡面。

你知道中藥名字，個個美得不像話：苦參、穀芽、京墨、獨活、相思、當歸、菊花、白紙(芷)、櫻桃、夜合、糙蘇、郎讀、遠志、檳榔、回鄉，還有丁公藤、七星草、千里光、小葉樸、馬兜鈴、瓦楞子、過路黃、鷹不泊、王不留行……簡直捨不得不一一念出！像念出一首一首的詩歌。它們與屈原筆下美輪美奐的奇花異草有什麼區別呢？那些江蘺、秋蘭、木蘭、薛荔、白芷、杜衡、春蘭、椒、蕙、芳？它們與它們一樣熱愛土地，籠著春分的霧氣和冬至的霜雪，直到被採下的那時候，也還是秉性不移，帶不走的鎮定和清香。

區別不過是：屈原的草木走到了他身上，被他披了，起了詩情；他的草木走在了藥鋪裡，被他見著，起了詩情。那些詩歌承襲了各自的性溫性良，念起來暖胃清肺，養心安神。其實，比起那些暗自慶倖還生長在面黃肌瘦的野地裡的，被採來的，枯瘦乾癟著身子、關閉了心門，放在他的詞裡，才粉白瑩潤，獲得了永恆的青春，以及永生。

就這樣，他用中藥寫人心，寫在那白紙上──它來自一棵梧桐，枝椏上棲滿麻雀，此刻素樸潔白：

「小院雨余涼，石竹風生砌。罷扇盡從容，半下紗廚睡。起來閒坐北亭中，滴盡真珠淚。為念婿辛勤，去折蟾宮桂。」那些中藥神采奕奕苦口婆心好像這首詞的媒婆，字字對那「婿」說著：你啊你啊，這些你全部都要聽見啊。

還有：「浪蕩去未來，躑躅花頻換。可惜石榴裙，蘭麝香銷半。琵琶閒抱理相思，必撥朱弦斷。擬續斷朱弦，待這冤家看。」他這麼一用，那些中藥才不空長了年輪，像皇帝臨幸了，宮廷裡的女孩子才不枉了處子潔白的一生。

就這樣，如跟他親愛的中藥一樣貧賤的草民如他，今天下大樹偉岸偽君子無處可逃。這是人的情感和感受，他引領著我們，像一個盡職的牧羊人，放牧著他陽光下青草地的羔羊，看麻雀的一家在春天的風中快樂地唱歌，看螢火蟲星星一樣鋪滿夜色，還有啊，看怡然自得的雞鴨，穩步若隱士的水牛，對著月光吠叫的狗，散落在村莊四周的水塘……還有所有的綠色流淌，花朵開放，天地齊芬芳，萬美皆備。

他雖然表面看來嘻嘻哈哈，不說正經話，心裡卻跟明鏡似的。看這一首中藥合成的陳情，藥名像長在詞裡一樣妥帖體恤，你都挑不出來。放在正常所作的文章裡，也是絕佳的句子：「朝廷數擢賢，旋占凌霄路。自是郁陶人，險難無移處。也知沒藥療饑寒，食薄何相誤。大幅紙連黏，甘草歸田賦。」

他知道凌霄之路難，難於上青天啊：一份俸祿，半幅官衣，總不過為了吃穿，以及前世欠了債的兒孫，如此總把前程誤——這個「前程」我指的是活出人的真趣味。

他是活出人的真趣味來了的。一直到七十多歲，他還是在他別具風度的詩歌裡頭酣睡，彷彿四野無人，彷彿中藥是他家。他有點怕後代愛上浮華，改了門庭，因此寫下：「滿室圖書雜典墳，華亭仙客岱雲根，他年若不和花賣，便是吾家好子孫。」

就這樣，跟他詩裡寫的一樣，他老了，經常在明明滅滅的爐火旁靜坐，睡思昏昏，守著他的幾千卷藏書，醒了就讀上幾頁；有精神的時候，就千層萬層地從包裹裡取出來，賞一賞他心愛的幾十幅名畫，再有興致，便起身到小院裡，看看兩隻鶴，一株盆景，和親手種植的藥草，不無貪婪地嗅那鋪天蓋地的藥香，恨不得將它們全部裝進鼻孔……他活在了中藥裡。

舒緩而有力量，冷靜和熱烈著，細小卻遼遠無任，真實質樸幽默也不缺少鋒芒。中國傳統文學一直是陰性氣質大於剛性，繼承了抒情詩傳統的衣缽的他，自然也是其中的一分子。

這就是他，一個民間寫作者的生活，和他的詞。我們如今一感冒，吃點甘草板藍根就想起的那個人。

[詞人小傳——陳亞]

陳亞（生卒年不詳）：字亞之，維揚（今江蘇省揚州市）人。約宋真宗天禧初年（1017年）前後在世。北宋詩人，詞人。咸平五年（1002）進士。曾經為杭之於潛令，守越州、潤州、湖州。家有藏書數千卷，名畫數十軸，為生平之所寶。晚年退居，有「華亭雙鶴」怪石一株，尤奇峭，與異花數十本，列植於所居。亞好以藥名為詩詞，有藥名詩百首，其中佳句如：「風月前湖夜，軒窗半夏涼，」頗為人所稱。藥名詞如生查子，稱道之者亦多。

晏幾道：憶吹簫

　　他來到世間，好像來到一個有鞦韆的院落，卻被重重的簾幕遮掩起來。他在那簾幕背後，只為聽一曲曲道別的歌；他的詞又是簾幕沉沉、繁華將盡時最後一曲驪歌，如同那夕陽一點墜，張開口，伸開手臂，在那絲綢似的湖面上，向世界忙著做道別。

　　他排行第七，我們喜歡叫他「晏七」——不止是他，秦觀、柳永、許渾等等那些多麼善於寫愛情的好傢伙們也都是第七呢。似乎詞人和「七」這個數字格外有緣。

　　他幾乎一生都在青春裡度過，青春的那股逼人的傲氣，為她們低頭——那些在他的詞裡叫做「蓮」、「蘋」、「雲」、「鴻」的「玉人」、「秦娥」、「翠眉」們。她們的名字多麼動聽，跟她們的歌聲一樣動聽，叫人不由閉上眼睛，想像雪朵和甜橙。

　　他讚揚她們的歌聲飛上雲霄，在天上將會化作梅花。吳可在《藏梅詩話》中說：「秦少遊詩：『十年逋欠僧房睡，準擬如今處處還。』晏叔原詞：『唱得紅梅字字香。』『處處還』、『字字香』，下得巧。」

　　其實，他的句子不僅「下得巧」，因為無論頭尾，擲骰子一樣，隨便腰斬來兩句，譬如「行盡江南，不與離人遇」、「當時明月在，曾照彩雲歸」、「欲將沉醉換悲涼，清歌莫斷腸」……就能覷見癡情。我們可以相信，他對歌者的讚美是誠實的。

　　他們的對歌，在我們的耳朵裡的確有著紅梅的香味。他與她們對歌，一位歌神，用好聽的男低音，同時與眾多可愛的凡人對歌，就像一位棋聖，來回走動，笑吟吟的，慈愛從容，同時與一百位小學校的業餘小棋手下棋，曲折盡人意。

　　他跟柳永有點像，但他更讓我喜歡。原因是：他愛得事物更多、更乾淨。他乾淨得都像個女人了，珍珠似的皎潔。他的聲音也是，乾

淨得叫人想起瓷、絲綢、素箋、修竹、羊脂玉，近乎情話氛圍。而這些幽深存在的事物，它們品質都像水，蓄遍寂寞。也許，從需要設置的生命意趣來說，它們與水是相等的。我喜歡它們抵達時的那種安靜以及坦然存在的姿態：細水長流，入海入山。

他在生命的盛年，平靜地保持一種姿態，彷彿只為了填詞這一件事而活著，只為了用它來回憶愛情之美而活著，呢喃的聲音，簡單而潔淨，緩緩講述其間的各種心情和美好，有著微微的疼痛。他所敘說的美和他的敘說，都美得超出我們的經驗範圍，有其壓力和威懾，如天空之曠讓人大氣不敢出，「東船西舫悄無言，唯見江心秋月白」。

因為他在宋朝，就讓我忍不住想避開焦慮、恐慌、錯亂、失態、虛弱的大水，逃到那裡去——西元 960 年到 1279 年之間，那個好詞飄飄的年代。怎麼叫人不想他？是啊，在那時，娛樂工具少、事少、人少；然而字多、畫多、詩歌多，情豐物茂，水墨走濕……樣樣事物旭日東昇，令人絕倒。

是詩歌啊，是詩歌使我們絕對地傾倒，不醉不歸，將一片一片的小心臟做了他偉大作品的燒錄，拼得他的點滴恩賜，卻終不能遨遊於無極之境，作那天地之子。這是我們的遺憾，還是我們的榮幸？

在中國歷史上，很少有類似北宋初年這樣一個時代：詩歌更有情、更自由、更大眾化；然而，也更具有了審美性。豈不知，大眾化與審美性幾乎是一對天敵呢。似乎田間水井處更適合通俗的說唱藝術生長。而那些似乎來自天上的、不可思議的人們，在沒有伴奏和指揮的情況下，低音部與高音部，你呼我喚，溪流大洋，婉約豪放，純駁互見，發出清一色的天籟之音，那是這個世界最動人的部位，如同女子們的香肩和秀美的小腿。

其實，當他登上詞壇時，小令似乎已經到了山窮水盡的地步，毫無變化性。他幾乎是憑藉一己之力使小令迴光返照。雖然他也是把詞作為娛樂的藝術，但卻認識到了真實的情感對於詞創作的重要性。

　　像我們跋涉多年，才真正明瞭：舉凡不朽之詞之前，必先有不朽之情。他從來就不諱言自己是一個「有情人」和「多情人」，對那些花朵和歌唱著自己的歡喜悲傷的女子們。在詩人眼裡，萬事萬物無不煥發一種神性，這種神性流動於世俗生活中，卻為表面的物相所覆蓋。一般人只見到表面，詩人卻能辨識它，文字或者文學能夠呈現它。因此，詩人是這世間最高貴的一類。

　　其實，即使是身居高位的大晏，也有不為禮法所制約的時刻。北宋初期，士大夫階層既獲得了政權的優厚待遇，又保持著相對的人格獨立。像晏殊、范仲淹、歐陽修等一流人物，既有大的政治理想，又有小的生活情趣，就像大地上有闊葉林，也有小灌木。

　　他有一顆灼熱的心，在逐漸蕭瑟的日子裡，他愛著那些可愛者，歌唱著，從沒有一刻的冷面冷心。歷代趨炎附勢的論者，都以為大晏的《珠玉集》高於小晏的《小山集》。其實，雖然大晏與小晏所寫均歸為婉約，其格調卻大不相同：大晏少年得志，盡享榮華富貴，其詞自然雍容豐腴，如紅牡丹的國色天香；小晏飽嘗人士冷暖，甘苦自知，其詞自然悲欣交集，像白菊的滄桑盡染。兩個是不同的。小的這一個，更貼近「詩人」稱號和樣子。

　　在他的詩歌與詞中，處處是身懷絕技的歌女，每個字都帶著女性的溫柔和芬香，如同一株被剖開的植物，全身綻放。他和她們都快成了同胞的姐妹了，那著名的四歌女，像當代詩人海子的四姐妹一樣，成為永不泯滅的象徵符號，像童話詩人安徒生一生揣在懷裡最熱的地方的那封情書，跟隨著詩人，東南西北地遊走。

　　聽這一首《菩薩蠻》：

　　「哀箏一弄湘江曲，聲聲寫盡湘波綠。纖指十三弦，細將幽恨傳。
　　　當筵秋水慢。玉柱斜飛雁。彈到斷腸時，春山眉黛低。」

　　在這裡，他沒有直接寫箏聲是如何的美妙，而是寫它讓青山也垂下了眉頭。可見，演奏者完全融入了樂曲。對於人間來說，每一樣樂器都是上天在某一個龍心大悅時的恩賜之物，有許多隱秘潮濕的密碼隱藏在其中，如同漂流瓶裡的每一個被許下願望的小紙條被拋向大海，遇到不遇到，什麼時候遇到，遇到誰，幾乎與生俱來般地宿命。

　　譬如，它們也是被分配到所掌管的時辰的：鐘是清晨，笛子是黃昏，午後是排簫，夜晚是箜篌和箏。當他聽到心愛者湘水般彎彎曲曲的演奏時，是不是也與我們一樣變得安靜下來？文學的表現力有限，也有音樂到不了的地方。正是在這兩種藝術形式的巧妙轉換融合中，藝術魅力推進到極致。像一對愛人，彼此的體貼相擁，不厭倦。

　　誰都能看得出來：他與歌女們的交往，立足點並非美色身體，而是藝術上的合作、精神上的共鳴和情感上的安慰。「疏梅清唱替哀弦，似花如雪繞瓊筵」，「曲終人意似流波，休問心期何處定」，「閒弄箏弦懶繫裙，鉛華銷盡見天真」……全是一副知音的口吻。

　　他與她們離別之後就思念她們，給她們寫信：「淚彈不盡臨窗滴，就硯旋研墨。漸寫到別來，此情深處，紅箋為無色。」「相思處，一紙紅箋，無限啼痕。」「題破香箋小砑紅，詩篇多寄舊相逢。」「憑誰細話當年事，腸斷山長水遠詩。」「欲寫彩箋書別怨，淚痕早已先書滿。」「相思本是無憑語，莫向花箋費淚行」……還有許多，像一封封真實可摸的情書，即使忘記了出處和整首詞到底是什麼樣子，也還是記得他遠遠寄出的深情。

　　他將她們看作是跟自己人格平等的「藝術家」，瀟湘館或蘅蕪苑裡的女詩人，無望地暗戀、單戀、偷偷藏她在心底的愛人，而不是奴婢身份的歌女。

　　他所抱持的是藝術王國的價值標準：沒有身份的高低，只有藝術的優劣。他向那些天賦優異的藝術稟質的女孩們獻上不帶任何雜質的愛。他的愛不僅僅針對具體的、單個的女孩子，而是針對女性這個

集體帶有的、普遍性的真、善、美，以及女孩們鴿子般純稚的清歌。

有啊，肯定是有愛情的，也有對某個女孩子深刻的真愛，否則不會有「行盡江南，不與離人遇」的專心。要想深究，再來看這一首《木蘭花》：「鞦韆院落重簾暮，彩筆閒來題繡戶。牆頭丹杏雨餘花，門外綠楊風後絮。朝雲信斷知何處，應作襄王春夢去。紫騮認得舊遊蹤，嘶過畫橋東畔路。」

那時是春天，牆頭有紅杏，門外有綠楊。一場雨後，花瓣落滿地；一陣風後，楊絮半空舞。表面寫花絮和風雨，其實還是寫那淚眼看花絮和風雨的人。清絕純潔，又孤獨。

黃蘇評論說：「接言牆內之人，如雨餘之花。門外行蹤，如風後之絮。」閨中人似雨餘花，途中人似風後絮，兩兩的相思，就那麼各自糾纏著。之後忽然步入無路可走的絕地：不知從哪一天起，我們的信件中斷了，我們的愛情也中斷了。

黃蘇說：「次闋起二句，言此後杳無音信。」思念卻如同黑咖啡，濃熱聚集。

那等信人的形象多麼鮮明啊，斷了音信，斷了光明，斷了性命；見了音信，胡亂撕扯，貪婪閱讀。等信、讀信的人，無論男女、美醜，都可入詩入畫，因為他的一揚眉一蹙眉，都帶來愛人遠處發射來的美妙資訊——太多了，那資訊所包含的，時光、距離、心思、想像的介入……，都讓信成為一種神秘、甜蜜到不可思議的東西，一件似乎從外太空傳來的禮物。

我們看到，他用襄王典故絕無渲染色欲的想法，更不是如歷來望文生義的迂夫所想像的那樣，暗示昔日的那位意中人已流落風塵。哪有那麼多的暗示？又不是猜謎。他既然是癡人，當然相信愛情如一雙純潔的手，當然願意去牽那雙純潔的手，去到生命的荒野，簡單的心思，將一粒小詞釀成了春天。

　　跟你我一樣，他的愛情也是需要呼喚的。跟你我一樣，他的愛情用他的詩歌來呼喚，低低地呼喚，躲進詩歌裡，悄悄呼喚，不為任何人所知地呼喚。在這首詞裡，馬的嘶鳴從遠處傳來，整條路，整個院落，都可以聽見。結尾二句，人隱藏起來，馬成為主角，馬的嘶鳴橫亙在所有的景物之中。似一拉近的長鏡頭，憂傷垂落頭顱的身影。

　　這一句也被詞論家沈謙所激賞：「填詞結句，或以動盪見奇，或以迷離稱集著一實語，敗矣。康伯可：『正是銷魂時，撩亂花飛』；晏叔原：『紫騮認得舊遊蹤，嘶過畫橋東畔路』；秦少遊：『放花無語對斜暉，此恨誰知』，深得此法。」是的，馬猶如此，人何以堪？馬亦多情，人豈能無情？郁達夫說過：「曾因酒醉鞭名馬，生怕情多累美人。」其實，他沒有鞭打過名馬，更沒有連累過美人，倒是美人負他——詩歌裡面那匹馬的落寞告訴了我們。

　　至此，無端想起了詩人紀伯倫寫給愛人瑪麗的情書。他們的戀愛如同柴可夫斯基與梅克夫人的戀愛一樣，是一場驚動神明的精神之戀。紀伯倫在信中說：「我至死不離開此地，因它是永恆避難所，是記憶的故鄉，又是你來訪時的靈魂寄宿之地。我不會離開。我將留下，因為即使你身不在，我也能看見你；不管我願意與否，每當你來到這裡，我還是允許你走，不管我願意不願意，你走時，我的靈魂總要哭泣！」西方人的情感表達，確實比國人更為直接、更為狂熱。那當然也是不錯的，就像中外的詩歌，各有各的好，誰也不能代替誰。在這首詞中，同樣是終生不悔的愛情，同樣是魂牽夢繞的愛人，徐徐寫來，則多了幾分婉轉悱惻，像低音的咕噥，是東方人的深情。

　　而愛情從來都不是一筆唾手可得的財富。你不付出自己，又如何能發現深情呢？不幸的人不是在愛情中失去的人，乃是在愛情中不懂得付出的人。密茨凱維支說過一句：「不幸者是一個人能夠愛卻得不到愛的溫存，更不幸的是不能夠愛什麼的人，最不幸者是一個人沒有爭取幸福的決心。」如此看來，他並不是那最不幸的人；他能夠愛，

盡力愛。他在出身寒微的女子們中間，即席作詞，跟她們一同歌唱。那些歌唱其實就是他們彼此傳遞的愛情，就像在整個的宋朝歲月裡，詞與音樂從未分離。

因此說，他作詞，不是為作詞而作詞，而是為歌唱而作詞。他是音律之行家，精通多種樂器，故能賦予《小山詞》音樂特有的韻律及輾轉頓挫之美。我們也可以這樣認為，一部《小山詞》，是詞作者與歌者、愛人與愛人合作、共同完成的，是在雙方情感的交流、藝術的溝通、心靈的碰撞中完成的。

直到他晚年編《小山詞》以前，其作詞的目的都是直接地指向歌唱；在將它們編成小冊、印行於世之後，詩歌的閱讀的功能方才凸顯出來，而當那些與詩歌共生的美妙音律在多次流轉中喪失之後，才成為我們手中這啞詞。即使是捧著這啞詞，我們也獲得了激勵以至幸福。

在大痛苦中，他也獲得了大幸福，還捎帶著給予了有幸依傍在他身邊歌唱著的可愛者幸福。就這樣，他把持住自己的心，忠於它，不曾讓別人奪去，救自己，也救別人。

我們讀著他，就不覺悲從中來：那些香的辣的，那些盛名的光環虛榮……都是我們推不開、卸不下的，或者說是我們壓根不想推開、卸下的。每個人身上都有一個獸，都有尷尬的、多餘的這個那個。生而為人，幾十年的生命，人人夢想人前顯貴，卻不想生命之路這樣短暫，有一半的時間用在蕪雜的、我們也許一輩子都用不著的東西上。唉，是什麼，奪去了我們上好的華年？

我說過，人生是一場大悲劇，而人自我救贖的方式有許多種：音樂，冥想，勞動，自閉、寫詩等，不一而足，人身上的植物性帶給我們神一樣美麗的憂傷和歡喜。舒展、真實、不掩飾、不躲閃、不怯懦、不自抑，做一株隨太陽的走向而自由地調整自己生長方向的向日葵，能春風放膽，也能夜雨瞞人，便是理想境界了。我們讀他天空朗

月皎潔的詞，其實也是一種自我救贖。

是啊，是詞，是詩歌，它把我們旱地拔蔥，去到高原。記得從前詩人看到天上飄點雪，就激動得到處找人喝小酒，可現在誰會？我們喜歡教我們炒股票的書、教我們做人的電視節目，我們談錢笑開、說詩蹙眉。我們常常說物質和現實把我們捉住了，我們像飛蟲落在蛛網裡，一動也動不得。

然而，我們都不去想，真正捉住我們的，恰恰是我們自己。我們不忠於自己的內心好多年，以至於我們以為我們本來就是這樣子：聲音四起，塵土傍身，鄙夷鄉下，永遠不準備到那裡定居，但隨時席地而坐，都是我們常做的事。我們豬狗般地貪婪，不知饜足地要東要西，卻丟掉了我們自己的心，再也不懂得靜下來，去接近生活、愛情的真理，體會那些犧牲在光陰裡的好——那些細微精妙的東西、那些小小的好其實才是大好，比起富貴權勢要好上一百倍。

直到我們讀到他，讀到他那些被冠以「詞」這種美妙文體的詩歌時，我們才摸索著他當繩索，盲人摸象去摸索我們丟失的心和那些「大好」，想看看它和它們到底最初是個什麼樣子。

男人和女人，各自都是一種源泉，一種流動的生命。但沒有彼此，我們就不能流動，就像河水沒有河堤是無法流動的一樣。正是這種關係讓我們獲得了靈魂。閱讀他的詞的過程，便是與一個美好靈魂相遇的過程，同時，遇見美，遇見天真，遇見潔白，遇見芬芳……這樣一種被幸福充盈的時刻，在一生中並不多見。他的詞讓一切的事物變得靜止而綿遠，一切的喧囂停住。

他與他的描寫生機勃勃的關係讓我們歆羨，而一個從來沒有與其他人有過生機勃勃的關係的人，實際上是沒有靈魂的。我不認為康得之類的人曾經有過靈魂。他們在舊紙堆中自給自足，驕傲像柵欄一樣將自己與他人隔開來。

　　而他不同，他讓我們相信：有一部分人在活到一定歲數時，就獲得了不可思議的智慧。而所謂靈犀，也在他們與其他人、他們所熟悉的、愛護的、真正喜愛的人的接觸中產生了。在這個意義上，他生來就有超拔的靈魂，在慢詞一樣漫長和抒情的一生裡，他和他的描寫對象彼此愛慕，相互成就，都在為獲得完整、獨立的靈魂、點燃一些性質相近的靈魂而索求著。

　　他的低音哼唱還表現在其中充斥的大量的細節、及細節中的事物。它們保守有時，捨棄有時；撕裂有時，縫補有時；靜默有時，言語有時……有時是抒情，更多的時候，是敘述。

　　如你所知，敘述是一種對於詩歌寫作的冒險，弄不好可能就是一種平庸的羅織。他顯然避免了這種平庸的羅織，而是綿密成繭，再絲絲縷縷抽出來，纏繞了自己。不由得讓人想起艾略特、卡夫卡和昆德拉。這就是從「現在」的那些隱藏著「存在」的密碼中，獲得形式和細節，讓形式和細節去進行詩歌的言說。不是揭示，不是圖解，而是靠近。這是很難的一項技能，或者說本能。只有天才們才能「靠近」，用本能去打動。

　　描摹愛情這一項本事，於歷代文人中，這幾年今人提起最多的，恐怕還是納蘭容若──是喧騰的泡沫推他出來做了薄弱的擋箭牌。站在圖書館隨便一瞥，就可以看見他光鮮滑溜的《飲水詞》，以及光鮮滑溜加上胭脂香媚的箋注、評論。要找他的《小山詞》，則要按著很多的數目編號，一點一點摸過去，在蒙塵的角落裡發現。

　　也難怪，寧願坐在寶馬裡哭，而不願坐在自行車上笑的人們，在劃破了一點皮都要驚天動地的要人痛惜的年紀，在聽膩「死了都要愛」的粗嗓子之後，未必不願意換新鮮細緻一點的口味。而更好的、最好的，還在遠處，在深暗處──輕舌舔去，遠得不覺甜意。愛情的甜意，詞的甜意，生命的大甜意……就這麼輕易錯過，真是遺憾。

　　當然，我相信每一種對於圓滿的追求都同時包含著它的缺失，他的詞一定也有它的缺失。但我更加相信對於好詩必須是沉默的，非理性閱讀（不可大哭或大笑地閱讀，要有所節制），一次次地讀，相信那神諭總在某次洩露，它才洩露，而不是戴著一副挑毛病、找缺點（乃至優點）的眼光去讀，像讀一朵花一片葉子、一個靜默不語的桌子似的閱讀就可以了。

　　不得不承認，在閱讀他的詞時，它們的確有「不可言說」的魅力。關於他，黃庭堅總結得最乾脆：「癡」。對於一名詩人來說，這是最高的褒讚。

[詞人小傳——晏幾道]

晏幾道（1030～1106，一說 103～1110，一說 1038～1112）：字叔原，號小山。北宋詞人。晏殊第七子。撫州臨川文港沙河（今江西省南昌市進賢縣）人。歷任潁昌府許田鎮監、乾寧軍通判、開封府判官等。

性孤傲，晚年家境中落。著名詞人。詞風哀感纏綿、清壯頓挫。一般講到北宋詞人時，稱晏殊為大晏，稱晏幾道為小晏。

晏幾道自幼潛心六藝，旁及百家，尤喜樂府，文才出眾，深得其父同僚之喜愛。他不受世俗約束，生性高傲，不慕勢利，從不利用父勢或借助其父門生故吏滿天下的有利條件，謀取功名，因而仕途很不得意，一生只做過潁昌府許田鎮監、開封府推官等小吏。

蘇 軾：東坡引

被他打動，是因《水調歌頭》背後的一扇小軒窗。他一說「小軒窗，正梳妝」，我們就無法自持了。

不說他的一生，先來說說小軒窗吧。《江城子‧乙卯正月二十日夜記夢》：

「十年生死兩茫茫，不思索，自難忘。千里孤墳，無處話淒涼。
　縱使相逢應不識，塵滿面，鬢如霜。
　夜來幽夢忽還鄉，小軒窗，正梳妝。相顧無言，唯有淚千行。
　料得年年腸斷處，明月夜，短松岡。」

它多麼平常，像一件家常的舊衣服，合身舒服；像低語，像一種大浪淘沙之後的情話，細密入心；再看下去，又像粗糙大手對愛人自小許配、而今添上皺紋的撫摸；像男人壓抑的哭泣。

愛人戴著花，嵌在小軒窗的相框裡，取不出來了。怎麼想起了墓碑上的那一張？還有簪在碑鬢角邊上的一束菊花？當然還有其他，我說不清的許多駁雜鏡像。

比起那些曠世大言似的東坡詞，我尤其喜歡他這樣樸素紮實的小令。沒有，沒有區分高下的意思，絲瓜垂釣，南瓜受孕，各有分定，好詩歌哪裡有質的高下之分？比較起來也毫無意義，只有個人的喜歡和太喜歡。不免還想得更遠：是和非也要模糊掉才對。

這一首啊……一個字一個字放在口裡慢慢嚼，就像把臉埋在剛換洗過的被子裡、洗衣粉與陽光和在一起的味道，讓人不知道做什麼好，只好深深地呼吸。這首詞讓我們知道，雖然大家都感到他是完美的人，用自己的努力彌補缺陷，達成自己的完美生活。可是，缺陷是彌補不了的，任誰總有自己的傷痛，靠文字記得。

　　大多數時候，詞語只是一個人的城池，詞語下，所有的人都將沒有貴賤、地位、乃至性別之分——不過是一個裸人。而銷了人魂的搭配建築不過是我寫我心，到安靜誠摯至極的時候，神明就破窗而來，其他事物只是路過。哪怕閱讀，都不能消減或增加它們分毫。它們立在天底下，自己只是自己。

　　因此，憑這一首，他就該立在史上；憑這一首，王弗就不枉做了他的正妻。他的一生當然也是美玉用藏的一生。他的人，他的一生，如跟他的詞給我們的感覺：開始的一片擊打聲，輕易入耳，音韻優美，似乎可以輕易地上口，卻難以掌握住。細聽，偶爾也有輕淺的傷感，卻並不陰鬱，而是明亮、溫厚的，節奏明快，聽似觸手可及，其實太遠，遠到不忍聽。聽著他，你也做不了什麼，只能任它繼續綿長……順風或逆風，無阻其飛揚。

　　他來到這世間，風雨不懼，就是因為他找到了一種可能的存在方式，來最大限度地釋放生命的愉快、自由、洞徹，以及由此而來的美。這種方式就叫「藏」，而深藏不露的、我們看不見的暗物質無一不發著光芒；它們比太陽的光芒還要亮。

　　記得大詩人耶麥一生都在歌頌鄉下的驢子，里爾克情不自禁寫他：「一個詩人，他在山裡有一間寂靜的房子，他發出的聲音像是晴空裡的一口鐘。一個幸福的詩人，他述說他的窗戶和他書櫥上的玻璃門，它們沉思地照映著可愛的、寂寞的曠遠。正是這個詩人，是我所要嚮往的。」我們的東坡，他一生都好像住在山裡，無論什麼時候、在何種逆境下、說些什麼，發出的都是一口鐘的聲音，而正是我們的東坡，是我們所要嚮往的。

　　大師的天空下，只誕生奴僕。世間的人們大都是上帝的奴僕，在生活的漩渦裡，白白奔忙，忘記了生命還有別的美好滋味。他在比一般人遭遇的大一百倍、黑一百倍、兇惡一百倍的漩渦裡折轉，卻能攢起力量，轉過身，從容不迫地面對大浪，寫下天下最美的詩歌，穿

越時空，送達今世和更遠的後世以仁愛悲憫。這是一個了不起的人做的一件了不起的事情。

而大師註定是對普世審美的糾正。他不是專門的詞人，通常認為他是在三十七歲時才作詞的，可是他一作，詞壇就整個改天換地了。他走上詞壇的第一級臺階，就目光如炬地「指出向上一路」，就「新天下之耳目」，讓「弄筆者始知自振」，顯出了太陽須臾上天，逐去群星逐去月的氣勢。「傳統」被他驚呆了，作詞的讓他這麼一擊從此好像明白了點什麼，得一頭緒如夜見火，荊棘之地突然春暖花開。這樣的才華，如跟他自己所講：「有筆頭千字，胸中萬卷，致君堯舜，此事何難？」

呵呵，他說得這樣驕傲，卻不叫人生厭，都只因他天真自然，不經雕琢，是一等一的誠摯；還因為他獨闢窮荒的功力不是風吹吹就來的。你見過哪一個真正的藝術家是用嫉妒和誇讚砌成的？什麼都不能損耗和成就他半分毫。他用心若鏡，只為了自己的一顆心而做藝術。他為遙遠的一個「我」而做一切；他這樣獨到，神諭才來。

而他的詞既然是被他隨手採來的自然之物，也就被邊隨手採邊隨手丟在世間，並不以為意，讓所有喜愛他的人自己去撿拾或打撈，那些飽含汁水、發音悠遠的香氣。而他自己甚至不屑一說。這是孤獨，也是驕傲，卻不是孤芳自賞，因為這之中自有從容。他是個有魔力的男子，只要你曾停下來，細聽過他留在世間的聲音，就被震懾在那裡。他填詞作曲，他說禪語村語，他彈琴談藝，他遊獵問道⋯⋯無不帶有磁性。他甚至寫過一篇《豬肉頌》，讚美豬肉滋味的鮮美。

他熱愛這個世界。其實，東坡肉、東坡豆腐、東坡湯、他親手製的墨、釀的酒、開的藥方也是他的聲音啊，切近，可愛。

自然之美蓄滿秘密，於是，送抵人間多有傳奇。

他註定無法做一個真正的隱者，而只能隱居在自己心裡。不過，也許這才是最大的大隱吧？大隱隱於心。他認為「人生如夢」，就把自己的夢做得好大，裝下、消化人生的大悲涼。

他的曠達很多時候是裝的（當然更多時候是真的），聽聽他說：「夜飲東坡醒復醉，歸來彷彿三更。家童鼻息已雷鳴，敲門都不應，倚杖聽江聲。長恨此身非我有，何時忘卻營營？夜闌風靜縠紋平，小舟從此逝，江海寄餘生。」你就可以知道並隱隱心疼，他為什麼「醒復醉」，又為什麼「小舟從此逝，江海寄餘生」。而站在小舟上頭看看，什麼又是真實的呢？

他一生知任八州：密州，徐州，湖州，登州，杭州，穎州，定州，看過激烈廝殺後的古戰場，也看過大雪無垠覆蓋了一切，他那安靜看世界的眼睛，如同孩子睜開眼睛看世界的第一眼的樣子。他如今隱居在哪個年代呢？也遷居嗎？他具有多麼強大的神力，當然可以隨便挑選自己喜歡的年代來活。而走遍那些年代，也再看不到一個人可以與他並肩而立的了。不是嗎？

有時做一個後來人，很難不去美化先人。然而即使是我們不忍不為先人諱（他們嘔心瀝血為我們留下的遺產太多太好，我們哪裡忍心再去詬病他？），他也用不著我們美化。至少在世代人民自發的口口相傳中，他近乎完美。

這樣一位在做人上幾乎窮盡一切可能的人，在作文上可吟西子可獅吼的人，他做人天性純良，不拘形跡；作文不喜剪裁音律，天真爛漫，是其思想的本性。在這個意義上說，他的詞比起他的詩文，更是他自身情感的自然流露與表白，更多地染著生命感。譬如開頭我們所引的那一首《江城子》就是其中佼佼。當然，他還有寫給兄弟的一首首詩詞，叫我們看了忍不住就馬上打電話給我們的家人與朋友，告訴他：我愛你。也因此，他無時不在的巨大激情，和最真實情感的自然流露最打動我們。

　　如你所知，文學一方面是功利的，一方面又是遊戲的、非功利的。從詞產生之初的功能來看，也是用來娛樂和消遣的「小道」。人背負著厚厚的原罪和新罪活著，而人生苦短，人在悲劇性的人生中合理地享受一些聲色之樂，應該無可厚非，及時行樂的心態能使人發現自我生命的可貴，但如果不受理智的控制，一味沉浸在美酒美人中，成為一個享樂主義者，那麼及時行樂就成為了頹廢者的口號了。

　　他不是禁欲者，卻比我們都更加精準地拿捏住了這個分寸，因此才有那麼多關於他的好吃好玩好笑的故事流傳民間，生動鮮明。林逋曾說：「人性如水，一傾則不可復；性一縱則不可返。制水者必以堤防，制性者必以禮法。」聲色沉溺斃竟是與聖人們指定的道德修養相背離的，善於融合百家精神的他把握住了人生的精髓，使之相互映照感發，將詞這一文學「小道」扶正，成為一個朝代的光榮。

　　儒家講「讓」，道家講「柔」，佛家講「忍」，而他又在三者融合的調和水裡加上了一樣「俠」。

　　而知識永遠都是死東西，如果不能用生命去體驗證悟，不能像道士煉丹一樣煉出火藥來，不能活用到思維力度和方式上來，就是沒有任何意義的「垃圾」，就只能是「障」。因此，那句「人生憂患識字始」是適用於大多數的庸人的。

　　他當然不是庸人。他以超出凡眾的大能開啟了天目，從而完成了他克制節省、沸沸揚揚的文格。因此，他的詞是物質的，也是精神的；是神秘的，又是能見的，遍地勾連，沉厚成城。他在《文說》中說道：「吾文如萬斛泉源，不擇地皆可出。在平地滔滔汩汩，雖一日千里無難。及其與山石曲折，隨物賦形，而不可知也。所可知者，常行於所當行，常止於所不可不止，如是而已矣。」說到底，他的「俠」更是成就他偉大文格以至人格的一堵起承重作用的牆壁。

　　也就是在文格成熟的這一時期，他雄曠豪宕的詞風一夜形成──詞語借貸，有時候只是瞬間傾城。這正是他那種複雜多變、深厚廣闊的儒道佛思想相互衝撞的結晶。幾種思想交匯、融合、化學反應所產生的巨大聲響，震顫著他不安的靈魂。於是，他振動翅膀穿過久遠的歷史，跨過蒼茫的高山，上天入地，左衝右突，以期澆滅心中的痛苦和不平，暫且按捺勃跳的心。

　　其實，希望是徒勞的，最終會化為無情的泡影，這反而更加劇了他心靈深處思想的碰撞與激蕩。接著剝繭抽絲，祛除「我癡」、「我見」、「我慢」、「我愛」諸般雜碎，寫之為詞，就成了一樹一樹燃燒的紅葉，大風也不能將它們吹滅。

　　最具代表性的《念奴嬌‧赤壁懷古》被史家稱為「自有橫槊氣概，固是英雄本色」，最體現了他的詞這一美學風味。該詞寫於他為新貴官僚羅織罪名貶謫黃州之時，他懷著滿腔的憤懣和愁苦，將此時複雜的心態一展無遺。

　　詞的上半闋，以壯闊之筆，鋪寫長江波濤萬頃、亂雲沖天的景象，創造出一個驚心動魄的瑰奇境界。而美太強大，太多元，被他的筆一一收攝入心，帶有了神秘的力量。於是，他順流而下地想到，哀吾生之須臾倒不如托遺響於悲風，取山間之色，聽江上清風之歌唱。於是，這種至簡、至宕的思想鎮靜了人不安的靈魂，歸到了依託自然、融入自然的大道。全詞情感也跟他筆下景象，迴旋跌宕，奔騰不息──最後是息了的，息成了靜靜的月亮。

　　這種境界之所以為天下人所傳唱，不但是因為每一個人都是人類的一個小碎片，望遠皆悲，這感覺大致相同，還因為他並不想因循著「小碎片」願望，寫內心多麼痛苦或多麼想得開。「人生如夢，一尊還酹江月」，質素，乾乾淨淨，也就是說，求「意」而又不見「意」，捨「意」因而「無意」。寫「意」，退回到原點，因為是原點，就接近於哲學中的本體，所以，它反而包孕了永遠可以從頭開始的詮釋可

能性。這也就是中國傳統美學最神奇的地方。

除了人盡皆知的這一首，其實他還有許多類似的曠世大詞。譬如：「有情風萬里卷潮來，無情送潮歸」一句，在那一首中劈頭寫下，把萬里江水與呼嘯大風齊齊喚來，闊大深遠得叫人倒吸一口涼氣。而「問錢塘江上，西興浦口，幾度斜暉？不用思索今古，俯仰昔人非。誰似樂坡老，白首忘機。」又滿載了大水似的人生茫茫在窄窄的心上。

他的一生中經歷了無數大大小小的悲劇——譬如，他憂讒畏譏，困頓轉徙潮惠之間時，曾跣足涉水，居近牛欄（「但尋牛矢覓歸路，家住牛欄西復西」），而這些與他一個接一個的巨大災難相比，根本不算什麼。他極力想從悲劇的苦海中跳出來，以更堅定的腳步走向他的理想之巔，以更理想的人格規範自己的人生實踐行為時，就意味著悲劇的延續與輪迴，人生就承受著更大的苦痛與折磨。

事實也是這樣，「白首忘機」正是這種精神的自我揶揄。詞的後半闋看似寫得非常平緩沉靜，沒有駭人語，其實它正是由前所描繪的萬里風暴，掀起情感浪潮後的短暫休息，是熾熱情感的暫時冷卻，如風平浪靜的海面，其底下卻蘊藏著巨大的喧囂和轟鳴。就這樣，全詞情感狂瀾萬變，在靜謐淡遠的煙霞與喧騰滾動的江水中，呈現出曠放之美，表現了中國人特有的思維方式、思維的力度與文明的向度，大氣之至。這種藝術美和大氣美，一掃過去纖弱萎靡的詞風，扭轉、矯正和引領，像忽然出來的大太陽，即使對「詞語塵下」的歌詞也有了照耀，清風驚掠。

他說話有意思，有時叫人忍俊不禁。在《答陳季常書》裡，他這樣說：「又惠新詞，句句警拔，詩人之雄，非小詞也。但豪放太過，恐造物者不容人如此快活。」一個分明得意又有些惴惴的孩子似的他，被他自己不經意間勾畫了遍。當然，裡面還有儒的中庸，禪的自律，道的散淡；幽默，見識，心胸……，反正，當時正給朋友寫信的他和正讀他的我們都有百種滋味上心頭。

　　然而，我們更欣賞他的是，即使他在豪放派的這一脈上被奉為一代宗師，也不小看當時大家都看輕的所謂「淫詞豔曲」。他儘管不怎麼喜歡，卻還是這樣秉著一顆中正心評柳永：「世言柳耆卿（永）曲俗，非也。如《八聲甘州》之『霜風淒緊，關河冷落，殘照當樓』，此語於詩句不減唐人高處。」這是句極高的讚語。要知道，那時即使高潔脫俗如范仲淹、晏殊、張先等，都一味奚落柳永，罵他上不了檯面。他的勇氣和真實都是我們在他此前的文人中沒見過的；之後還有嗎？

　　男子才大，與女子色絕一樣，一不小心就會傷身。還好，他身如琉璃，內外明澈，獨步天下的好人格和好性情救他自己出水火，使整個靡弱大宋因他也風雨清嘉。連政敵王安石也稱他：「不知幾百年方出此等人物」呢。這不簡單。

　　順便說一句：就此事而論，王安石也不簡單。

[詞人小傳──蘇軾]

蘇軾（1037 ～ 1101）：字子瞻，號東坡居士，眉山（今四川省眉山市）人，北宋傑出的文學家、書畫家，與父蘇洵、弟蘇轍並稱「三蘇」。蘇軾二十一歲中進士，出仕後因「烏台詩案」受誣陷被貶黃州任團練副使，在黃州四年多曾於城東之東坡開荒種田，故自號「東坡居士」。諡文忠公。人稱「蘇東坡」，號「東坡居士」。

史書記載，蘇軾「身長八尺三寸有餘，蘇軾為人寬大如海」。是繼歐陽修之後主持北宋文壇的領袖人物，在當時的作家中間享有巨大的聲譽，蘇軾還擅長行、楷書，與黃庭堅、米芾、蔡襄並稱「宋四家」。他曾遍學晉、唐、五代名家，而自成一家，自創新意。用筆豐腴跌宕，有天真爛漫之趣。

蘇軾現存詩約四千餘首，其詩內容廣闊，風格多樣，而以豪放為主，筆力縱橫，窮極變幻。蘇軾的詞現存三百四十多首，衝破了專寫男女戀情和離愁別緒的狹窄題材，具有廣闊的社會內容。

蘇軾在我國詞史上佔有特殊的地位。他將北宋詩文革新運動的精神，擴大到詞的領域，掃除晚唐五代以來的傳統詞風，開創了與婉約派並立的豪放詞派，擴大詞的題材，豐富詞的意境，衝破詩莊詞媚的界限，對詞的革新和發展做出了重大貢獻。

李清照：醉桃園

　　我用一把愛人從外地帶給我的桃木梳子梳理長髮，一下，一下，順流而下，遍生藍煙，好像暗處的蕨類植物，清涼，柔軟。梳身如紫銅一樣，紅潤輕暖，貼著濕濕的髮，輕觸皮膚，會叫人不忍使用。許多的前塵舊事被一把梳子撈起，一枝一葉地浮現心頭。梳子彎彎的柄，整齊的齒，暗淡的木紋，散發出春天的太陽照出來的、花園裡籬笆下濕淋淋的桃花香。

　　而此刻，她的《漱玉詞》在那裡，像一個桃花開了又敗了、讓人想哭的園子。

　　是開過的，父親李格非在徽宗時任禮部員外郎，因此她的家境和修養都是極好的，隨著一天天的長大，她在亭亭玉立的風姿之外，更多了一層至誠純樸的書卷氣。她以王獻之的字帖學書，寫得一手秀麗的小楷，鐵劃銀鉤；她對前朝李思訓、王維的金碧、水墨兩大畫派都十分喜愛，也常常研朱揮毫，作幾幅翎毛花卉；她通音律，早在兒時就學會撫琴。

　　如你所知，古代的哪一個詩人不是書法家音樂家？他們的生活本身就是藝術。在她的筆下，無論以哪種藝術形式呈現，幾乎沒有一首不是鮮妍的，像在新荷的寬大葉子細得似有若無的茸毛上，打著滾：

　　如這一首《漁家傲》：

　　「雪裡已知春信至，寒梅點綴瓊枝膩，香臉半開嬌旖旎，當庭際，
　　　玉人浴出新妝洗。
　　　造化可能偏有意，故教明月玲瓏地。共賞金尊沉綠蟻，莫辭醉，
　　　此花不與羣花比。」

　　當然還有《點絳唇》，懵懂也萌動的年齡，以及調皮的樣子：
　　蹴罷鞦韆，起來慵整纖纖手。露濃花瘦，薄汗輕衣透。見客入來，襪

剗金釵溜。和羞走,倚門回首,卻把青梅嗅。

更有流傳很廣的《如夢令》,多麼活潑無賴:

「常記溪亭日暮,沉醉不知歸路。興盡晚回舟,誤入藕花深處。
　爭渡,爭渡,驚起一灘鷗鷺。」

一個無邪的少女,秀髮香腮,面色如花還似玉,情竇初開,一時玩得汗水濕透了衣服,一時見了客人又羞澀得鞋子簪子都掉了。那時是中午吧?屋裡父母大人睡著,書掉在地上,被風一頁一頁翻著。她躺在房裡,或者傻乎乎地看著沉香裊裊,或者起身寫一封假想的小情歌,然後到後園裡去與別人鬥一下草……。由這些情境捏造的天真爛漫的詞們,就像一把把乾淨安定的好嗓子穿透了身體,擊打你。她不作怪,卻由奇返常,讓人進入平靜的聊天般的節奏,一下一下敲擊在心裡,依附上你的心跳。初始也許沒什麼特別的感覺,可是純潔天真的節奏一出來,鋪展開,讀的人身體就暢美得每個細胞都想張口唱起來——這個女孩子是通了靈的。

不可一口否認世上有通靈一說,就像做事之初首先須在乎對所做之事虔誠與否。一直覺得,萬物如此:你不虔誠,它不開口。因為活到今天,也學習,也思悟,可我們對於宇宙和我們自身都更迷惘了。這個世界,暗物質據說有96%還多,我們能掌握和了解的,不到3%。所以,須敬畏。

而眾神安居,素淨溫和,會把大地上的樹木人等鋪在紙上耐心細究,到底哪一個能做椽檁棟樑,哪一個該去安邦定國簞壺賣漿,早有了安排。她天生就被指定寫詞才來到這裡。

後來,依然很像童話:她順風順水地成了吏部侍郎趙挺之的兒媳、青年大學生趙明誠的小妻子。公主和王子結婚了,她和這位博學的丈夫,過著幸福的生活。很多時候,在悠閒的午後,陽光散淡地照進屋裡,夫妻倆指著堆積如山的圖書,猜某個典故、某句詩在某書的

某一頁，誰猜中了就能喝一盅新煮好的下午茶。這賭注看上去不吸引人，但次次玩得興高采烈，像兩個小朋友，甚至連茶碗都打翻了，誰也喝不成。而贏家總是她。

夫妻倆還比賽寫詞，他閉門謝客三天三夜，絞盡腦汁寫了 50 首《醉花陰》，將她同題的一首摻進去拿給朋友評判，結果朋友說只有三句寫得絕妙：「莫道不消魂，簾卷西風，人比黃花瘦。」那是她的句子。贏家還是她。

她好像隨便說說，平白如話，就奪走了人心。然而，又完全不是那麼回事。說是平白如話，其實呢，當然是加了一點、又減了一點什麼的，譬如加個虛字減個轉語詞。更多的時候，她讓你覺察不出到底加了點還是減了點什麼，那是極為玄妙的東西，看不見。因為有她對比，更厭煩裝純稚和裝樸素的假文人。不是那樣的，純稚和樸素不是直接從百姓中拿來就用的。它們比直接拿來的更純稚、更樸素。

就這樣，他處處被好勝的小愛人壓過頭去，卻並不在意。畢竟不過閨房之戲，外面的天地才是男人的。他們食去重肉，衣去重彩，購買了許多兩人都愛的碑帖金石，放在手邊共同把玩，雅趣非凡。他愛她又聰明又風情，才華好得似乎風吹吹就來了；還喜歡被她拉去郊外踏青，樂意被她纏著打雙陸(古代的一種賭博工具)，下象棋，然後，笑著輸給她。

她寫下每個字都笑吟吟的《減字木蘭花》，又甜又香又太陽高：

「賣花擔上，買得一枝春欲放。淚染輕勻，猶帶彤霞曉露痕。
　怕郎猜道，奴面不如花面好。雲鬢斜簪，徒要教郎比並看。」

結婚六年，她二十四歲，跟隨丈夫從京城汴梁回到他的家鄉。在那裡，應該算是鄉下了，可他們十分喜愛那種安靜，一心整理古籍書畫，校對正誤，彙集成冊。青州十年，他們竟積累了十間屋子的「寶貝珍奇」。同時，夫婦依舊吟詩弄詞，沒事散步，生活在夢境裡。

　　她滿足地說：「甘心老是鄉矣。」他那麼愛她，說：「佳麗其詞，端莊其品，歸去來兮，甚堪偕隱。」里爾克多麼明白，說：「愛是最難的事。」可是，里爾克的斷言在他們的愛情裡不成立了。他們嘻著哈著，就成了中國文學史上最美好的一對夫妻。

　　兩人都是把一生中最輝煌的感情時光，和最幸福的黃金歲月貢獻給了對方，儘管其間兩人主要的關係是離別，主要的交流是偶爾的書信，然而，心裡有他，就像另有一個紙砌的花園。

　　離別並不妨礙他們相愛（甚至他後來因為老大無子，或是因為男人的本性感情有過片刻的遊移，也並沒有改變愛的大方向），這個愛也沒有因她的離去而消失，這個在她的詩詞中存在的愛，有時淺白歡喜，有時深摯悲哀，如一大片開到最好的花朵，用力而無辜地開著，燦爛得使人不知如何相待；也似初夏的午後偶爾聽到傳過來的笛聲，聽到了也不知到哪裡尋找，就那麼待著，任它們被一場一場的風刮過來。而在幾百年後的今天，還有一些穿著打扮、說話方式都完全不同了的人在關心這個愛，在尋找這個愛。

　　這個愛是亂世裡的一個美神。是啊，亂世的前兆已經開始顯露，醜與美，鬧與靜，淒涼與安好，終究是綠肥紅瘦。那時，金即將入侵，戰亂漸起。然而，有愛人在，一切煩惱就都不是煩惱，就連相思也是苦澀釀著的甜蜜的——因為那不見的苦澀總要歸為相見的、加倍的甜蜜。

　　他得到友人劉跋的書信，相約到泰山訪古。她無法隨他一起去，就忙著為愛人整理行李，準備食物，為他餞行。後來，她在一幅錦帕上寫下了贈給愛人的一闋《一剪梅》：

> 「紅藕香殘玉簟秋。輕解羅裳，獨上蘭舟。雲中誰寄錦書來？雁字回時，月滿西樓。
> 花自飄零水自流。一種相思，兩處閒愁。此情無計可消除，才下眉頭，卻上心頭。」

　　想來在她和他滿貯詩稿的愛屋裡，只滿縈著她的歎息，原來這樣無計可消除的，又怎只是花自飄零水自流？最惹起情絲的，是微涼裡的等待，因為，是這樣的無望。想他眉斜入鬢，想他淺笑溫柔，想他的好，想他的壞……這種愁，她有，他也有。心事可生，入鬢入雲，都有自己持有的秘密，而空氣裡有他淡淡留著的香，他說，不過是暫別離。那一刻白衫翻飛，眼神如水。她卻在這一刻止住了笑。

　　這樣的小小哀愁是必要的。很多人不懂這些味道像口味特異的水果，也是生命體驗過程裡的細節，沒有它們點襯，永遠四平八穩，有什麼好？

　　她寫信給他，那些看上去有一搭沒一搭的話語，也許是這首有一搭沒一搭的詞，在冬天的夜裡一句一句零落。就這樣，她一個人待著，丫鬟被打發去買針線，哪一個人寫信的時候，不是獨處的呢？其實，這樣的天氣亦是適合寫信的，在窗前鋪開紙，寫下一個名字。風吹動紙角，沙沙作響，窗外光影漫漫，不知要生出多少來。是的，就是這樣，所有最好的詞語，都想說給你聽。

　　她寫信，自然更盼望他的信，不喜歡捎的口信之類，如果生在今天，她也一定不會喜歡用微博、簡訊和 Twitter——太直接，思維難免受困，甚至因為送達太快，中間會少了些婉情，與心裡想說的意思都會有一段距離。我依然贊成這樣的文字距離，想起它們時似乎隨時可抬腳去看它們，不過需要一段不長不短的行程。

　　它們眉目清楚，從容安詳，像整晚的月光。而在一筆一劃手寫的信裡，他會憐惜地喚她的單名，和隱秘的小名，有重筆輕筆，有二度描摹和劃去的一團濃墨，有一些欲言又止、將說未說的奧妙，另外搭上一些郵寄的趣味和未知遠人行程的苦樂，以及那些細碎的美好：手上漿糊的微甜氣味，收藏再收藏、打開再打開的微微裂痕，噠噠而至又遠去的信使的馬蹄聲，為此加速的心跳和漫漲的失望，以及梳妝的無趣，望遠的悵惘……一切的一切，都是值得珍惜的。

　　你已多久沒有那樣了？說完這些，我也想了好久。

　　不記得最後的一封信是寄給了誰，也忘了收到的最後一封信是誰寫來的。在這樣粗糲的年代，誰還有閒情去慢慢地寫一封信，然後用許多個日子去等待？就算五塊、十塊的郵票比那時貴了十倍之多，但在如今依然是便宜的東西，而它卻可以寄這麼沉的一封信，會越過一千座山將你的手放到另一個人的手上，也許還能因此交換彼此皮膚上的溫度……唉，我們真要學她，丟掉鍵盤，取筆來，寫封信了。

　　《一剪梅》，整闋詞有一種薄如蟬翼的美，情愈切而言愈微，苦香淡白，跟她愛用的「九、憶、飛、也」等字一樣，不食人間煙火，安靜，溫雅。這種安靜溫雅，是青衣的白水袖，唱到低徊處，一寸一寸褪下來，垂垂而落，可以讓人在這些細軟成簇的筆劃裡逗留很久。如果不貼著它去讀，很容易便生出些「隔」的感覺，走不近，甚至有些讀者會因此認為她矯情，華麗為文。這當然是誤讀——以我們現代淺顯浮躁的心，很難理解入幽微曲的藝術境界。它不像北地女子大水似的清愁，倒有江南古鎮柳絮小池塘的質地。然而要準確表達它，一時又無法抵達。非要說的話，有點像傍晚的後花園，雨下了很久，抬頭見到淡青的一角天色。

　　她讓我們知道了，寫信、寫詞或者說寫作，的確是件美好的事，就像桃花開放那麼動人。

　　他讀了詞（或者說是「情書」），就把登泰山、訪古碑的心思，減去了一半；人雖離家愈來愈遠，心卻愈來愈近，身還未到泰山，心卻早已在計算歸期了。

　　翻翻《東京繁華錄》，可以清楚看見「靖康之變」前的汴梁：

「舉目則青樓畫閣，繡戶珠簾。雕車競駐於天街，寶馬爭馳於御路。金翠耀目，羅綺飄香。新聲巧笑於柳陌花衢，按管調弦於茶坊酒肆。八荒爭湊，萬國咸通。集四海之珍奇，皆歸市易；

會寰區之異味，悉在庖廚。花光滿路，何限春遊；簫鼓喧空，
幾家夜宴。伎巧則驚人耳目，侈奢則長人精神。」

其實，書裡所繪圖景，也大致形似宋詞活潑鮮活婉約多情的那
個時期——每一個時期的文學特徵，都是與它們所處的歷史特徵不相
違背的。

就這樣，一切都好，只欠煩惱，就連相思也是又酸又甜，有一
點強說的愁。生活像清澈的溪流，唱著歌一路前跑。那些怡情的小賭、
小鬧、小別離，就是一朵朵濺起在水面上的愉快小浪花。詩歌史完成
了一次溫柔的愛情。這兩個人，詩人和學者，詩人兼學者，越愛越完
美，在愛正濃時，成就了彼此。不能不讓人羨慕，原來好的愛情對事
業果然是有正面激勵效果的。

而女人的青春跟人的幸福一樣，都是短暫得如同書裡的插頁，
生活的大書卻總書寫了太多苦難作為正文。那些愉快的小浪花還沒來
得及翻捲，國家不幸的大潮就來了——異族入侵，踏破了千里家國
夢。那是整個民族的劫難，懷抱熱血卻逐漸失去人生中寶貴東西的，
不止她一人，譬如還有另外一位以死抗金的詞人岳飛。

她隨同愛人，帶著幾車笨重的金石彝器書畫卷牒流亡。這簡直
是天方夜譚，然而他們居然做到了。這不是全憑太愛？它們就像他們
的孩子，生死相依。

然而，生命變化得太快、太殘酷，來不及準備，也無法預料。
面對突如其來的苦難，我們有時會束手無措。像一卷被倒著播放的童
話，她的愛情註定上演不了最壞的開始和最好的結局，恰恰相反，她
沒有料到過的苦難之後，更大的、夢也夢不到的苦難來了。

獨自再赴建康任職的他竟然一病不起，去世在剛上任不久的太守
府中，她倉皇趕到建康，為丈夫營葬，悲痛加上奔波，終於支撐不住，
猝然病倒。她的愛情與希望跟著愛人死去，如同水果被製成了蛋塔。

　　她把哀怨而失神的目光投射在床頭一卷卷書冊上，一個意念越來越鮮明地在心頭升起：為愛人整理他所撰的有關為金石彝器考證文章。因為這些金石彝器是他們夫婦二十九年來共同歡笑的源泉啊。

　　又是五年過去了，她帶著他們積累多年的書畫、彝器和萬餘金石拓片一路隨宋室南遷，遷徙各地，先後到了越州、台州、溫州、衢州，最後到了杭州，企圖把寶貴的研究成果寄於朝廷的保護之下。

　　然而在朝不保夕的逃命歲月中，南宋皇室甚至連「家天下」的勇氣也沒有，他們只能將生命的全部意義終結於一己的死活之中。在看明白這一切殘酷的宿命之後，她只能一聲長歎：「我報路長嗟日暮，學詩漫有驚人句！」雪上加霜的是，那些珍貴的書畫彝器金石竟在一夜之間遭了賊手……至此，她終於淪至一無所有。唉，是怎樣的不幸？這樣徹底這樣萬劫不復？不幸冰冷，如同穿過骨頭的瓦上霜。

　　是的，詩詞歌賦，再完美，終不過是詩詞歌賦。文章動京華，一字一千金，又如何？縱使她長成個男人、再有十倍的才氣，也只能深閨獨守，不要說濟世救國，就是與同道中人痛拍欄杆也不被允許。所以，我並不怎麼喜歡她為人稱道的「至今思項羽」云云。她拗著自己的性子和熟悉的世界去強喊的大聲壯語，到底不如她自然從喉嚨流淌而出的、低唱的歌更誠實動人。

　　又是兩年過去了，四季依舊在，只是已在她之外。海棠又開了，桃花又開了，香樟樹打著青翠的傘。風輕吹，粉紅的海棠、桃花飄來，香氣浸透了繡鞋，陽光滲進清晨的空氣裡，林中畫眉輕啼，春筍聽著鳥兒的歌聲節節攀高。可是愛人，他不再回來。奈何橋橋畔可曾推落孟婆湯？只為記著有人鞦韆架上暗斷魂。

　　這一年她53歲，花無人戴，眉無人畫，酒無人勸，醉無人憐，陡然生出白髮。關山月色，誰是眼前人？

　　她倉皇中的再嫁和離異，都是白髮猛烈生出的根芽。那是她真正衰老的開始。不能怪她的不堅定，她恨自己糊塗，羞愧著，已經自我折磨了很久。

　　想來一個女人，柔弱無依，又得了重病，還是個詩人，有著比常人強烈十倍半對痛苦的感知能力，面對急需要一個肩膀靠一靠的現實，你要她怎樣呢？結合如同閃電的短暫，和她最後離開的決絕也證明了她的覺悟。那是她的刪除鍵，她一而再、再而三地咬牙大力按下，不惜頂著牢獄之災將那個猥瑣的名字從腦海裡抹去──我們也將那個人的名字抹去好了，不說出，就當沒有。不知道親愛的她對此是否滿意？

　　這件事叫人不得不慨歎和自我提醒：在人生很多關鍵的時候，要小心做出重大的決定。原來人的一生就像一個身體，哪一個細胞不固若金湯就會氾濫成災。當然，那些生出白髮的根芽裡，更多的還是對心中不死愛人的思念。

　　無數個夜晚，她期盼他還能突然出現。後天就是上元佳節了，隔壁鄰家的院子裡傳來陣陣的笛聲，夾雜著江南水鄉的蓮歌漁唱……。這樣想著，她掀簾走進屋內，椅上的古瓶裡，斜插著幾枝梅花，泥爐一點紅，而她的眉間事，終會在泥爐中的那枝綠香裡隨青煙穿雲而來。鄰家的笛聲停了，傳來幾個少女的說笑，她來到窗前向那邊望去，只見三四個十六七歲的少女插著滿頭珠飾，戴著鋪翠小冠，紅妝豔裏，站在殘雪的院子裡，準備去看晚間一盞一盞亮起來的花燈。

　　三十多年前，中州盛日，汴京街頭，她也曾換了男裝，和他一道去觀燈夜遊，而賭書潑酒的汴京還在那裡，一寸都沒有挪動，他卻獨自走去了不知道到底是個什麼樣子的地方。回來吧，回來吧，回來……她想得呆了。許久，才轉過身來，默默地從書架上取了他殘存的幾頁手稿，輕輕撫摸，似乎上面還有他手的餘溫。

　　城中遠處，隱隱傳來鞭炮的劈啪聲和孩子的歡笑聲。夜已深，她終於吐口釀成傷心的《永遇樂・元宵》，這闋詞像一左一右、驚慌的小鹿的眼睛：

　　「落日熔金，暮雲合璧，人在何處。染柳煙濃，吹梅笛怨，春意知幾許，元宵佳節、融和天氣、次第豈無風雨？來相召，香車寶馬，謝他酒朋詩侶。

　　中州盛日，閨門多暇，記得偏重三五。鋪翠冠兒，撚金雪柳，簇帶爭濟楚。如今憔悴，風鬟霧鬢，怕見夜間出去。不如向簾兒底下，聽人笑語。」

後來啊，她在《金石錄後序》中最後寫道：

　　「嗚呼！餘自少陸機作賦之二年，至過蘧瑗知非之兩歲，三十四年之間，憂患得失，何其多也！然有有必有無，有聚必有散，乃理之常。人亡了，人得之，又胡足道！」

　　雁字去時，月不再裝滿西樓，而雨天繼續，似乎沒有結束的時候。她靠在椅上眯著有點昏花的眼、獨自等水開的時候，似乎聽到遙遠的地方有更加寥落的雨天，雨水順著屋頂滴落，聽上去陰謀層層，讓很多樹木頭上壓上沉甸甸的水珠。後來，夜色爬進來，悄無聲息。

　　懶丫鬟配著的懶小姐。剛離去的鞦韆。綠肥紅瘦的海棠。立在西光裡的蜻蜓。遊動的魚。有倒影的水窪。停在簷角的小鳥。……夢結束了，它不過是今天、此刻一個過於盛大的背景而已。

　　時光似乎也丟棄掉了這些離群索居的日子。

　　她開始肆無忌憚地放牧這些夢境。騎馬的人的馬蹄噠噠，近了又走遠，她卻頭也不抬；不再期盼，因為再也不會有錦書到來。

忍不住思念和心頭傷痛，恍惚提筆，寫下光照千古的《聲聲慢》：

「尋尋覓覓，冷冷清清，淒淒慘慘戚戚。乍暖還寒時節，最難將息。三杯兩盞淡酒，怎敵他，晚來風急。雁過也，正傷心，卻是舊時相識。滿地黃花堆積，憔悴損，如今有誰堪摘？

守著窗兒，獨自怎生得黑。梧桐更兼細雨，到黃昏，點點滴滴。這次第，怎一個愁字了得！」

繁華落盡，夢醒了。自此，她一寸不剩地失去了她的樂園，他們的樂園。這首詞是我們能得知的、她最後的消息。

[詞人小傳──李清照]

李清照（1084 ～約 1151）：齊州章丘（今山東省濟南市章丘）人，號易安居士。宋代女詞人，婉約派代表。所作詞以北宋、南宋生活變化呈現不同特點。前期反映閨中生活感情自然風光別思離愁，清麗明快。後來詩詞變為淒涼悲痛。其文學創作具鮮明獨特的藝術風格，居婉約派之首，對後世影響較大，稱為「易安體」。

李清照是中國古代罕見的才女，她擅長書、畫，通曉金石，尤精文學創作。她的人格像她的作品一樣令人崇敬，既有常人憤世之感慨，又具崇高的愛國情懷；有卓越的才華，淵博的學識，也具高遠的理想，豪邁的抱負。她在文學領域裡取得了多方面的成就。

在同代人中，她的詩歌、散文和詞學理論都能高標一幟，而她畢生用力最勤、成就最高的則是詞的創作，在藝術上達到了爐火純青的境界。她用白描的手法來表現對周圍事物的敏銳感觸，刻畫細膩、微妙的心理活動，表達豐富多樣的感情體驗，塑造鮮明、生動的藝術形象。在她的詞作中，真摯的感情和完美的形式水乳交融，渾然一體。同時，她詞作中的筆力橫放、鋪敘渾成的豪放風格，又使她在宋代詞壇上獨樹一幟，從而對辛棄疾、陸遊以及後世詞人有較大影響。

張玉娘：半死桐

　　互不相干的三個字排排坐，成了我喜歡的一個名字——唇圓著張開，再緩緩噘起，又婉轉上揚，悠長而逝，然後舌尖在齒後輕輕撞擊搖盪，有細碎的酥麻，倏忽遠去，深究已無痕。這個名字乍聽上去，廣深寬大，綠意層層，汪著日光。讓人無端覺得，這個世界從來都配不上這麼美好的人。

　　是配不上。在《唐宋詞鑒賞辭典》中，共收入了百餘位詞人共七百多首詞，卻唯獨沒有她的，這個與李清照、朱淑真、魏玩並稱宋代四大女詞人的女才子。不知是編者的疏漏，還是有意排斥了，或是根本不知道她這個人？這不能不說是一個很大的遺憾和痛心。幸運的是，我們如今又重新讀到她的詩詞，使得這位謹慎而孤單的文學家又重見天日了。她的詞多麼好，幾乎首首都好。我們每每讀到，都覺得自己配不上做她的讀者——對於一些作品來說，做一個相配的讀者不是那麼容易的。

　　開始總是很好的：她十五歲與青梅竹馬的沈佺訂婚，幸福的日子指日可待。他是個風度翩翩、才思俊逸的士子，雖只有 22 歲，在京城順利透過經、論、策三場考試進入殿試，高中榜眼，金榜題名。他的才思在京城一時傳為佳話。據說，在面試時，主考官得知沈佺是松陽人士，恰巧這位主考到過松陽，於是拿松陽的地名出了上聯讓他對，上聯是：「筏鋪鋪筏下橫堰」。他很快就對出下聯：「水車車水上寮山」。對句工整完美，上聯的「橫堰」是地名，他對的「寮山」也是地名，且都在松陽。登時一座皆驚。沈才子之名於是京城盡知。他多好啊。

　　更好的是，他也是愛著她的。她知道了，嬌羞不禁，贈予親手所做的定情香囊，並賦詩以表心跡：

「珍重天孫剪紫霞，沉香羞認舊繁華。
　紉蘭獨抱靈均操，不帶春風兒女花。」

這樣的《紫香囊》是應該再多寫一些的，它用熱誠的紫紅色連綴而成，多麼恬靜安然，絲絲甘甜——不管「甘甜」多麼不含蓄、不文學，人們還是嚮往之。這樣的詞讓我想起兒時和媽媽在一起，每到春天，就會有潮濕的地面，天天都升起的煙嵐，從家裡的木條窗望出去，還會看到那些潔白的、碩大的桐花在陽光裡輕輕地、輕輕地旋轉飄落，啪嗒啪嗒，沉重砸地，花心裡是淺淺的紫，誰都想一把攔住那樣的時光，不讓它走。

記得《孤星血淚》中的郝薇香就曾想把好時光永遠停住，她把家中所有的鐘都停在九點二十分，自己則像幽靈一樣整天穿著結婚當日的嫁衫不肯脫下來，還空著一隻因為新郎逃走不及穿上婚鞋的腳，深恨著世間男人的薄情。她把時間自欺地停止，一生仇恨。但是，她還是老去，一如她的老宅，蛛網結，藤蔓生。

就是這樣，無論你怎樣打算與時光老物以死相拼，他仍舊是什麼都慢慢悠悠——他老人家總喜歡將悲劇降臨到這個美好的人間，讓每個看似甜蜜啟程的生命之旅最終變成一次冒險。天不佑人，沈佺不幸得了傷寒，病入膏肓。她得知消息，立即寄信給他，說：「妾不偶於君，願死以同穴也！」

他看信後感動不已，強撐起奄奄病體，回贈一首五律：

「隔水度仙妃，清絕雪爭飛。嬌花羞素質，秋月見寒輝。
　高情春不染，心鏡塵難依。何當飲雲液，共跨雙鸞歸。」

他知道自己已不治，只期待愛人「共跨雙鸞歸」，在陰間相聚。作此詩時，他還在趕回松陽見玉娘的路上。然而他還是去世了。

　　她得知了噩耗，登時昏厥，在愛人靈前，慟哭下吟就《哭沈生》：

「中路憐長別，無因復見聞。願將今日意，化作陽台雲。
　仙郎久未歸，一歸笑春風。中途成永絕，翠袖染啼紅。
　悵恨生死別，夢魂還再逢。寶鏡照秋水，照此一寸衷。
　素情無所著，怨逐雙飛鴻。」

　　此後，她不再展眉，活在了秋天，恍惚間，並不明白秋天是怎麼到達的。它好像是抄了某種捷徑，一夜之間就到了她的門外：

「霜天破夜，一陣寒風，亂漸入簾穿戶。
　醉覺珊瑚，夢回湘浦，隔水曉鐘聲度。
　不作高唐賦。笑巫山神女，行雲朝暮。
　細思算、從前舊事，總為無情，頓相孤負。
　正多病多愁，又聽山城，戍笳悲訴。
　強起推殘繡褥，獨對菱花，瘦減精神三楚。
　為甚月樓，歌亭花院，酒債詩懷輕阻。
　待伊趨前路。爭如我雙駕，香車歸去。
　任春融，翠閣畫堂，香靄席前，為我翻新句。
　依然京兆成眉嫵。」

　　「霜天破夜，一陣寒風，亂漸入簾穿戶」，與愛人別後，她的世界裝滿了寒風，他常在她酒醉的夢魂中，然而終究你是飛鳥我是魚地，再不能見。

　　「細思算、從前舊事，總為無情，頓相孤負」。她因此「多病多愁」，頹到坍塌──如同一堵牆的坍塌，無藥可救。而一個人能夠活著的真正意義，其實是因為精神上一直都有一個支柱，或者說是依託和希望。精神上一旦被擊潰，整個人就形同行屍走肉，都不知道自己究竟還是不是自己，一切都沒有什麼實質上的意義了。

「強起推殘繡褥，獨對菱花，瘦減精神三楚。」這種不是病卻大於病的姿態和李清照的「風住塵香花已盡，日晚倦梳頭。物是人非事事休，欲語淚先流」驚人地相似。她們把往事放在遙遠的地方，心卻放不到那裡去──是何等相同的身心疲憊啊！

「愛人啊，今夜你人在何方？可知道我整夜站在窗前眼望星星念著你？」她滿心滿眼的他，即使他已經不能在身邊，即使身邊有無數的男人──女人們總是對愛人之外的男人選擇性失明。沒有精神世界的世界，是置身冰冷的海水裡，是行走在漫天的大雪中。

「為甚月樓，歌亭花院，酒債詩懷輕阻。待伊趲前路。爭如我雙駕，香車歸去。」傷心不是一兩天的事，想著從前的歡樂時光，不免起了追隨而去的意。

在那些思念成病的日子裡，肯定有下雨的時候，雨絲在光裡紛紛瑩亮，落在捲曲的蓮葉上時，葉子會急促地跳動，啪啦作響，好像一鍋的愁苦在翻滾蒸煮。她是一種逐漸失傳的植物，移植，頂插，杆插，扡插，碾冰為土玉做盆，什麼都抵擋不了她持續的枯萎。

共同活著既無法聚首，共同死去當無可阻攔。什麼都擋不住一顆揣燙了愛立定赴死的心。她讓我們想起了在十九世紀的義大利，那個年紀輕輕就死去的畫家莫迪里阿尼的女友──他的女友在他因肺病去世的第二天，居然悲痛到帶了九個月的身孕跳樓自殺。唉，我們在得知那樣和這樣的故事時，相較故事裡的男主角們，更多的是憐惜了他們的女友。她們比他們更純潔和更偉大。

她終於死去，我們終於傷心。一幕希臘式的大悲劇。而一個人只有一種命運，都是在每個人的路上等著黃昏來臨。她陷落在她的黃昏裡，我們只能停在時間之外，遠遠地望。死亡的物質之所以令我們不安，記憶深刻，那是因為它曾經有過靈魂。她曾經有一個多麼美和苦難的靈魂啊，而美和苦難，原本就是同義詞。

　　我們也不必憐憫她，死亡它輕易的就容下了人生裡所有的悲歡離合、所有的喋喋不休、所有的嗔慢癡狂……所有所有。但是它如此沉靜，不露痕跡，使所有的他與她都變成它，重歸天空或者泥土。死亡背後，其實還是有一個主謀在策劃一切，它就是時間。其實是它，凶而溫柔，吞沒一切……唉，不說了。

　　值得再提的是，她和其她大多數才女一樣，聰慧過人，相伴著書、畫、琴、竹、月和酒，在文學的造詣上一點也不比當時那些聞名於世的男文人低。她沒有侷限性、意境異常開闊的詩風實在值得稱道。在這一點上，連李清照也似弱於她。

　　她的詩歌題材也很廣，有絕、律、四言、六言等，更難得的是長於古風。難為一個女孩子，那麼早就逝去；她為情而死，天地為之變色。

　　「關山一夜愁多少，照影令人添慘淒。」是她的愁情；「閒看蠟梅梢，埋沒清塵絕。」是她的閒情；「寶鏡照秋水，明此一寸衷。素情無所著，怨逐雙飛鴻。」是她的素情；「澹泊羅衣服，容顏菱枯槁。不見鏡中人，愁向鏡中老。」是她的悲情；「汝心金石堅，我操冰雪潔。」是她的純情；「此景誰相問，飛螢入繡床。」是她的苦情；「自是病多松寶釧，不因宋玉故悲秋。」是她的柔情；「流星飛玉彈，寶劍落秋霜。」是她的豪情；「勒兵嚴鐵騎，破虜燕然山。宵傳前路捷，遊馬斬樓蘭。」是她的愛國之情；「獨此弦斷無續期，梧桐葉上不勝悲。抱琴曉對菱花鏡，重恨風從手上吹。」是她的癡情；……。

　　我們每次讀她，都像體會一杯茶的水意浩然，而茶有多種，滋味萬千；每次觸碰到她不同時段不同時刻的感情，都好像看見自己多年前的哪一段日月，泊在月光或日光裡，淡淡地照亮，分明是停止的，然而心裡以為那些光線會徐徐移動。我們擦肩而過時，你記住了誰的臉？誰又記住了你的？風雲際會也只一片水墨，我坐船經過月下，停駐在這裡，種起半坡的蘭，等你來看。

　　乍一看，它們似乎也沒什麼，毫不光彩，奪不去我們的心神，細勘細想，這種簡單而容易靜心的聲音無處不在：夜色中階雨久滴，深巷裡鞋跟踏石，黃昏畈上棒子打谷，仲夏夜樹鳥斷鳴。輕輕呼吸，靜靜回味，如此普遍的句子，即可輾轉塵世，混入了春秋。

　　此刻，因泊心相聽，它們也會為你蓄滿柔軟，玲瓏剔透。或許，任何人、任何時辰都是一段片刻裡的傳奇？我讀著它們的時候，正下著窗簾，嫩陽初醒，光影很低，它們散在書桌上，窗外正有一株從她的詞中長出來的梧桐。

[詞人小傳──張玉娘]

張玉娘 (1250 ～ 1276)：處州松陽（今浙江省麗水市）人。字若瓊，自號一貞居士。南宋末女詞人。卒時年紀不到 27 歲。她出生在仕宦家庭，曾祖父是淳熙八年進士，祖父做過登士郎。父親曾任過提舉官。

她自幼飽學，敏慧絕倫，自幼喜好文墨，尤其擅長詩詞，她的詩體裁多樣，且長於古風。題材和風格也迥然相異。當時人曾經將她比作東漢曹大家（班昭）。後人將她與李清照、朱淑貞、吳淑姬並稱宋代四大女詞人。

然而，她才豐而運蹇，未盡其才，將婚而逝，一生充滿了痛苦與坎坷。

嚴　蕊：好花時

她跟他們不一樣，跟她們和我們也不一樣。

她是個妓女。履歷表上分欄填著：

「籍貫」：蒲公英
「愛好」：蓮花
「配偶」：桃花
「政治面貌」：蕨類植物

妓女啊，迎春送春的那一類人，流淚咽淚的那一類人。寫下這兩個字時，還會停不住想寫出：羅裙，捲簾，爐煙，花影，胭脂，屏燭，釵環，雲鬢，檀板，欄杆；當然還有天如水，夜色闌珊，以及恩情容易，似寒灰。此時，月光也倒了下來，鋪天蓋地，世界慢慢浸水，沉沒，像薔薇花影那樣優柔。

妓女的身份賤啊，潑辣著長，好比陽光倒在路上，小雛菊就開了，明黃的，怯怯的。湊近了看是一個個小太陽，教人忍不住要掐下來。可是怎麼捨得？

一首詞大概也要從這裡開始，與一樹花謀宿命。這個過程本身就是花開的聲音與距離，以及陌間的相顧又相離，時光因這種天然的暗示變得陳舊和可惜。是銀飾的那種舊，溫潤，不語，積勞成疾，還有淡淡的光澤，彷彿可以天長地久，卻是白日轉黑夜漸漸蒙塵。

只是，她的一生都像個貞靜的閨秀，坐在大宋的月亮裡，繫著優柔的鬢髮，在屬於她自己的時間裡，坐在花影裡緩緩地與一隻蝴蝶相會，與一片葉子說話，溫柔的眼神，似竹林間夾竹桃的落英紛飛。

就她的精神生活，她不像妓女；就她的實際生活，她不像女詞人。她自己的詞裡這麼說：「道是梨花不是，道是杏花不是。」莫非也有一點自況？多麼悲哀，一行煙花句。

　　如果，她不是一名妓女，沒有被才華的深井陷住，會不會像鄰家捶布賣漿的大嫂一樣，得到俗世的幸福、平凡而平靜地度過一生呢？不知道。那樣盛大的美貌和才華禁不起一句假設。說到底，這世上是有一些人註定要過一種同世俗生活決裂的生活──在後世，是光榮；在當世，是酷刑。

　　沒有愛人，只有客人。她都老了，還插著一頭的花──她沒被允許不插花。人到中年，還不能從容做中年，的確夜長日淒涼。

　　好在她還有她的那些句子，住在風裡，就像她自己住在風裡，孜孜不倦地綻放，有香氣⋯⋯可惜不能畫香氣。曉得嗎？它們開起來真是香，香得挺身而出，香得奮不顧身，開最多的花也不會讓你扭頭──她的凜凜不懼將你心神奪去。她站在那裡，香出來，多少年，也像是有歌聲飄過。路過的風都要把腳步停一停。

　　你看，一說它的香，我的語氣就慢了下來了。或者就畫插在瓶中的吧，那也是不錯的。黃的，白的，綠的，粉的，開得亂七八糟，放在幽深的亞麻布窗簾的背景前，也襯著琴音如水。而此刻，夜深聞私語，月落似金盆，那真是她如雲如霞的好時光啊。

　　骨子裡她真的像嚴冬裡開著的一種花，寂靜，冷凝，就著心頭的一點熱愛，把自己點亮。

　　這個下午人聲嘈雜，越過它們，我假裝只有自己。然而讀了一下，她就讀不下去了──不忍讀，也怕讀完，失去閱讀的樂趣。所有文體都需要閱讀的快感，否則再龐大再深厚的「主義」都將得不到最好的稀釋，閱讀是再創造，這個不用懷疑。然而有了閱讀的快感，一旦讀者和作者糾纏起來，便可輕易地做到這一點。她在詞裡說了許多事，一件件，說得有根有據，說得安靜，說得傷感，說得月光鋪下來。

　　於是走到樓梯的盡頭，遇見今早花盆開出的花，碎碎的，深紅的顏色，是去山裡旅行時隨便在路邊撿的種子，我不認識它們的名

字。它們被陽光照出繁複的花影，被風緩慢地打恍。

我印象裡的她會永在江南，溫酒，淺睡，憶夢，填詞。其實，她遠遠走了，不在江南也不在塞北。這一刻，卻感覺竟然離得如此之近。世界真是奇妙啊。

被她那些字句攔住的時候，我活在紙上的年月被繼續醉去，片刻間此身彷彿一枚幽靜的月。萬物是月，一萬枚月亮掛在天上……我在的時候，它們也在，仿若某些事件的久別重逢。只因為宋朝有這樣的女子，我願意變成個男人，去到那裡。也難怪英國史學家湯因比說過：「如果讓我選擇，我願意活在中國的宋朝」這類的話。誰不願意？

它們在紙上各自煙水茫茫，很近，很清淺，然而看下去，忽覺不同。就像在桃紅的燈下，它們輕易就被某一株花朵開放的事件打中那樣神秘。

其實，我還被另外一些句子攔住，而我需要假裝出恰如其分的欲語還休。許多時候，花開的那刻，我們總是在做著另外一件平淡的小事。它們與我們在某一個時刻，無聲的把一些隱藏的句子生長。

事實上我不是很喜歡讀她的詞——太過咬牙切齒，不像一首詞，倒像一章小說，字後面的意思太多，猜的心累。有時太過細膩的鋪張也是浪費。但是詞裡總有忽然留人停下來的句子。這就像是錦衣夜行時忽遇一盞燈火，照見衣上剎那芳菲的緞質，無端先驚了心。

許多句子被放養在詞中。就像開在水上的蓮，一朵一朵延綿不絕，更多的時候，它們更虛擬地開到了空中——那是一片詞句無法領養的天空。某一刻，它們還會被用來折疊在一枚薔薇中，做無限久長的夢；總之，那是這樣或那樣的花朵，開開落落。

讀到她細雨紛紛的句子，有一面坡上悄悄長出紛雜的句子，它們以另一種好看的樣子，在詩經的清晨裡，以排比的溫暖使桃夭夭牡丹灼灼。也許只有詞句可以與時間一起天長地久。

把它們搬運下來，聽到水珠滴落。詞句兩端煙水茫茫。

依然希望有一個地址可以安放一張紙。水墨消失後，還有一枚淡淡的影子是關於春天，比如風暖，鳥聲碎。她們去屋後，看到月亮落在井裡。那一年，桃花像雨那樣飄落。

她那著名的詞，據說是被冤枉跟台州知府唐仲友有感情糾葛時所作的。理學家朱熹為此短短三個月裡，就六上奏章給宋孝宗，嚴詞彈劾唐仲友，也牽連到她，她被捕了，被灌輸了「婦女柔脆，吃不得刑拷，不論有無，自然招承」思想的部下大用酷刑，可任憑怎樣拷打，她就是不招。

就這樣，拖了一個多月，朱熹從她嘴裡始終沒有得到什麼。於是下令把她轉押到紹興，讓紹興的太守親自逼供，用上了拶刑——就是用木棍或者竹棍，在當中穿洞並用線串連，將受刑人的手、腳放入棍竹中間，左右兩邊分別有兩個人用力狠狠地收緊繩子。這種殘忍的酷刑是專門用來對付女犯人的，非常容易致殘。見她還不招，又令雙棍夾其雙腿。

她痛得死去活來，硬是咬緊牙齒，隻字不吐，最後昏厥過去，幾乎死去。無奈下，官府只能把她關押進牢，聽候朱熹的發落。朱熹就衝這一點，也不能算個好詩人——寫一萬首詩也不算。好詩人首先是個通靈者，通靈萬物，自然包括那麼美的女詩人。

沒過多久，她死也不招認連累好友的事傳到了宋孝宗耳裡，覺得她的確是冤枉的，於是把朱熹調走了。接任朱熹的官叫岳霖，就是愛國英雄岳飛的第三個兒子。當岳霖看見她被折磨得奄奄一息的樣子時，不禁十分同情起這個才女。於是對她說，我是來替你洗涮清白的，聽聞姑娘才思敏捷，今日你作詞一首來表明你的清白，我不僅會釋放你，還會讓你從良。

　　此時的她真是百感交集，於是隨口念了一首詞，也就是後來流傳的《卜運算元》：

　　「不是愛風塵，似被前緣誤。花落花開自有時，總賴東君主。
　　　去也終須去，住也如何住。若得山花插滿頭，莫問奴歸處。」

　　這些句子悲苦，如秋天的煙，時刻準備著轉身消散；或者，是從讀的人身邊氤氳出的一片水汽，靜靜地與你浸出距離，不亢不卑。

　　岳霖聽了，大為讚賞，立即令人取了樂籍，幫她除掉名字，判了從良。出獄後，據說她後來嫁給了一個非常欣賞她、疼她的權貴，這也算是一個妓女最好的歸宿了吧。你看，什麼不好都會結束。可是好呢？也會的吧？如此想想，就沒了意思。

　　想多了不好，還是不免為她高興得花香滿屋：她終於如願！要知道她是多麼想脫去樂籍啊，哪怕成為一個賣酒的女子，只要有個知心的人在身旁，抬頭看見一雙眸，或許可以乘著他愛憐的目光，蘸酒在桌上寫下：「肩若削成，腰如約素」；或：「既見君子，雲胡不喜」。而那時，一定陽光酥酥，晚風涼涼，天空藍藍……萬物諧好，不必填詞。她能如願，也是上天的恩賜，如同詩歌是上天的恩賜一樣，多麼天理昭彰，人心大快！

　　她身上具備了太多花的品質：美麗、清潔、堅強和高貴。開花的時候，那紛繁、恍惚而濃郁的香息，幾乎抑制住時光的拉伸。她氣格緊健，團結了所有的香氣，再用詞將它們一一鋪開，有著那種高度上的脆弱與危險，如同花朵咳嗽著落下，受不了冷。

　　她說：「若得山花插滿頭，莫問奴歸處。」不問，不問她的歸處。因為我們希望，她那顆寂寞而遭受過苦難的心，即使凍傷落下，也將慢慢癒合，慢慢地溫暖。當她不勝其苦、也不知多美的聲音，在第二年一縷一縷再次傳來時，她成了某個停下的神。而我，一直徘徊在這些瞬間的文字之坡上，終於緩慢地歡出口氣來。

　　雖然她為我們倖存下來的詩詞太少，少得僅僅能容下一個小小的愛情理想，但我們始終堅信，她曾在那一路風塵的歲月裡，用長滿月亮的小令，粉碎了命運一次又一次陰濕的陰謀。

　　那些短短的、有力量的小令像秋天的黃昏，許多闊大的樹葉影子打在一面牆上，被斜過去的光線慢悠悠的照著？不，也許像剛劃開的火柴，那種火藥味瀰散在空中，芳香而清晰，是特別美好的片刻。它們飽含了人生趣味和秘密，或欣悅、或雄壯，略有悲戚，彷彿玫瑰。我們手握玫瑰，就算凋零，就算咽露秋蟲、風舞病鶴，也捨不得放手，在這個玫瑰不如松阪牛肉的時代。隨著時間的推移，過去的俗見已經很難在如今遇見。

　　生命旅途上，我們跟她一樣，一路策馬，疲憊悵惘，疲憊時坐下來，對面只有空氣和自己的呼吸，心中早已落滿塵埃。但是，在某個角落裡，我們會為自己留著一個小小的位置，乾淨的，柔軟的，不容旁人置喙的。譬如，春天時看到一種淡綠的小蝶停在剛開的蝴蝶蘭上，只當是開了新顏色的花；譬如，此刻我把心房的鑰匙轉動，打開，瞇起眼睛，收束神氣，用來靜靜地燒錄這首叫做《嚴蕊》的歌。

[詞人小傳——嚴蕊]

嚴蕊（生卒年不詳）：原姓周，字幼芳，相傳祖籍浙江天臺，南宋中葉女詞人。出身低微，自小習樂禮詩書，淪為台州營妓，改藝名「嚴蕊」。善操琴、弈棋、歌舞、絲竹、書畫，學識通曉古今，詩詞語意清新，四方聞名，有不遠千里慕名相訪。

有傾慕嚴蕊的後人寫了一闋詞《如夢令·愛嚴蕊》，單說這不能一睹芳澤的遺憾：「夜恰合歡天氣，紅白一窗桃李。情味至今猶，不見故人詞寄，悲矣！悲矣！畫一個圈兒替。」

詞作多佚，僅存《如夢令》、《鵲橋仙》、《卜運算元》3首。其中以《卜運算元》最為著名。

元曲之美

第七章

《元曲之美》：以粗糲顆粒為核，長嘯出世心緒。——中國日報評論

關漢卿：風中之旗

在他身後三百年，西方的關漢卿——莎士比亞才發出了第一聲啼哭，把我們驚醒，而他，行進到我們這裡時，醒了已經足足有七百年那麼久，還一路歌唱，仍舊精氣神十足，眼睛都沒眨過。

我們不知道他是怎麼抵達的。他好像從古書上一骨碌翻下來，順著彎彎曲曲的曲笛聲，抄了秋天的近路，一夜之間來到了七百年後的這個冬天，我們的門外，趕在一點比一點更黑下來的黎明前，挨家敲著窗戶，通知我們去看他的戲。

演出的時刻循例就要到了。我們將看到：大幕拉開，主角登場。到今天，他仍然是那粒響噹噹的銅豌豆、四擊頭，一亮相——每次傾情出演的最後，他都會在那裡一動不動杵著那個叫做「不合作」的名字亮相，彷彿聽不到台下雨水一樣濺落的掌聲，以及場邊場記一次比一次焦急的落幕提示。

他愛他的製作，如同愛他的時代——恨也是愛。

就這樣，他將易、詩、書，春秋、周禮、禮記、四書……掰碎了，揉進了白話，驚得學者們一個比一個臉黃心酸。要知道，那時的散曲還是千嬌百媚宋詞小姐的親戚，鶯鶯燕燕。一個猛然，紅臉龐身形壯碩、脂粉盡去的姑娘來到，粗聲大嗓，天籟一聲，喝斷了小姐妹的溫軟咕噥，一時間不由得不讓許多耳朵起了幻聽。

隨之而來的，是來自四面八方的責罵，劈頭蓋臉，比板磚更硬。

比板磚還硬的，是他的骨頭。他「不務正業」，精通市井瓦舍流行的插科、歌舞、吹彈，能多種技藝。另外，他也不是一個規矩的

作家，俚語村言，隨時拿來用，還得寸進尺，加進了偶爾的嬉笑，吐吐舌頭，做個鬼臉，故意悖離既定的美感。

他本人呢，跟叛逆期的少年一樣，只要有時間，他就跟擔鋤的朋友一起粉墨登場，親自勾臉彩唱，唱那些雜劇——那其實就是元朝的大眾電影。就算走在路上，也有時停下，隨便拾取破瓦碎石，一筆蕩開，書寫淋漓。然後編寫曲子，用 Hip—hop 的節奏，跳起街舞「吼吼哈嘿」，給路人演繹著散曲——那其實就是元朝的通俗歌曲，唱了花中消遣，更唱了酒內隱憂：

> 「……我是個蒸不爛、煮不熟、捶不匾、炒不爆、響璫璫一粒銅豌豆，恁子弟每誰教你鑽入他鋤不斷、斫不下、解不開、頓不脫慢騰騰千層錦套頭。我玩的是梁園月，飲的是東京酒，賞的是洛陽花，攀的是章台柳。我也會圍棋、會蹴鞠、會田獵、會插科、會歌舞、會吹彈、會咽作、會吟詩、會雙陸。你便是落了我牙、歪了我嘴、瘸了我腿、折了我手，天賜與我這幾般兒歹症候，尚兀自不肯休。則除是閻王親自喚，神鬼自來勾，三魂歸地府，七魄喪冥幽，天那，那其間才不向煙花路上走！」

他咿咿呀呀呀唱著忿著的，是一個怎樣的「黎明」、怎樣空前黑暗的時刻：入主中原的元蒙新貴對漢文化和漢儒採取仇視和排斥的態度，取消科舉制達 78 年之久，將知識份子打入四等十級中的最底部（「八娼九儒十丐」的說辭就是那時流傳開來的）。

同時，還對知識份子實行高壓政策，法律規定「諸亂制詞曲為譏議者，流。」「諸委撰詞曲誣上，以犯上惡言者，處死。」科舉制度的廢止，堵塞了既定的「學而優則仕」的道路，對於知識份子而言，幾乎是一個巨大而漫長的噩夢。這就算了，天下的法器盡毀、道德淪喪，使得這些處在卑微的社會地位和岌岌可危的處境下的關漢卿們彷徨鬱積，無所依傍，心裡有吶喊，卻無力相回應。在英雄輕易地死於小人之手的時代，誰來救天下蒼生？誰？

　　沒有，似乎沒有誰到來，振臂一呼，也沒有什麼希望。他的心冷硬起來，臉上多了些切峻不吝，手下多了些玩世不恭。他也不記得了自己曾經的抱負──救是救不得了，濁世滔滔，大水漫漶，好像人人只有張著空洞的眼睛、暗自自危的份。

　　他開始嘻嘻笑著，只如這眼前的日子，入眼心裡覺得是好的，就是好的，也就完了。也許，這世上的一人一物、一花一草乃至一家一國自有它的定勢，苦樂在於自己的心。

　　於是，他寫快活，也唱快活，把快活、沒有未來的生活說成「我家生活」，無牽無掛，只願願一醉不起，成風成塵，化灰化煙：

「適意行，安心坐，渴時飲饑時餐醉時歌，困來時就向莎茵臥。
日月長，天地闊，閒快活！
舊酒投，新醅潑，老瓦盆邊笑呵呵，共山僧野叟閒吟和。他出一對雞，我出一個鵝，閒快活！」

　　他昏天黑地地戀愛，送別一個又一個的好女子，她們也送別他。偶爾的含蓄蘊藉，曲子好聽得讓柳永的《雨霖鈴》從此不能專美於前：「咫尺的天南地北，霎時間月缺花飛。手執著餞行杯，眼閣著別離淚。剛道得聲『保重將息』」，痛煞煞教人捨不得。

　　好去者，望前程萬里：

「深沉院宇，蟾光皎潔，整頓了霓裳，把名香謹爇；伽伽拜罷，頻頻禱祝：不求富貴豪奢，只願得夫妻每早早圓備者。」

　　他的名號在越來越大，被人們認為是「生而偶儻，博學能文，滑稽多智，蘊藉風流」。他手下溫軟和嬉笑的曲目越來越多，相反地，心上的冷硬和臉上的切峻也越來越多，都快結成冰。叫人擔心，「無牽無掛」總有一天會崩塌，決口出來，摧毀什麼。相信吧，暫時不安排它們，自有他一時的恐懼和靡弱，以及──還沒有準備好。

不可能永遠無牽無掛。是的，那些「無牽無掛」已經在冒著煙，發著熱，像一枚一枚的手雷般，擲過來了。他用他的唱，炸了一張「百醜圖」：權豪勢要、皇親國戚、貪官汙吏、土豪劣紳、衙內公子、商賈市儈、幫閒無賴、鴇母嫖客、流氓地痞……從上到下，由這些人織成的那張大黑網，正在捕掠著一個個弱小無辜的生命，使他們、也使自己失去了生存依據。

高度腐敗、目無法律「嫌官小不為、嫌馬瘦不騎、動不動挑人眼、剔人骨、剝人皮」的魯齋郎（《魯齋郎》）；草菅人命、「我是個權豪勢要之家，打死人不償命」、「只當房檐上揭片瓦相似」的惡霸葛彪（《蝴蝶夢》）；橫行鄉裡、色膽包天「花花太歲為第一，浪子喪門世無對」的楊衙內（《望江亭》）；仰借父親權柄、玩弄女性的官僚子弟周舍（《救風塵》）；十惡不赦、逼女為娼的老虔婆李氏（《金線池》）……他自顧自唱著，急急地走著，唱美，更唱醜，一直到了鬚髮皆白。那一年，我們要說的那一年，他已經過了七十歲。

一個人過了七十歲，其實幾乎已經什麼也不怕了。那時候，他有些累，差不多想歸隱，真的去「閒快活」一陣子了。誰知道，就在這個弦漸鬆的時候，那一年，他遇到了一生的知己：朱簾秀。

她是唱雜劇的「戲子」，姿容美麗，駕頭花旦軟末泥等，一應演繹到臻於神妙。她不甘下流，也寫得一手好散曲，流轉自然，透著純真：「山無數，煙萬縷。憔悴煞玉堂人物，倚篷窗一身兒活受苦。恨不得隨大江東去！冬季會黎正卿分司席上。開年近，釀酒醇，是誰傳竹邊梅信？小齋中主賓三四人，旋蒸來醉鄉風韻。」

是因為才華嗎？他和她幾乎一見鍾情，雖然晚了，還是見到了，且鍾情，也算上天的一種憐惜。

　　他和她之間的情，一定就是愛情了吧？看這一支他曾贈她的曲子〔一枝花〕：

「輕裁蝦萬須，巧織珠千串。金鉤光錯落，繡帶舞蹁躚。似霧非煙，妝點就深閨院，不許那等閒人取次展。搖四壁翡翠濃陰，射萬瓦琉璃色淺。

富貴似侯家紫帳，風流如謝府紅蓮，鎖春愁不放雙飛燕。綺窗相近，翠戶相連，雕欄相映，繡幕相牽。拂苔痕滿砌榆錢，惹楊花飛點如綿。愁的是抹迴廊暮雨蕭蕭，恨的是篩曲檻四風剪剪，愛的是透長門夜月娟娟。凌波殿前，碧玲瓏掩映湘妃面，沒福怎能相見。十裡揚州風物妍，出落著神仙。

恰便似一池秋水通宵展，一片朝雲盡日懸。你個守戶的先生肯相戀，煞是可憐，則要你手掌裏奇擎著耐心兒卷。」

　　溫暖清新，如空山雨後。讀起來是不是有些心動呢？雖然也許，因為說不出、道不明的原因，他們並沒有明確表達什麼。誰知道呢？

　　但他寫一齣、她演一齣，每一齣戲就是一封不短、不間斷的情書；從他流向她，從她流向她，婉轉澎湃。每一封情書都幾欲張口告訴彼此：我想和你一起度過一生。

　　即使這「一生」其實是「半生」和「殘生」，是要當成一生來過的——上天總這樣安排，讓你對身邊一眾聒噪視而不見，卻聽得到他前世傳來的微細呼喚。這種神秘的認知幾乎根本不用語言來傳達。

　　我們可以美好地期許：他們做成了彼此真正的愛人。跟我們同樣羨慕過的蘇東坡和王朝雲、趙明誠和李清照，以及薩特和波伏娃、繆塞和喬治‧桑一樣，那些天生的璧人生下來就在一起。

　　於是，在他和她共同目睹了一個苦命女孩子的遭遇後——那是怎樣的一個不吐不快的故事啊。為此，他胸中的憤懣熊熊燃成了一蓬野地荒草，燒掉了他最後一點的恐懼和靡弱。

　　據說，這一對愛人之間在「你敢寫嗎？你敢寫我就敢演！」、「你敢演嗎？你敢演我就敢寫！」的相互信任和激勵中，一個力量分蘖出兩個力量，開出最絢爛的花朵，像少女的裙子一樣，勇敢綻放，承擔了熱騰騰的血腥。這個羽翼已豐的歌唱戰士，他將所有的鎧甲都穿在身上，去到地雷陣裡，響起《感天動地竇娥冤》，淹盡前古。

　　唉，她演了他的溫山軟水《蝴蝶夢》、《調風月》和《西蜀夢》，當然也演了他的鐵骨錚錚《竇娥冤》。它們先熱後冷，煆打，淬火，像一劑一劑鋼鐵之城的黏合劑，比骨肉比血更有力，一次比一次更有力地，融合了兩人最美好、最清潔、最精粹、也是最清貴的一部分，使彼此完整，合流走向開闊和洶湧。直到《竇娥冤》，他們的生命在同一時刻迸發出了最美的光華，奔向了海洋。多麼雄強！

　　我們說他和他的曲子，繞不過《竇娥冤》。他把嚴嚴實實的華袞撕擄殆盡，一片一片剪開，複製，掃描，蘸著自己汩汩流淌出來的血跡，畫出元代那個女孩的故事。

　　沒錯，如你所知，他因為不肯聽從某些人的建議，將結尾修改成歡喜大結局，和他的愛人一起被送進監獄。最後的結局我們並不明瞭，但足可想像。

　　他唱那些漂亮的小曲，原來都是為這一個曠世大作做的鋪墊。它凝了沙場的沙，愛河的水，淚光和血珠，那些活的、有生命的東西，美得獵獵有聲。

　　這中間的歲月，整整的七百年，年和年並頭連尾，滾滾來去，他都不管，這個披荊斬棘的寫作者，硬是扛著不死，以一粒不變的、銅豌豆的姿態，銳利、光亮、不肯生銹，擎著這個五彩斑斕的旗子，呼號、演出，向前奔走。是的，是雙手高舉，對我們奉獻他的真心。他的愛人跟隨他，學著他的樣子奉獻真心，那樣子無比明媚。

　　他擎了一片霞，在風裡，飄揚著白髮，一直向前奔走，來到七百年後的這個冬天、我們的門外，趕在一點比一點更黑下來的黎明前，一家挨一家敲著窗戶，通知我們去看他的戲，他和他的愛人為之付出許多、以至潑上一生熱血的戲。

　　那些戲註定會被一直唱和聽下去，只要人類不從這個星球上滅亡。只要人類不讓這個星球滅亡。

　　我們將憑票入場。

[作家小傳──關漢卿]

關漢卿：（1225 ？～ 1300 ？）：元代作家「第一人」（見元代鐘嗣成的《錄鬼簿》），中國的戲劇和散曲大師，在 1958 年被世界和平理事會提名為世界文化名人，對後世文化影響深遠。名不詳，字漢卿，與已齋叟；大都（今北京市）人，其戶籍屬太醫院戶，但尚未發現他本人行醫的記載。

金亡時，他還是個少年，入元的時候（1271 年）大概已年近半百。至元、大德年間，他活躍於雜劇創作圈中，和許多作者演員交往，還「面傅粉墨」，參加演出，成為名震大都的梨園領袖。

白樸：自由之歌

　　我坐在一扇落地窗邊讀這本書。陽光一寸一寸地漲，漫過了紅鞋子，漫過了紅裙子，漫到了淺灰色的書頁上……我在讀白樸，很近，很真實，彷彿觸得到他的手指。偶爾我會抬眼看看窗外的天、樹、飛鳥、風……，窗簾微動，陽光漫過了玻璃杯。

　　我是個幸福的人。這是因為，我像熱愛節日一樣熱愛著手中的寶貝們。這是作為一個人所能擁有的最好的寶貝了。

　　他也是個幸福的人吧。自小與父母離散後，居然可以得到元好問的照料和教導；癡迷寫詩；終生不仕。是算幸福的──所謂幸福，其實就是避掉了災難。這個道理為什麼他們總是不懂，還是在無盡地追逐多麼遠的「幸福」，那些吃呀穿呀，還有藏起來不敢花的錢財。

　　說起他和元好問的緣分。那時常常有戰爭，某次他和父母在戰爭中失去聯絡。而當時元好問也在城中，把他和他的姐姐收留起來，在亂兵和饑荒中救了他們的性命。

　　四月底，元好問攜帶姐弟倆渡河北上，流寓聊城。元好問雖也是亡國奔命之臣，生活艱辛，卻視白樸姊弟如同親生，關懷備至。他曾經染上瘟疫，生命垂危，元好問就日夜將他抱在懷中，不離胸口，也許因這份誠意的緣故，他竟在得病後第六天出汗而愈。在醫療不完備、救助不及時的時代，這幾乎是一個奇蹟。

　　他福至心靈，從小喜好書本，元好問就悉心培養，教他讀書問學之經，以及處世為人之理，使他受到良好的教育與照料。要知道，元好問是當時公認的文壇領袖，他的照料一定就是生活和詩歌上雙倍的照料了，於他就該是雙倍的幸福：在一個眾人眼中嚴肅和偉大到不可接近的人的臂彎裡撒嬌、因嚴重或細微的錯誤而被嚴厲訓斥，幾乎是天下最幸福的幸福了。大師的蔭蔽啊。

當然，後來元好問完璧歸趙，還是讓他們父子團聚。一年秋天，元好問由冠氏返太原，路經真定，就將姐弟二人送歸他們的父親白華，使失散數年的父子得以團聚。父子相見，白華感到極大的快慰，他有一首《滿庭芳·示列子新》詞，表述當時的心情：「光祿他台，將軍樓閣，十年一夢中間。短衣匹馬，重見鎮州山。內翰當年醉墨，紗籠支高閣依然。今何日，燈前兒女，飄蕩喜生還。」

他也十分感激元好問代為撫育兒女之恩，曾有詩：「顧我真成喪家犬，賴君曾護落窠兒。」元好問則讚賞他家兒子：「元白通家舊，諸郎獨汝賢。」真是相互敬勉，一派和氣。其實這段佳話，他們中的無論哪一個（都是大詩人），寫成劇都會十分好看，燈火般現出光芒。

每次看或聽到這一段的記載，我都為他高興，也為元好問所感動。其實，一個好的詩人，他是具有感動別人的強大能力的。人格魅力的力量有時更大於作品的力量；或者說，他的作品最終、最有力的支持，還是他的人格魅力這一塊。

這順便說到他的第二層幸福：癡迷寫詩。

寫詩是愉快的事情，癡迷寫詩就是說，這個人寫詩就像酒鬼泡在酒缸裡，整天的飽醉其中，能不格外幸福嗎？漢字的趣味和漢字以外的趣味全在裡頭了，幾乎不再需要別的。

寫詩本就天馬行空，如果再加上終生不仕？簡直如神仙。他幾乎徹底自由，一如田野之花，而藉此，世間枯草和荊棘都將化作光明。

當然，這不仕裡也有無奈的成分，是從希望到失望輪番拷問後的結果。但對他來說，幾乎可以忽略不計，他本就不是一個熱衷功名的人。在他生活的年代，蒙古統治者開始注意「遵用漢法」和啟用漢族文人。這政策對大多文人來說，就像一個美麗的泡影，因為提倡是一回事，實施是另一回事。

　　然而，在失望的同時，他又有了一個令他興奮的新發現──他發現了自己。他意識到：他需要證明的是自己目前的存在，需要自由。

　　而自由，大致上是一場忙碌和下一場忙碌之間的空隙，是一個夢與另一個夢中間的短兵相接。時光一直流轉，如暴露在空氣中的熱敏紙，生命內容在上面一邊印刷一邊消失……即使如此，人們還是渴望自由。

　　倘若當你的自由與忙碌有了緩衝地帶，有沒有想過跟他一樣，租一條小船，一人一舟，順水而下，日行夜泊，在清幽的月光下放肆著不羈的眼神……那般的閃亮動人。刺痛的亮，就像愛情一樣。

　　他寫的愛情，和全天下的情話一樣，是溫柔的、誠懇的、深情的，繁星般佈滿蒼穹。那些句子遍體鱗傷的身上，已不能找到一塊可以插進一根矛槍、哪怕一支針筒的地方了。它們跟它們的主人一起，在希望與失望中，給自己找無數的解釋，而這些解釋，如同音符在空氣中，波蕩而過，轉瞬即逝。

　　對於喜劇悲劇，他都擅長，分不出高下──它們在他這裡，像蝴蝶的這一半翅膀和另一半翅膀一樣完美。這是不容易的。看他筆下一個喜劇，是元雜劇「四大喜劇」之一：

　　《牆頭馬上》帶有極濃的道德批判意味：女主人翁李千金，一上場就毫不掩飾對愛情和婚姻的渴望，她聲稱：「我若還招得個風流女婿，怎肯教費工夫學畫遠山眉。寧可教銀缸高照，錦帳低垂。菡萏花深鴛並突，梧桐枝隱鳳雙棲。」

　　當她在牆頭上和裴少俊邂逅，那場景實在有些可笑：當她與牆頭馬上的裴少俊四目相對的時候，乾柴烈火，這一對青年男女的愛情之焰立即點燃了。裴少俊驚呼：「呀，一個好姐姐！」李千金也失聲道：「呀，一個好秀才也！」

　　於是一支《後庭花》曲，窮形盡相地描繪出了李千金主動進攻，全心投入了對於愛情的義無反顧、勇往直前的追求之中：「休道是轉星眸上下窺，恨不的倚香腮左右偎。便錦被翻紅浪，羅裙作地席。既待要暗偷期，咱先有意，愛別人可舍了自己。」

　　忘了那閨訓十則，不惜一切代價地「愛我所愛」，哪怕把整個的「自己」都搭上，也要追求到自己所認準的生活中的美，獲得愛情的溫暖和偉大，這就是李千金戲劇動作的強大思想內驅力，是這一典型形象對於現實生活中諸如「存天理，滅人欲」這類違反人性的否定和超越，對於整個封建社會裡虛偽的倫理道德的批判：傲慢的人類其實在某些時候和動物一樣。

　　她為了「一個好秀才」而不是一堆好金銀，處處採取了主動的態度。她央求梅香替她遞簡傳詩，約裴少俊跳牆幽會。當兩人被瞧見，她和裴少俊一下子下跪求情，一下子耍賴，還決心離家私奔。

　　為了愛情，這女孩什麼也不怕，什麼也敢做，要求及時婚嫁的合理性：「哪裡有女兒共爺娘相守到頭白」。因此，她不像深閨待字的少女那樣羞羞答答，和話本《碾玉觀音》裡剛烈峭拔的璩秀秀有點相似。顯然，對這個人物他是特別喜愛的，給她烙上了市井女性有膽有識、敢作敢為的形象，還嵌了一點文人自由人格的終極理想在裡面。因此，那些曲子都帶有女皇北巡般的氣勢，讀來真是天高地闊。

　　回頭來品品悲劇《梧桐雨》，它是元雜劇「四大悲劇」之一。

　　看其中的一折：李隆基退位後在西宮養老，他滿懷愁緒，思念著死去的楊玉環，懷念著過去的月夕花朝，像一個失憶的人尋找自己的前生。長天如洗，月色哽咽，他在梧桐樹下徘迴著，周圍的一切散去，全世界只剩下一對黑眼睛：「常記得碧梧桐陰下立，紅牙箸手中敲」，到如今「空對井梧陰，不見傾城貌」，一切美好的事物和時光，只成了追憶。

　　在落葉滿階、秋蟲絮聒的氣氛中，失意的天子做了一個似真還幻的夢。夢中楊玉環請他到長生殿排宴，不料才說上一、兩句話，夢就被驚醒了。夢醒後「窗兒外梧桐上雨瀟瀟」。「斟量來這一宵，雨和人緊廝熬。伴銅壺點點敲，雨更多淚不少。雨濕寒梢，淚染龍袍，不肯相饒，共隔著一樹梧桐直滴到曉……」這雨聲緊一陣慢一陣，淅淅瀝瀝，湊成十三支曲子，平平仄仄滴下來，「一點點滴人心碎」，那心碎美得簡直是一幅掛著的畫。

　　這心碎的一折是最後的愛情，是它讓整幕劇迎風長出翅膀。沒有它，從藝術審美上來說，就好比是一隻斷尾蜻蜓，搖搖擺擺，難得平衡；從思想題旨上看，也就因失去提煉、失去靈魂，前面的三折也就是一堆粗糙的礦石、鍛不了金的生鐵。所以，有意詬病小說或劇本情節的重要而忽視詩性的論點，在這裡站不住腳。這是詩歌的勝利。

　　在魔匣般的《梧桐雨》裡，他把梧桐、雨與楊、李的悲歡離合鉤掛連環。李隆基回憶：「當初妃子舞翠盤時，在此樹下；寡人與妃子盟誓時，亦對此樹；今日夢境相尋，又被它驚覺了……唉，去讀讀看，那些連綴著的文字連哭泣都像在歌唱。

　　除了劇本寫得好，不管悲和喜，這幕劇和那幕劇的珍貴都在於：它讓人明確了：人之所以要活著，排除萬難地活著，就是為了「愛」。

　　在中國的詩文中，梧桐的形象，本身即包含傷悼、孤獨、寂寞的意蘊。他讓梧桐作為世事變幻的見證，讓雨濕寒梢、高敲愁助恨的景象，攪動了沉澱在人們意識中的淒怨感受，從而使劇本獲得了獨特的藝術效果，再加上十多支輕微震顫的曲子，叫我們讀到盪氣迴腸。

　　至於一個人的心是怎樣變得越來越冷硬的，在他筆下呈現得也很觸目驚心。一開始，無論男女，總是香軟的小寶貝，愛笑，想哭就哭起來，依戀人，到最後，總是或哭笑忍住。但是不管是哭是笑，他都不要了，雨打風吹，低頭認命，如行屍走肉：

「知榮知辱牢緘口，誰是誰非暗點頭。詩書叢裡且淹留。閒袖手，
　　貧煞也風流。」

「柳暗青煙密，花殘紅雨飛。這人人和柳渾相類，花飛吹得人心
　　碎，柳眉不轉蛾眉繫。為甚西園陡恁景狼藉，正是東君不管人
　　憔悴。」

　　一個自由人，他即使放浪形骸，寄情山水間，但不可能真正遁
跡世外，對現實視若無睹。況且他的足跡所至，恰恰是曾經繁華一時，
而今被兵火洗劫，變為寸草不生的荒涼地……彼時彼境，情何以堪？

　　那一年，他走遍天下，遊至九江，再入巴陵，眼裡九江昔日的
繁華都被一掃而光。他不禁無限傷感地歎息道：「纂罷不知人換世，
兵餘獨見川流血，歎昔時歌舞岳陽樓，繁華歇。」至於到金陵只剩下
了懷古，到杭城「臨平六朝禾黍、南宋池苑諸作」，處處抒發遺民的
心情，「傷時紀亂，盡見於字裡行間。」其感物傷情從筆下款款道出。
他知道，除了自由，他什麼都失去了。

　　而一個自由人，哪怕是被迫而成，都需要極大的勇氣。到最後，
他會苦笑著欣慰地發現，人生最飽滿緻密、最可依賴的其實只有自己
的自由。否則，他就會為了其他放棄一些自由，而不是相反了。

　　從某種意義上說，自由誕生的詩歌才叫做詩歌。一般情況下（戰
時除外），詩歌並不能擔當什麼，它也不會給世人提供什麼純正信仰
和精神支柱。詩歌就僅是日常生活中的一碗玉米粥，是日常經驗和想
像的自然呈現。僅僅真實簡單就夠了。

　　真正的詩意在於真實性，脫離任何判斷而呈現出的純粹，而詩
歌，有時不過就是某一種生活，我們都想要卻要不到的那一種，像他
一生所過的那種日子：簡澈，透明，陽光漫過玻璃杯。因此，看他的
作品，有一半是在讚美自由：

他的 [沉醉東風]・《漁夫詞》裡這樣寫著：

「黃蘆岸白蘋渡口。綠楊堤紅蓼灘頭。雖無刎頸交，卻有忘機友。
　點秋江白鷺沙鷗，傲殺人間萬戶侯。不識字煙波釣叟。」

其中，黃蘆、白蘋、綠楊、紅蓼，色彩紛呈，相映成趣，畫出
一幅江南水鄉秋景圖，句句明白，沒有一個生字；句句洗練，沒有一
個廢字，字句和景致都又淡雅又渾厚，或聽或看都十分舒服。

秋是垂釣季節，岸邊、渡口、堤上、灘頭，正是漁夫足跡常到
之處，這樣本色質實的題材和背景，最適合的就是散曲——氣質像。

這種題材，他還有一首 [寄生草]：

「長醉後方何礙，不醒時甚思。糟醃兩個功名字，醅瀹千古興亡
　事，曲埋萬丈虹霓志。」

是啊，誰能告訴我們：能言善辯的陸賈去哪裡了？足智多謀的
姜子牙去哪裡了？文韜武略的張華去哪裡了？千古萬代的是非曲直，
都成了漁人樵夫一夜閒話的笑料。

唉，人類的愚蠢真是無限：世間嘴臉各不同，慾望卻只有那幾
種，豈不知凡聖同塵，一旦漁釣為生，就心裡安靜，「糟醃了兩個功
名字」，即使清貧，也大可不憂不懼了。

就算沒有刎頸之交也無妨，而那點綴在秋江水上的白鷺、沙鷗
正是這樣的忘機友——以鷗鷺為友，可知漁夫之高潔不群，也見人間
之奸詐狡猾、沒有忘機友可尋。如此一來，一字不識的漁夫都會鄙棄
紅塵萬戶侯。這鄙夷，是強為曠達，也還是曠達。

酒杯才近，照見星星發，他就在那世外的大江上醉了，醒了，
說愛，說自由，說生也說死，漂了一世。

[作家小傳──白樸]

白樸（1226～？）：元代散曲、雜劇作家，「元曲四大家」之一。原名恆，字仁甫，後改名樸，字太素，號蘭穀。漢族，祖籍隩州（今山西省河曲縣附近），後徙居真定（今河北省正定縣），晚歲寓居金陵（今南京市），終身未仕。白家與元好問父子為世交，過從甚密。兩家子弟，常以詩文相往來。

白樸雜劇代表作《梧桐雨》，全名《唐明皇秋夜梧桐雨》，取材於唐人陳鴻《長恨歌傳》，標目取自白居易《長恨歌》「秋雨梧桐葉落時」詩句。《牆頭馬上》全名《裴少俊牆頭馬上》，所寫故事本於白居易新樂府《井底引銀瓶》。

他的散曲內容大致上是歎世、詠景和閨怨之作。這也是元代散曲家經常表現的題材。藝術上以清麗見長，是當時有成就的作家之一。

倪　瓚：紙上風景

　　把他的山水冊頁一頁一頁拆開，做成書籤吧，在課堂上，裝著聽微積分或者經濟學老師的侃侃而言，一點一點去看他；如果膽子再大些，弄個耳機，在 MP3 或 MP4 上配著聽聽從網路下載的、搭配背景音樂的、他的散曲朗誦吧。你會覺得，這一堂課的走神走得真值啊。

　　他擅寫風景擅寫美、才華橫溢的大詩人。他遊刃恢恢，在畫畫和寫曲之間遊走，好像隨意出入自己家的兩個房間。才華是一件神秘的禮物、一柄雙刃劍，弄不好，向內反傷；弄好了，毫曹逼人。

　　也許因為才華過於盛大了？他有著跟一般人不太一樣的性情：清高孤傲，不諳俗務，一生沒做過一天官——這在那個有點能耐就得意的時代（其實哪個時代也都差不多）是匪夷所思的。他將名利看得骯髒至極，就有那能力也是棄著無用。

　　就這一點，這人也夠奇特了。茫茫世間客，或求名或求利，或乾脆求個雙全齊美，哪裡有一無所求的？這麼說他是有緣故的：據說起義軍張士誠的三弟張士信派人帶著絹和金幣求畫，他竟當場撕了綾絹，並昂然道：「某誓死不為王門畫師！」

　　張士信暴怒之下要殺他，有人說情才逃過一劫。不料，一日泛舟太湖，正遇到張，被痛打了一頓，他當時卻噤口不出一聲。後來別人問起，他說：「一出聲，便俗了。」還曾作一詩以述其懷：「白眼視俗物，清言屈時英，富貴烏足道，所思垂令名。」寂寞的精神，往往更靠近偉大。

　　看看他的為人姿態，就難怪他筆下風景中的樹都秉著一副淡盡世俗的正大君子的模樣了。他的那些樹也跟他一樣，雖然沒多少葉子，但總讓覺得有什麼事物，將從枝條以及腳下的靜土裡呼之欲出。

　　他還喜歡慢慢地做事，一點都不著急。記得史載魏晉人風度時用了許多趨於靜態的詞，譬如：「不動容」、「恬然」、「徐起」、「徐曰」、「徐喚」……總之，一切都是「徐徐」的，萬物有靈且美。他深知過於急切是不好的，侷促倉皇足以使美變不美。因此，他的舉手投足乃至作文作藝，也就帶出了露珠般的晶瑩。

　　他是個長久地注視一棵樹，也能看出它與眾不同的好看的人。同時，他也是個有潔癖的人，不但在食物上格外挑剔，恨不得只早晚吃點薇蕨過活，就連房前屋後的樹也常常叫人清洗、擦拭，顯出它最好狀態下的樣子。這還沒什麼，有問題的是：他的香廁直接是一座空中樓閣！用香木搭好格子，下面填土，中間鋪著潔白的鵝毛，「凡便下，則鵝毛起覆之，不聞有穢氣也。」我更願意相信，他的潔癖是由精神潔癖轉化而來。

　　潔癖或者說精神潔癖使這個男人不僅激怒了敵人，也失去朋友。他的一生都很孤獨，非關造就，只因性格。那種集理性、冷靜、不言不語於一身的精神是遭人厭的。但可以想見，他在這孤獨中一定有外人體會不到的大享受，否則，他支撐不了那麼久——太久了，一生。

　　關於他的嗜潔如命，明人搜輯的《雲林遺事》中記載說，一次他留客住宿，夜裡聽到咳嗽聲，次日一早就命入仔細尋覓，有無痰跡。僕人找不到，假說痰吐在窗外梧桐樹葉上，他就叫人趕快把葉剪下，丟在離家很遠的地方。就連和女子交往也是如此。然而，這難道不是藝術家們的特質嗎？他們阻止不了自己的行為，包括藝術行為。那些人是不為俗世活的——他們有另外的一生，借了俗世的殼子。

　　他還一向自稱「懶瓚」和「倪迂」，完全不理會自己家族的理財和發展，把自己丟在國畫和元曲那裡，忘記了回家。哦，倪迂，這個人，不知道他是聰明的還是相反？是聰明的吧？如此自我貶低，就有了足夠的藉口省了精力，全部投給自己愛著的事物，而那事物，在絕大多數人眼裡，簡直不值一聞。

　　但不由人分說的是：每個人都不可避免地落入時光的陷阱；唯一自拔的可能是：降低其他要求（譬如既得利益），節省精力，聚焦能量，專注一點，愛自己愛著的事物。相信那陽光會在那一點上彙集熱力，點燃一切夢想。在愛自己喜歡的事物時，需要閉住氣，需要有一個自己創造的閉合生態，不能讓那股氣從這種生態裡漏掉了，還得讓它生長、壯大……這是很重要的。如此一來，你那自己喜歡的事物才會開花，才會有力量，有後勁。

　　就這樣，這個天下最笨的人，以及天下最聰明的人，他放棄了富足的田園產業，到風景裡，過起了漫遊的浪漫生活，直到自己也變成了一道風景。當然，瘋狂作畫和作詩是這漫遊的浪漫生活的最浪漫和最核心的部分。否則，和一個地痞、貪官、暴發戶揩油、虛榮的漫遊有什麼區別？況且，他的漫遊和寫畫風景、記錄美，真的是歷盡了風霜的文化苦旅。

　　而風景，那些久遠的、他和他的先輩們筆下的詩歌與山水畫，透過念誦與臨摹，固執地涵養著我們精神的血脈。那些雲林（他的名號就叫做「雲林」）是我們心靈賴以寄託的源頭與歸宿。說到底，藝術家的作品要靠讀者賦予價值。

　　他的作品，無論是詩歌，還是山水畫，都在向我們傳遞關於自然的消息，關於我之為誰的思考和答案，這種傳遞未曾止息。然而在現實生活中，美好的事物和風景轉瞬即逝，而醜陋佔據了我們太多的視野。也許他比誰都更早地醒來，深刻地感到：如果沒有人出手拯救美，扶植美，修復和重建美，生活就會遠離美，成為沙漠和垃圾場。

　　一個出生在沙漠和垃圾場的孩子，將只會描繪沙礫和垃圾，他的情感世界將以乾枯和骯髒為主色調。而一個出生在森林裡的孩子，無疑會擁有豐富的視野與想像力，富有愛的能力。這些都是不可估量的，自然給與他的充足養分和力量將陪伴他的一生。

他日夜不息，寫著畫著，那些風景在他筆下一點一點現出魅影。

「照夜風燈人獨宿，打窗江雨鶴相依」，就是他 40 歲以前生活的寫真。不過任誰也不可能完全脫離現實。他在《寄顧仲瑛》詩中說：「民生惝惝瘡痍甚，旅泛依依道路長。」後來，他竟以欠交官租被關進牢獄。在《素衣詩》中他這麼說：「彼苛者虎，胡恤爾氓。」表明了他的批判態度。

不過後來他皈依了道教之後，對現實開始常常採取消極姿態，什麼都不搭理，如同一個深醉的人：其妻病死，長子早喪，次子不孝，他的心開始孤苦無依。不過，於此他是想得開的：生命給予誰的，不都是差不多的？像自己看得熟透的樹們，生葉、掉葉，年年如此。

這麼醉著，或者說醒著，南畝耕，東山臥，忽然已到明初，朱元璋召他進京供職，他堅辭不赴，並作《題彥真屋》詩云：「只傍清水不染塵」，用倔強的一首詩，表明心跡——他一輩子在畫上題詩書款只寫「甲子紀年」，不用「洪武紀年」。不合作，沒興趣，他丟給權貴的只有一個又一個白眼。

如此一來，如何從有限的生命中獲得永恆的價值、如何最大限度地利用和享受這有限的生命，也就自然成了他皓首以求的中心論題。這種對生命的關注和懷疑，其實早在魏晉時期就已經成為中國知識份子人生觀的典型論調。

他顯然是這一人生觀的擁護和實踐者——事實上，僅就成就而言，歷史上沒有幾個人比他實踐得更為徹底了。也可以這樣說：在前後幾百年間，沒有幾個人比他更像一個文人了。

僅就做不做官這一點而論吧，有人是真不願意承認自己願意做官啊，以至於做了官還要捏著鼻子說「官真臭」，噁心至極。他不。

他明確而斬釘截鐵地自行斷了官運，像自行斷了小指明心志、耗盡一生只為修一座塔寺的高僧。很像歌德所讚美的中國人的生活狀

態：「他們還有一個特點，人和大自然是生活在一起的。你經常聽到金魚在池子裡跳躍，鳥兒在枝頭歌唱不停，白天總是陽光燦爛，夜晚也總是月白風清。月亮是經常談到的，只是月亮不改變自然風景，它和太陽一樣明亮。房屋內部和中國畫一樣整潔雅致。」當然，現在這個時代聽聽這讚辭，像諷刺。

就這樣，他清淨為本，柔弱為用，疏散了全部家財，遊蕩在太湖四周一帶，然後又扁舟五湖，歷遍江南──那時的「遊」不同於先前的「遊」，很多事情經過了，有一番人生況味在其間了。

有 [越調・小桃紅] 一組曲子印證那景。他筆下的圖畫和曲子都被人笑過苦澀寒酸，充滿身世之感，有時還充滿了潔癖和惰性，跟他那個人一樣，說的就是這個階段吧：

「陸莊風景又蕭條，堪歎還堪笑。世事茫茫更誰料，訪魚樵。後庭玉樹當時調，可憐商女，不知亡國，吹向紫鸞簫。

一江秋水淡寒煙，水影明如練。眼底離愁數行雁，雪晴天。綠紅蓼參差見，吳歌蕩槳，一聲哀怨，驚起白鷗眠。

五湖煙水未歸身，天地雙篷鬢。白酒新卜會鄰近，主酬賓。百年世事興亡運，青山數家，漁舟一葉，聊且避風塵。」

另有一句 [折桂令] 說的是心情：「……到如今世事難說。天地間不見一個英雄，不見一個豪傑。」他不隱也不仕，飄泊江湖。

在他生命最後的二十幾年裡，沒有誰能了解他，他也不想被誰了解。他與這個世界立意決絕，這個世界也這樣對他，跟人對人一樣：你對我好，我就對你好；你對我不好，我不理你。

好在他腸熱眼冷，掩淚入心，雖然孤苦，卻也保住了驕傲，這驕傲就是：在幾十年的漫長歲月裡，自己的內心始終不被奪去分毫。他寫了多少詩歌（當然包括散曲。他是最重要的散曲作家之一），畫了多少風景！讓我們知道，生命力過於強盛的人對漂泊有一種渴求，

像渴求酒精那樣情不自禁。他已經將自己的一生變成了漂泊——也許當他饑渴寒冷時會有點後悔，但當他面對一張白紙時，同樣的事情一定還會發生。因為他是倪瓚。他別無選擇。

其實，他的散曲也是他的樹，藍天下懶怠辯解的樹，有自己內心和思想的樹，有自己原則的樹，有自己獨特美感的樹，也許還是自言自語的、有點孤僻的樹。他的「樹」循例並不高大，但瘦勁的枝條一根不少地按宇宙的生長理念，合適地被安放在枝幹上，誰也不敢藐視並應尊敬這種自然。

就這樣，他的「樹」蕭瑟，枯寒，安寧自守，給了我們距離感、漂泊感和異質感——距離感讓我們找到美和親切，漂泊感讓我們找到返鄉之路，異質感讓我們找到迷失的自我。

他也藉由他的藝術，達成了他自己。他透過對自己內心的關照而抵達了自然自為、自由無礙的境界，多麼值得！多麼值得就該多麼驕傲。

然而，如此嗜愛清潔、簡靜而驕傲的一個人，傳說的死因卻是兩個不同內容、同樣骯髒的版本：一說他臨終前患痢疾，「穢不可近」；一說被他的不合作態度激怒的朱元璋扔進糞坑淹死。

歎一聲。

人不能預知自己的生死真是大悲大苦！饒是你紅玫瑰一樣地天天向上，到頭來也還是躲不過草木成灰這一劫：怎樣的死法？什麼時候？需要多痛？會多恐懼？孤單著，無人搭救；一大堆人圍著，左摟右抱，鼻涕眼淚蹭一臉，也還是孤單，無人搭救……哪一樣都心涼得夠死一回的。

不管怎樣，無論疾病還是皇帝，都不能將他的藝術拎起來，丟進歷史的垃圾堆。至今你看，他堆在紙上的樹、山川、雲朵和曲子，那些大風景——他內心的映照——在那裡，光華萬丈。

[作家小傳——倪瓚]

倪瓚(1301 ～ 1374)：元代散曲作家、畫家。字詞鎮，別號幻霞生、荊蠻民等。無錫（今江蘇省無錫市）人。世居祇陀裡，多喬木，建堂名雲林，因以雲林自號。他一生不做官，其家是吳中有名的富戶。但他對管理家族產業不感興趣，竟至拋卻。

倪瓚的畫宗法董源，風格以天真幽邃為主，淡遠簡古，不同流俗，脫盡畫院中習氣，並參以荊、關，創折帶皴法，常寫蕭疏簡遠的景色，為「元四家」之一。王冕《送楊義甫訪雲林》說他：「牙籤曜日書充屋，彩筆淩煙畫滿樓」，是不虛的。

而「照夜風燈人獨宿，打窗江雨鶴相依」，即其生活寫照。不過他也不可能完全脫離現實，在《素衣詩》中說：「彼苛者虎，胡恤爾氓。」表明了他的批判態度。他有一首散曲 [折桂令] 說：「天地間不見一個英雄，不見一個豪傑。」他不隱也不仕，飄泊江湖，一生是孤獨的。

倪瓚的散曲清秀優雅。散文也一樣。

張養浩：搏命復出

　　我有幸住在濟南，十分驕傲可以與李清照、辛棄疾為鄰。然而，張養浩卻不敢讓我生出驕傲為鄰的心思。我驕傲，有一個張養浩在這座城市裡，可以讓我頂禮膜拜，早晚觀照一種生命境界的超拔與澄明，接受他精神的溫暖和照亮。

　　是的，即使他走了這麼久，他的氣息仍像大霧一樣，在深秋裡天氣清明的早晨或黃昏，籠蓋了一切。這座本就厚重的城市因為有他在，一直心裡很有底氣——即使人們不記得他的散曲，不記得他，他也是在的。

　　作為一個一生效忠元朝廷的漢人，為官 40 年，歷任 8 朝君主，他可稱為一代名臣，可正是因為同樣的原因，他註定是一個不會被後世的封建統治者們謳歌的人物。這也許可稱是小小的悲劇，但與他最後所做的那件事情比起來，世間一切名利、是非都如浮雲般輕忽。你去計較他的失不失節，是你自己的恥辱。一個政府官員，只要回到政府官員的原點，即「為人民服務」上，才有正面的價值。

　　這都是因為，他簡直就是一個活在元朝的好官員，對人民有著不可磨滅的情感，死心塌地為人民服務，直到卒於任上。他在「為人民服務」的巨大烏托邦精神的感召下，以一種強烈的道德激情，為實現這一至善至美的革命理想而不懈奮鬥著。即使跟他一個陣營的夥伴大都轉身返回，精神整體發生了分化，以一種悔不當初的世俗心態告別了過去的烏托邦熱忱，他也仍舊保持著道德堅守者的姿勢，以悲壯的精神，支撐著那面大旗。

　　總之，捨生忘死、拋家捨業、散盡家財、一心為民嘔心瀝血……等等吧，這些自從發明出來，基本上只被用來歌功頌德或死後鐫刻碑文的詞語，用在他身上居然一個都不為過。平心而論，甚至尚有不及。他對人的大關懷和形而上的悲憫，是接近神性的。

他從小就有德行和節義。有一次他出門，碰到一個人，那人把鈔票遺失在路上，當他發現的時候，那個人已經走了，他就追上去把錢還給他。年僅十歲時，他就一天到晚不停地讀書，白天默默地背誦，到了夜晚就關上房門，點上燈，偷偷地讀書……有這樣超拔不俗的童年，就有那樣德行高潔的一生。

用一句最通俗的套語來說，他是一個高尚的人，一個純粹的人，一個有道德的人，一個有益於人民的人。這評價對於他，再恰當不過。不過，我更願意把這種品德叫做善良，而我一直相信：人要好看只有善良才是良方，相信一直善良下去的人就能接近幸福。他一定是幸福的吧？在一生裡？

看看這支雄健峻刻的曲子：

[山坡羊·潼關懷古]：
峰巒如聚，
波濤如怒，
山河表里潼關路。
望西都，
意躊躇。
傷心秦漢經行處，
宮闕萬間都做了土。
興，百姓苦！
亡，百姓苦！

後面這兩個嘆號是我綜合不同版本定下來的。想來他寫這首散曲時的彼時彼刻，一定是這樣一種心情才對。在那樣的時代，李白也會給逼成杜甫的。而我們對他的散曲的了解也僅止於此吧？不要跟李、杜、白的絕句和蘇、辛、李的好詞相比，元曲的命運、他的曲子和他的命運，其實都是差不多的。

　　看書不能看封面。人歲漸長，現在的我不得不承認：現實主義往往比浪漫主義具有更深層次上的、打動人心的力量，既牽掛還有所安放的力量。浪漫主義一旦不好就成了脂粉敷面的淺薄，變成張牙舞爪。浪漫主義很難浪漫好，也所以，我們今日見的多是俗香滿天也就不足為怪了。

　　試想，如果那時有一個有一位瘦巴巴的老師有頭有尾地講一下他的故事，我相信這首小令的末兩句，會以一個更生動的形象印刻在很多學生（包括我）的腦袋裡，而不只是因為順口。

　　可惜，一直以來，沒有一位老師把他的故事完整地講給我們聽，我的孩子也沒有聽到過。我們一代代，都與他擦肩而過了。我相信，無論在 20 年前還是 20 年後，都會有很多學生暗下決心做一個他那樣的人，至少有很多官員和後來的官員會在念著他的那首散曲的時候，生出貼近他的念頭，在以後濁浪滔天的時光裡能夠保留一點清白；至少，為那個曾經在隊伍裡用尚未變聲的童音、鏗鏘有力齊聲背誦《潼關懷古》的自己而暗自羞愧。

　　他的一生可分出仕、歸田、復出三個階段：

　　第一階段是出仕。

　　開始時是不錯的，他由才華盛大婉轉入江湖，其間為官盡心、正直。他先被選為堂邑縣尹，帶頭搗毀濫設的神祠三十多所，免除了有強盜前科的人每月初一、十五例行到官府接受審訊檢查的規定，他說：「他們都是善良的百姓，因為生活困難，被饑寒所迫，不得已而去做了強盜。已經用刑法處罰了他們，還把他們當強盜看待，這就斷絕了他們改過自新的路！」強盜們感動得流了眼淚，他們相互勸戒說；「不要對不起張公。」

　　有一個叫李虎的人，曾經殺過人，他的夥伴也都暴虐殘忍，為害百姓，百姓不堪忍受，從前的縣尹都不敢過問這件事。他到這裡以

後，將他們全部依法懲處，老百姓非常高興。他調離堂邑十年，百姓仍然為他立碑，歌頌他的恩德。

堂邑縣任滿後，他調任博平代理縣令，不久被召回京師，未及上任，成為皇太子（即後來的元仁宗）的老師，授監察御史之職。他為太子詳授儒家經典的要義，希望他以堯舜為榜樣，做聖帝仁君。

監察御史是朝中要職，負責考察時政與官吏政績。張養浩力行職責、直言敢諫。他反對設尚書省，上《時政疏》十餘萬言，提出當時的十大弊政：一曰賞賜太侈，二曰刑禁太疏，三曰名爵太輕，四曰台綱太弱，五曰土木太盛，六曰號令太浮，七曰幸門太多，八曰風俗太靡，九曰異端太橫，十曰取相之術太寬。要求改革吏治。由於直言不諱，觸怒了武宗和當朝權貴，降職為翰林待制。不久被罷官為民。

元英宗繼承皇位後，他被重新起用，並一度升至中書省參知政事，參與中書省的工作。適逢元宵節，皇帝打算在宮禁之內張掛花燈做成鼇山，他就上奏給左丞相拜住。拜住將奏疏藏在袖子裡入宮諫阻，奏疏大概說：「元世祖執政三十多年，每當元宵佳節，民間尚且禁燈；威嚴的宮廷中更應當謹慎。現在皇帝打算在宮禁之內張掛花燈，我認為玩樂事小，影響很大；快樂得少，憂患很多。我希望（皇上）把崇尚節儉思慮深遠作為準則，把喜好奢侈及時行樂作為警戒。

皇帝大怒，看過奏疏之後又高興地說：「不是張希孟不敢這樣說。」於是取消了點燃花燈的計畫。就賞賜給他錢財布匹，來表彰他的正直。另外，在此期間，他還與一干人等，恢復和主持了元代第一次和第二次進士科考，對元朝政治文化的發展貢獻很大。

他敢於直言犯諫。武宗時，曾因議立尚書省事，大違當政者意，被構罪罷官，他恐遭禍，變姓名逃去。英宗時又曾為上諫而險遭不測。他一生奔忙，為「百姓不苦」這個幾乎不可以實現、也毫無功利可言的理想而嘔心瀝血。

　　他「去官十年」，百姓「猶為立碑頌德」，這樣的功德不是區區一介貪官乃至一般的清官可以配得到的。這的確是後人懷念他的雙重理由：一方面是他關心國運民生的入世精神，另一方面則是他純樸自甘、幽居不名的淡定情懷。

　　宦海沉浮，他看夠了政治名利場的極度無恥，王朝專制機器的恐怖無情，更領教了人心的蕭條黑暗，並對此作了惟妙惟肖的畫像。同時，他也只能盡力勸告——在特殊的時候，散曲是他的槍呢。

　　他作曲道：

「那的是為官榮貴，止不過多吃些筵席。更不呵安插些舊相知。
　家庭中添些蓋作，囊篋裡攢些東西。教好人每看做甚的。」

「蕭牆外擁來搶去，筵席上似有如無。奏事處連忙的退了身軀。甫
　能都堂中妝樣子，卻早怯烈司裡畫招伏。知他那駝兒是榮貴處？」

「才上馬齊聲兒喝道，只這的便是送了人的根苗。直引到深坑裡
　恰心焦。禍來也無處躲，天怒也怎生饒。把舊來時威風不見了。」

　　我每讀他這幾首曲子，都苦笑個不已：貪官們為什麼不把這些曲子輯錄進對官員們廉政教育的教材裡呢？！心內疑歎後，又半明半白：幾百年過去，歷史的曠野上，星火，野火，烈焰，又燃燒過幾輪迴，原上草之根都成灰泥了嗎？人呢，只怕幾乎個個百煉成鋼了。什麼能動搖得了一顆貪汙腐敗的心呢？

　　因此，他哪有時間去做一個專業作家呢？也沒有獨善其身的資格——就算別的散曲作家都有，他也沒有。文學的良心和政治的良心都不允許他這麼做。

　　他流傳下來的一百六十多首散曲多是在藉口奉養老父、辭官歸裡後的八、九年間所作。歸田之後，他輕鬆自如的心情躍然紙上：「中年才過便休官，合共神仙一樣看」（[雙調·水仙子]），「掛冠，棄官，偷走下連雲棧，湖山佳處屋兩間，掩映垂楊岸。」（[中呂·朝天曲]），

句子無不飽滿濕潤，輕靈如飛。

在散曲 [普天樂]・《辭參議還家》中寫道：「昨日尚書，今朝參議，榮華休戀，歸去來兮！」更是表達了毅然與官場決裂的決心和歸田返鄉的欣喜之情。

他又酷愛「雲」、「山」，多以二者入詩。[雙調]・《雁兒落兼得勝令》裡說：「雲來山更佳，雲去山如畫。山因雲晦明，雲共山高下。倚仗立雲沙，回首見山家。野鹿眠山草，山猿戲野花。雲霞，我愛山無價。看時行踏，雲山也愛我們。」這支散曲總共才 56 字，卻用了 7 個「雲」字，9 個「山」字。

就這樣，他醉心雲山，專心寫作，而自得天趣，成為元朝山水散曲的第一人。他不是被政治異化了的人，也是知道生活趣味的，也許他得的趣味比你我要多出許多，才成了描摹此間鏡像的大家。

需要注意的是：與以往的山水詩人不同，他不是仕途不達之人，不是「酸葡萄」，而他最終選擇山水，既非逃路，也不是附庸風雅，更不是走「終南捷徑」，是紮紮實實的「功名意懶」──歲數也大了，在那險途上流連做什麼？因此，他的山水情懷比許多從沒出仕、或出仕位置很低的人更為深摯和真實，毫不矯揉造作，首首都像一個大男孩在山間赤足奔跑。

那些好句子是他博通山水文化，吸納傳統山水審美意識，涵泳滋養而成，當然，也出於一種經歷仕宦、對於窮通得失的徹悟之後、淡泊名利、淘洗澄明的人生境界，滿蘊著對生命的悅愛。

就這樣，他十分滿意自己既被動又情願的選擇，散曲中常寫自己與鷗鷺為伍，與雲山為友，法喜充滿，六時吉祥，蕩雄層雲，了無掛礙，深了與萬物同一的大快樂。

此刻，他的理想只是頭頂草帽握一把鋤，遠離囂塵去過田園生活，以遠禍全身，看暮色下的飛鳥，聽聽它們的好嗓子壞嗓子，也許

還可以看見趕著羊群的孩子，吹著短笛回家，然後，漫筆偶成，讓自己散淡的曲子給花朵染一染香氣。窗內窗外兩重天。

這是他在最後一次出仕賑災之前的真實想法，也好像，這一次的選擇幾乎就是一輩子，可以這樣十年、幾十年、一百年地過下去了。然而，也正是由於他歸隱理想的堅定，我們才更加欽敬和心疼了他一生中傾命復出的咯血絕唱。那時，他剛剛六十歲，那本應是他頤養晚年的開端。

說到底，無掛礙只是有掛礙之後的一個掛得高高的理想而已，對於一名浮世中人來說，無掛礙真是奢侈至極。無論世事怎樣，一名作家是不能墮落的：你在第一線啊，你都墮落了，你筆下的文字影響的人不墮落才怪；一名作家更不能是冷漠的，很難想像，一個國家的作家們冷漠起來。本來就是一個冷漠的現實世界了，在紙張搭建的世界中再沒有溫煦可言，乾脆燒了這個世界取暖算了。

而對一名良心未泯的官員來說，他更是覺得即使覺得自身安逸、溫山軟水可以消磨殘生，那心對於百姓的苦厄也是放不下的。

他在頭髮鬍子都白了一半的時候復出了。在復出的短短 4 個月裡，像太陽的聚焦，他把自己的心血精華熱愛凝聚成一點，點燃了。

就像我喜歡的卡繆的生存哲學：明知世界無情，也要盡力燃燒。他的生命在這燃燒裡達到了頂峰。

而不能忽視的是，在他的從政經歷中，留下了一部對從政的地方官員、監察官員、中央官員的真誠勸告：《三事忠告》。這似乎比他的散曲還要來得意義深遠。據說，日本政要曾從中吸取營養，調整為政思路。可以說，這是鑿向腐敗政治堅冰的一把斧子。

《三事忠告》的三板斧，即《牧民忠告》、《風憲忠告》、《廟堂忠告》，在那冰封弱處砍得山響：「牧民」主要是從官員的德行和職事上來闡述，如何當好地方官員，管理和愛護百姓；「風憲」主要

是官員的遵紀和守法上來闡述，如何當好監察官員，維護法紀，宣導良好道德；「廟堂」，也就是朝廷的意思，是指如何當好中央官員，恰當用人，忠於皇上，修身立德。

客觀地說，《三事忠告》雖說是封建時代的產物，但它以民為本的執政理念仍然有參考價值。日本人不笨，他們從中悟出了精髓，要把官僚一流、經濟二流、政治三流的社會回歸到正常的價值標本中來，其用心之良苦，完全可以體會出來。

好了，接著說……他人生中的第三階段就是賑災了，那搏命的復出。急流勇退的他在閒居家鄉的八年時間裡，朝廷多次召他出山，許以吏部尚書、翰林學士等職，他都堅辭不往，前後有七次之多。他已下定決心要「泯跡於民，甘老雲莊」了。

然而，事有意外：泰定至天歷年間，陝西大旱，饑餓的老百姓人吃人，朝廷徵召他任陝西行台中丞，專司賑災事宜。過去的八年間，他已經七次拒絕了朝廷，這次，他依然寫下了《辭聘侍親表》，準備堅辭不受。這是一個正常而英明的決定。他本已無意為官多年，更不要說做的是賑災這種出力不討好的活。

但經過反覆考慮，他把表文收好，毅然復出。他徹底拋棄了自身的利益乃至安危。他接到任命後，在略微的躊躇之後，便散盡家財，自己便登上車子向陝西前進，碰到饑餓的災民就分送自己的糧食，賑濟他們，看到餓死的災民就賜以棺木，埋葬他們。路過華山，就到西嶽廟去求雨，哭拜在地上都爬不起來。

也許是誠心所至，也許是事有湊巧，這時，天空忽然烏雲密佈，一連下了兩天雨；等到他到了官府，又到土地廟裡去求雨，結果大雨如注，下了三尺深才停下來，莊稼因此長起來了，陝西的民眾十分高興。當時一斗米值十三貫錢，百姓拿著鈔票出去買米，鈔票稍有不清楚或破損就不能用，拿到府庫中去調換，那些奸刁之徒營私舞弊，百姓換十貫只給五貫，而且等了好久還是換不到，老百姓處境非常困難。

於是他檢查府庫中那些沒有損毀、圖紋可以看得清的鈔票，得到一千八百五十多萬貫，全部在它的背面蓋上印記，又刻十貫和五貫的小額鈔票發給窮人，命令公尺商憑鈔票上的印記把公尺賣給他們，到府庫驗明數目便可換取銀兩，於是那些貪官汙吏和奸商再也不敢營私舞弊，從中作梗。

隨後，他又率人出賣糧食，為此又向朝廷上奏章請求實行納糧補官的法令。他聽到民間有人為了奉養母親而殺死自己兒子的事，為此大哭了一場，並拿出自己的錢救濟了這戶人家。

他到任整整4個月未曾回家吃住，白天賑濟災民，晚上便籌略賑災計畫，終日不休。他像信仰一個宗教式的愛著他們，恆久、默默地用心，從來不是衝動和作秀。無論如何都要愛啊，什麼時候、多大的年齡，只有愛，才能讓生命高貴和富有光輝。

他寫下詩作《哀流民操》：

哀哉流民！為鬼非鬼，為人非人。
哀哉流民！男子無縕袍，婦女無完裙。
哀哉流民！剝樹食其皮，掘草食其根。
哀哉流民！晝行絕煙火，夜宿依星辰。
哀哉流民！父不子厥子，子不親厥親。
哀哉流民！言辭不忍聽，號泣不忍聞。
哀哉流民！朝不敢保夕，暮不敢保晨。
哀哉流民！死者已滿路，生者與鬼鄰。
哀哉流民！一女易鬥粟，一兒錢數文。
哀哉流民！甚至不得將，割愛委路塵。
哀哉流民！何時天雨粟，使汝俱生存。

唉，上天致他於死地，原來就是索要如此的千古絕句！詩中一再慨歎「哀哉流民」，字字血淚地描述了災民的苦難，並盼望「天雨

粟」來拯救災民的生命。全詩無一字譴責，卻句句是控訴。字裡行間明確地告訴讀者：百姓挨餓當然不能怪老天不下米，而只能怪當時的統治者。高度的同情心和巨大的悲憫使作品樸素平實而又驚心動魄。

啊！算了吧，在那短暫的考慮時間裡，他所想的是什麼我們不去考量，他赴陝西那起了大霧的任上殫精竭慮一心賑災的、具體的所作所為不用再提，他寫了什麼、拋棄了多麼不易才得來的安逸快活、安度晚年的心情一時間有多矛盾我們也不去細究。

我們只知道他說：「民之流亡，如己流亡」，不顧老邁之軀，「一命即駕」，「登車就道」……那樣搏命的忙碌，怎會不死？又怎不會不朽？！

他救活的災民不計其數，而他卻在任時病逝了。百姓聽到噩耗，無不失聲痛哭，立祠紀念他的功德。朝廷也追封他為濱國公，諡文忠，令他的次子張引襲其官，扶柩歸葬家鄉，還建了祠堂——初名「張公祠」，為紀念他曾七聘而後起，後改名為「七聘堂」。到現在，那祠堂還在，年節時還有香火，以及鮮花果品……他是不死的。

我們只要看一下《元史》中《列傳六十二‧張養浩傳》的最後一段就什麼都知道了：「到官四月，未嘗家居，止宿公署，夜則禱於天，晝則出賑饑民，終日無少怠。每一念至，即撫膺痛哭，遂得疾不起，卒年六十。關中之人，哀之如失父母。」這短短的幾十個字是一個多麼強悍的存在，史書煌煌，德行、政績能如此君者有幾人？七聘而起祠堂的，又有幾人當得起？

即使是我們不記得他的人了，不記得他的成就；即使是我們可以忘了自己的姓名，忘了我們的職責、道義、忘了「羞愧」二字怎麼寫，也忘不了他在搏命復出、把犧牲當成最好的死（或者最好的生）的路上寫下的、著名的、最後的曲子的結尾句——「百姓苦！」那斬釘截鐵的預告斷言，以及隆隆千里的雷霆震怒。

[作家小傳──張養浩]

張養浩 (1270 ～ 1329)：元代散曲作家。字希孟，山東濟南人。幼有義行，好讀書，初被薦為東平學正。後拜監察禦史，歷官翰林學士、禮部尚書、參議中書省事等職。

張養浩為官方正，敢於直言犯諫。武宗時，曾因議立尚書省事，大違當政者意，被構罪罷官，他恐遭禍，變姓名逃去。英宗時又曾為內廷張燈為鼇山事上諫而險遭不測。他的散曲多是在辭官歸裡後所寫。他對人民疾苦也比較同情，在那個時代是難能可貴的。

《太和正音譜》評張養浩的散曲如「玉樹臨風」，指出他的作品格調高遠。他的作品文字顯白流暢，感情真樸醇厚，無論抒情或是寫景，都能出自真情而較少雕鏤。

《潼關懷古》小令以及一些寫退隱生活的作品可以代表他的藝術風格。然而他的寫景的散曲中，也有一些工麗清逸的作品，如「一江煙水照晴嵐，兩岸人家接畫簷，芰荷叢一段秋光淡」，「鶴立花邊玉，鶯啼樹杪弦」等句，表明他的作品在總的藝術格調中還有所變化，散曲色調比較豐富。

詞性之美

第八章

《詩性之美》：縷析哲學理論，挖掘無名詩之偉大，吐唾重塑，不乏神來之筆。——中國日報評論

白雲謠

（朝代 : 周）

白雲在天，丘陵自出。

道裡悠遠，山川間之。

將子無死，尚復能來？

［背景］

1.

這是一首最老的老情歌。三、四千年前，還一直用笨重的青銅器打來打去、人才學會冶鐵的時代，西王母送別周穆王時所唱。具體時間不太清楚。比諸子出現、《詩經》出現的春秋還要早，想想，是多麼老。

原本無題，現在這個《白雲謠》，是後人添加的。其實應該無題的⋯⋯對你的情意，要怎麼說？

輕聲讀一遍。笨吧？直率吧？真誠實，真渾厚，真喜歡。讀到這些字句，作者與讀者都內外明澈。彷彿早上起來，看到陽光打在葉片上，它們整整一生的好事都被我知道。

只有一個問題，每次在心中默誦時都會湧起，壓不下來：第二句「丘陵自出」，不押韻，出了什麼問題嗎？我曾固執地認為，「出」字可能是「之」的錯寫，小篆中，「出」、「之」二字很相似，經常

鬧誤會，連熟悉它們的人也難免混淆。有一塊很有名的、有關唐朝與吐蕃關係的碑刻，有個「之」字，很多人就認成了「出」字。

不過，說「丘陵自之」，古意是有了，詩味卻少了一些。還有更好的方案嗎？我還在想。

如果真的是「丘陵自之」，好像和「山川間之」有些重複呢。不過好在是上古民歌，要求不是那麼嚴格。似乎還越不同，越動人。

古詩裡，往復使用一個字，是習慣。用「出」呢，搬先秦前的典籍查，發現了一些道理：《詩經》中，與「出」押韻的字有：諸、卒、述、瘁、流、休等。如：

「日居月諸，東方自出。父兮母兮，畜我不卒。胡能有定？報我
　不述。」（邶風·柏舟）

「哀哉不能言，匪舌是出，維躬是瘁。哿矣能言，巧言如流，俾
　躬處休！」（小雅·雨無正）

其中，與「來」押韻的字有：許、藇、羜、父、顧、牡、咎、疚等。

「伐木許許，釃酒有藇！既有肥羜，以速諸父。寧適不來，微我
　弗顧。」（小雅·伐木）

「於粲灑掃，陳饋八簋。既有肥牡，以速諸舅。寧適不來，微我
　有咎。」（小雅·伐木）

「匪載匪來，憂心孔疚。斯逝不至，而多為恤。卜筮偕止，會言
　近止，征夫邇止！」（小雅·杕杜）

「小東大東，杼柚其空。糾糾葛屨，可以履霜。佻佻公子，行彼
　周行。既往既來，使我心疚。」（小雅·大東）

諸、卒、述、瘁、流、藇、羜、父、顧、牡、咎、疚等在韻母上自可相通，所以在上古音中「出」與「來」是押韻的。而「來」與「之」亦押韻，那麼「出」、「之」、「來」在同一首詩中做韻腳，

是合理的。

　　只是仍有個小小的疑問：「丘陵自出」是什麼意思？畢竟「間」是動詞，而「自」不是。

　　再說，歌謠開頭，都愛用沒有關係的事物，譬如：「天上的沙鵠對對飛，不想我的那阿哥我再想誰」、「米麵裡數不過豌豆圓，人裡頭就數妹妹好看」

　　這裡也是嗎？說「白雲高高飄在天上，丘陵的面影自然顯現。你我在這裡一旦分別，就行道遙遠，隔起了重重河山」……對嗎？

　　而且，用南方某種方言來讀的話，就是完全押韻了，也好聽，緩緩的憂傷，像在告訴給大家一座清冷、然而住著愛人的小鎮。

　　嗯，這就解釋得通了，完全可以歌之詠之了。

　　說到歌詠，忽然想起《英倫配》的舞臺場景。沒錯，很多時候，東、西方的情感差不多，尤其在人性純真，還沒遭到階級分類和工業革命戕害的時候。

　　這是我看過的，最拙樸、最美的一首情詩，像用一天的大雪，做出來的一個夢。

　　適合怎樣讀呢？適合隨意讀。適合誰讀呢？適合風來讀。

　　讀的時刻，應該是中午吧？綠蘿一層一層掩著，秋天，響晴的天，屋裡有人睡著，就歪在椅背上。多困啊，陽光打在她臉上，從頰移動到了眼睛，她也不醒。書掉在地下，被風一頁一頁翻著。翻到這一頁，風就讀這一頁。

2.

這首詩出自《穆天子傳》：「天子觴西王母於瑤池之上，西王母為天子謠，天子答之。」那時，西王母唱給周穆王聽的，便是這支《白雲謠》。

周穆王的父親周昭王的時候，「王道微缺」，周昭王南巡，甚至被厭惡他的船工以膠船進獻，船到中流，膠液船解，周昭王君臣溺死於漢水，死後也沒有發佈公告。

就在這種尷尬的情勢下，周穆王繼位。穆王雄才大略，夢想中興周朝，西元前 10 世紀時，曾乘八駿神車巡遊西方，使中原和西域的聯繫日益密切。

《穆天子傳》中寫道：「天子乃遂東南翔行，馬也驅千里。至於巨搜氏，巨搜人之嫣，乃獻白皓之血，以飲天子。」但是他的江山並不穩固，常有外族入侵，烽火不斷……西有犬戎，東有東夷，總有人，尤其是殷商遺民，覬覦周朝。

當時，周穆王一邊四處征伐，一邊開始考慮「懷柔」。如果能不戰而屈人之兵，自是大好，既保持了帝國的安定團結，又和夷族通融了感情，一舉兩得，自己也能在歷史上留下個以德治國的美名。於是，越過犬戎之地，直接和「西王母之邦」建立同盟，震懾和牽制犬戎；並利用「西王母之邦」的先祖簡狄同是商朝先祖的關係，從情感上接近，從封地上厚待殷商遺民。

於是，周朝與「西王母之邦」建立了密切的聯繫，並在周穆王和西王母之間，產生了一段愛情。愛發生得多麼奇怪，然而又多麼自然，一段冰涼的政治連結，居然有了溫暖。

在相愛的一刻，他們彼此想必是早已了解而傾心的吧？是喜悅的吧？像花朵爬滿西窗。一方是中原大國權傾天下的男王，一方是西陲存國一千多年、神秘的女王，英雄美女，惺惺相惜。

　　雖然周穆王當時已六十餘歲，西王母也未必還明眸善睞，但愛情不是以年紀論的，只要有愛在中間，那男子就是翩翩少年，那女子就是妙齡十八。

　　周穆王要去見西王母，就叫屬下造父替他駕八匹駿馬拉的車子，伯夭作嚮導，帶領大隊隨從，選個好日子，從鎬京起程動身前去。這八匹駿馬的名子是：驊騮、綠耳、赤驥、白牷、渠黃、踰輝、盜驪、山子。牠們有的奔跑起來足不踐土，有的則比飛鳥還快，有的一個晚上就能跑萬里，有的背上還生有翅膀，能在天空飛行。

　　當時所走的路線是從北方轉到西方，先越過漳水，經由河宗，在陽紆山見過水神河伯；再經西夏氏、河首，在群玉山見過性情平和溫良的帝台；在崑崙山遊覽過黃帝的宮殿；在赤烏族接受了赤烏人奉獻的美女；在黑水封賞了殷勤接待他的長臂國人。然後，八匹駿馬拉的車子載著他一直馳向大地的西極，到了太陽進去的崦嵫山，見到他思慕已久的西王母。按照今天的路線就是從洛陽北行，越太行山，經由河套，然後折而向西。

　　《古風》說：「荒哉周穆王，八駿窮萬里，朝發崑崙巔，夕飲瑤池水。」周穆王真可算是一位大遊歷家，他西至瑤池會西王母，其往返行程，在二萬五千里左右，經歷時間長達兩年之久，也真不易。

　　穆王西巡來到崑崙，盛讚西王母居處是仙山玉闕，綺景瑰觀。甲子這一天，是個大好日子，穆王在西王母之邦作客。第二天是乙丑，日子也很好，雪峰矗立，萬松環擁，在碧波之畔，西王母與穆天子把酒敘情。

　　神需要愛的吧？王也是。就像史上那個著名的女扮男裝的女將軍，在某個「大漠孤煙直，長河落日圓」的黃昏之後，也要一圈一圈，放鬆了胸前纏裹的綁布，無限思緒地為了對方入病。

　　那三天的旖旎風光我們可以想像。他們可不像他們的後世子孫

那樣假正經，什麼「非禮勿視，非禮勿聽，非禮勿言，非禮勿動」，穆天子和西王母的相愛堂堂正正，身體結合順理成章，又自然又健康。第三天兩人分別在即，這一段酬答就是相愛的鐵證。

有時覺得，一些文字真的是越古越好。比如這支先秦時代的歌謠，就流淌著旺盛的元氣，雖然面對的是悲歡離合，卻格外清亮豁達。尤其是最後兩句：「將子無死，尚復能來？」、「如果你不死去，是否能夠重來？」莽撞而清澈，用力而又柔情萬丈。最質樸，最美好，愛情它遮天蔽日。

像什麼呢？對了，像盛開的一些大花朵，譬如油菜，粗糙，不香，拿自己當蔬菜。也是要一大片的看，不適合單獨摘一朵來看。然而如果有耐心靠它更近一些，會發現原來每一朵油菜花都是一隻蝶，所有十字花科的都是蝶形的。

說到十字花科，連帶想起十字繡，當然就又想起那繡娘的手……類似的話董橋已說過了。雖然我的確是想起了那柔白的、女子的手，彷彿從某一叢月光中伸出來。這是要用心相待的細節，潦草不得。它終究還是太過平凡的花朵，只能群居才能顯出它們的能量巨大。或許這才是最樸素而平實的生命形態。世間有太多這樣平淡堅韌而豐盈的美，只要你相信，它們便有了堅定不移的力，和燦然出眾的美。

如你所知，晉以後的詩詞大半都是細節勝於整體印象，聰明和斧鑿痕跡開始露在外面，這是藝術衰落的現象。這首詩沒有語出驚人的句子，然而你卻覺得它美到不行：二十八個漢字一排列，普通的詞語就有了命；撇開具體字句和技巧，全靠總體意境取勝，為詩歌的最高境。

你看，對於生死這樣的大事，那時的人也不過是一語輕輕道出，平和得讓人心驚，完全不像後來，對死亡有諸多忌諱，不肯輕易提及，還要代以隱語，以一種虛弱的態度對待，可憐。

　　不要說愛情，就連行刺和報恩，祖先們也將生死看得淡，說得輕，行得正，動不動「刷」拔出劍就自刎了。你不信我？好，我死；你怕我留著是個禍害？好，我死；你需要我的頭做個刺殺的藉口？好，我死；我愛你但卻不能在一起……好，我們死。多迷人。

　　那時天子答的時間是三年之後。

　　然而此後穆天子東征南征，三年又三年，乃至崩殂，再也沒能去過瑤池。

　　他們相見千年之後，仍有一位李姓的詩人在問：「八駿日行三萬里，穆王何事不重來？」

　　是因為忙吧？跟現在的、我們的他又有什麼兩樣？愛情從來不是男人的所有。他偶爾會想念愛人，也說「我心裡只有你」，但除了功名，男人們似乎就沒長期想過別的。

　　我一直喜歡簡潔而又情深意長的句子，所以讀著它，只覺眼底生雲，心裡有灰塵浮起來，在晴光下靜靜搖動。這一首詩如同一個舊村落，叫人迷進去，忘記了返回的路。

　　現代人愛用十句話重複一個意思，可古人往往用一句話，就涵蓋了多重意義。並且這些來自上古的筆墨，總是與上天和大地相連，個人的喜悅與悲傷在這片自然風光裡，也隨之無限廣闊起來，似重又輕，似有還無，宛如春天的花事，應承因緣，來去都能夠爛漫無邪。

　　由此，我更加深信，文字類的東西和做人相像：越是初生的，越光亮潔白，越天真；越是長大，反倒會多添一些沒必要的裝飾品。

　　它沒有名人推薦，也不用奪目的腰封，卻明潔耀眼，到了今天。比起物質構成的肉身，來自精神層面的文字顯然更具神意。

3.

愛情？如今那些，算什麼愛情？看看先秦，他們拿出七月份的一個黃金週過的情人節，那份熾烈和質樸，叫人灰心。

七月季風勁吹，麥子入倉，稻穀結穗，田野裡，瓜菜滿園，村巷裡的果樹上，桃梨棗杏，也相繼可以摘來嘗新。大暑之後，三伏已到尾聲，南風變得清涼，也許幾場雷雨之後，就要進入初秋，大道上的朝露，就會凝成初霜。

一輪新月，由七月初三的蛾眉，到七月初七少女的臉，再到七月十五明豔不可方物的一輪滿月，點點滴滴的生長變化，都會落入男耕女織的農人眼裡。

這是除正月元宵、八月中秋之外，他們與月亮最為親近的一個月，清晨去溝渠上勞作，深夜在稻場上乘涼，曬月亮的時間恐怕比曬太陽還要長。這也是北半球最熱的時節，所以至大至陽的太陽光收斂之後，更顯明月的清涼與溫存。

如此盛大的時節，經過數以千年，甚至是上萬年的鄉村經驗的積澱、傳承與改變，以祭禮、巫術、宗教等形式，將先民們靈魂的悸動、情感的宣洩、夢想的交織，交匯成兩個節慶，一是「七夕」，一是「七月半」。

七夕牛郎織女銀河相會，金風玉露一相逢，度小蜜月，是謂愛。七月半，盂蘭盆會，冥府開放，黃泉路上，往世的人回到世間與親朋故舊相見，是謂死。愛與死的主題，如此緊密地聯繫在一起，近在咫尺，可感可歎。這也是古來七夕詩繁多的原因吧。

「七夕」，寫起來是好看的字：像單單抽長的柳條，柔軟溫意；還像髻上的金步搖，在燈火下細嫋的擺動。有款款之意，不能靠近。

它不是你以為的「2‧14」。你要折了玫瑰去見你的小情人，我也沒辦法。可是，她不在身邊，你也是有理由寫出她名字的。在那些

筆劃上逗留很久，有餘香，幽深的躊躇。

「七」在母親家鄉的發音接近於「策」；「虱」的發音接近於「色」。於是順口溜就很押韻：「七月七，洗頭虱。」黃昏的時候，井水一桶一桶提上來，女子的笑聲裡浮滿了濕漉漉的香氣，彷彿被風吹斜過去的蘭草。弦月像眉彎，細淡地停在夜裡。不知名的秋蟲還要恰到好處地低唱，想起來，總是溫靜的。

事實上，這兩個節日，在佛教與道教還沒有深深地影響到我們的精神生活、尚未產生「人的自覺」的魏晉之前，的確是深深地聯繫在一起的。

這樣的例子，還有除夕與元宵、寒食與清明。經過人類學家的「還原」，一段籠罩在祭禮與巫術之下，由男女交歡與人神的宴會構成的，充滿激情與夢想的時光呈現出來，在東方情人節與佛教的法會後面，所掩飾的東亞人類質樸而剛健的童年，顯露出它的吉光片羽。

這就大致可以猜測，為什麼東方的情人節是七月初七、東方的鬼節是七月十五了。也許因為，這是四季之中，至陽向至陰轉換的時刻？這是田野上，繁盛轉向荒涼的時刻？在陰陽轉換的瞬息，甚至連人間與地府、人與神的界限都變得模糊。因為，人與神、人與鬼，可以互相往來？它需要男人與女人出來，席地幕天，盡人倫之樂，而感應天地、調和陰陽？它需要盛大的祭禮，讓人與鬼與神坐在同一張席上，以酒食來寬慰彼此的孤寂？說到底，這竟是西王母出巡的時刻，「飄輪送我來，豈復恥塵穢」？

再上溯到《詩經》的時代，也許七月的中上旬，就是兩個有婚姻之約的村莊、部落、或者城市的節日吧？到了一個特殊的時辰，就會由年長的婦女，那些祖母們，率領著部落裡的女子，渡過作為分界的河流，去與有婚約的部落的男子相會。

　　她們享用著春夏收獲的糧食與果實，接受著田園豐收之後的情愛，是那麼順理成章，男方的部落，也因此展開祖先的祭禮，向祖靈進行祭告。

　　田野的耕作告一段落之後，紡織的秋冬之季已經來臨，說不定，最初的時刻，她們只能夠在男人們的部落裡，得到幾天歡好的時光，之後再由年長的婦女率領著，重新渡過河流，返回自己的部落，開始紡織，孕育孩子。

　　也許西王母就是在這樣的習俗裡，慢慢變成傳說中那個狠心的王母娘娘的吧，她用梭子劃出了銀河，將牛郎和織女由愛慾的狂歡之中喚醒，分別投入到新的勞作之中。

　　七月浩瀚的星空，貫通在南北的滾滾銀河，河東與河西的兩顆星，被命名為牛郎織女，大概是在西漢年間，他們被配合成夫婦，由鳥兒搭成的橋樑，每年挑選出七月初七的日子相會，形成完整的傳說，可能還要更晚。

　　在此之前，很少人知道，而更為動聽的，是一個自己也沉醉愛河的西王母的故事；是我們這裡所遇到，最久遠和最美好的愛情訴說。

［情境］

好吧，來受領吧，那樣有福的愛情訴說──《汲塚古書‧穆天子傳》載：「西王母如人，虎齒，蓬發戴勝，善嘯。」大意是：西王母長得很可愛，一排小虎牙，頭髮飄柔，插著漂亮的山鳥羽毛，歌喉很美，擅長女高音的美聲唱法。

有點像那個差不多與她同時期的「埃及豔后」克麗奧佩特拉（也就是差個兩百多年吧），並且還沒由部落女首領演變為王母娘娘，還沒被人亂七八糟尊稱為華夏母親、歌舞之母。總之，那時的西王母還正爛漫無邪，愛上個人。

而他們相會的瑤池湖畔，水草豐美，野氂牛、野驢、棕熊、黃羊、藏羚羊來來往往，「其山萬物盡有」，大西北是一個美麗富饒的地方。真遙遠啊，好像在天邊。

西王母率數十名仙女乘鳳輦在半道上迎接。穆王見之整衣伏拜，表敬慕之意，西王母下輦扶起，致歡迎之禮。穆王獻上白圭玄璧，五彩錦緞等中原特產，西王母則酬以當地瑰寶奇珍。

西王母領著穆王遊覽御花園，遊過風苑和蟠桃園後，又遙望倚天銅柱，俯瞰懸崖瀑布。穆王指著蒼松掩映中的玉樓瓊閣，拈須讚歎道：「登臨仙山王闕，凌霞秀氣拂面，真乃仙家居處啊！」

這時，青海湖畔，盛宴已備，春色無疆，湖水閃閃，西王母請穆王來到碧林堂中，落座於白玉圓桌旁。琪花瑞草與獻上的雪水茶，香氣混淆。樂聲中，雲彩飄，蝴蝶飛，鶯歌風旋，百獸翩躚，女孩子們起舞助興。西王母與穆王頻舉青觴暢飲，並即席作歌《白雲謠》。她的眼睛對著心上人，深深凝望。她多麼惆悵，如同徐徐退後的花朵。

西王母在歌中問：何日君再來？

幾句話，一首長詩。就像花開，就像一無所有，那麼純，那麼美。

穆王將隨身帶的一塊白玉為信物，贈予她後，對唱作答：

「餘歸東土，和治諸夏。
　萬民平均，吾顧見汝。
　比及三年，將復而野。」

面對千里分離的殘酷現實，穆王也是離愁滿懷，依戀與思念之情，口吻畢肖；可面對西王母鴛夢重溫的願望，穆王顯出了帝王的雄才大略：「我的使命是治理國土上的百姓，使萬民平均，只有到了那時，我才能回來看你，時間大概是三年吧。」

這段敘事是非常殘酷的回答，潛臺詞就是：「三年後如果萬民仍未平均，你就不要等我了，好自為之吧。倘若你不嫌道遠，旅途勞頓，當然也可以來東都洛陽找我啊！」

西王母又對穆王說：

「徂彼西土，爰居其野。
　虎豹為群，烏鵲與處。
　嘉命不遷，我惟帝女。
　彼何世民，又將去子。
　吹笙鼓簧，中心翱翔。
　世民之子，惟天之望。」

西王母聽了周穆王的回答，知道今生相聚無望，於是硬下心腸，一個女人的癡情變回了一位女王的尊嚴：「我所居住的西土，雖然虎豹為群，烏鵲與處，可我是天帝的女兒，要守住這天帝賜予的土地，不能隨便遷移。如今為了你的人民，你又要離開了，雖然吹笙鼓簧，可是我的心卻像空了一樣，飄飄蕩蕩，沒有定所。你的使命是上天的瞻望，你也好自為之吧。」

至此，兩人等於訣別，一別無音。就算蘆葦灘一夜白頭，也改變不了的宿命。而西王母超出周穆王一倍的歌唱，至今我們還在聽。

　　沒有一馬平川的後來。於是，最好的結局，就成了好說好散，加上各自完整不缺的自尊。如果不是這樣，而是各自放下王的自尊，相互體諒深情，溫柔相求，和溫柔答應，結果又會怎樣？

　　唉，自尊這東西，壞了多少應該發生的美事。

　　原諒好了。想來穆王也是眷戀的吧？但很多時候，神或者王，他們跟人間眾生一樣，身不由己。

　　據說，次年春天，穆王還派人將江淮貢茶獻給西王母。但三年之後才趕回來的使者報告說，他們到崑崙山下已無路可行，攀援上山後不見閣樓，卻聽到令人恐怖的虎嘯，聞到蛟龍的腥氣。只好把禮物置於岩石上，禱告而歸。對此耿耿於懷的穆王，命人在終南山修了一座萬丈的中天臺，期待有朝一日在此與王母相會。可是，穆王只有在夢中與情人重逢了。他們終其一生，再沒相見。

　　真替他們可惜。上世紀中葉，安陽出土的殷墟甲骨文上還記載，有王后名婦好，還帶兵打仗呢。想來同商代接著的周朝前期，周穆王如果什麼都不顧慮，娶了西王母，其實也未必就不能夫婦同行同止同勞動，又都很智慧很能幹，統一中國，管理一個大國家，還相愛，相欽慕，有柔情。多麼好。

　　西晉時，三乃郡人盜戰國魏襄王墓，發現了《穆天子傳》竹簡。如今連作者都已佚名。

　　怎麼形容這些應答詩呢？我得想想……似乎秋天的黃昏，許多闊大的樹葉影子打在一面牆上，被斜去的光線照著？或許，更像剛打開的石鐮，火花碰撞閃亮，氣味還散在空中，那種特別乾淨的片刻？

　　就是那樣吧？在暗夜裡，四野茫茫，大地用最樸素的方式，向無中生有——有了光，點起了一堆火。

　　這堆火，叫愛情。

[尾聲]

1.

念誦這首詩的時候，最好是七夕，那良辰好景。哦，就是在我們剛剛講的那把椅子上，小睡後，洗臉，梳頭，然後坐下來，鋪下一張宣紙，舌尖潤開小楷筆，慢慢抄寫這些句子，像做抄經的日課。寫成了像一封信的樣子，在信末，你珍重地簽下某個名字、某個地址，它們掩蔽著所有轉彎抹角的一曲陽關。細細索索，年深月久。

當然有酒。而這首詩仿若掛在紙上的紫藤，那樣心醉神迷。恍然香氣撲鼻，讓人記起陳舊的時光，無比動人。

就這樣，你坐在小村的格窗下寫信。紙上，一首詩像伸出的一截桂花，在窗外，淡淡地開，小風吹過，就斜下來，敲打一下窗櫺。

2.

可以為它譜上曲子吧？歌曲《白雲謠》，適合採用四分之三拍，似有抒情優美之意，實為悲切傷膚之痛。

歌詞的第一遍共十四小節：在天藍湖藍的自然景色中，展開樂曲的前四小節；緊接著的四小節，是離別中的豁達；後四節，是平靜的詢問。

歌詞要反覆兩遍：第二遍，情緒逐漸開始升溫，情蓋過了景，內心的激烈，別離的傷悲。風乍起，吹皺了一池春水。八小節一氣呵成的傾吐，將白雲和丘陵的景色和山川的想像轉化為內心的情意，是春水暖，冰雪融化，奔突直下。

　　然後在最揪心的「將子無死，尚復能來？」中反覆兩遍，再加後半句的拖音——是夏日寬展水草上的露珠，團團盈盈，來回滾動，忽然掉了下來；連著六小節的一層高至低，再一層高至低，更一層高至低，情感似一領飛瀑，一層低過一層，直奔而下——是秋風吹過了，水落石出。

　　隨後是最後四節，要漸漸恢復平靜，要平靜——是冰封了嚴冬，以及死一樣的孤寂、思念和絕望，凝聚成了層雲，低垂在大地上。如此，才叫人心驚。

　　《白雲謠》，在所有遠離的時光中，它頂替大雪，一次次地降生大地，福澤了人類。

　　在這片大雪中間，生長著不知名的樹枝，開著顏色淡淡的花，我給它命名為「清蟾」。說出這兩字後，它們忽然就升起來，繞繞地，在灰色天空上，斜出了好看的姿勢。

　　三千年下，一曲動聽，唱得人間無老少。就像新石器時代，人們開始把玉石當作神賜的力量那樣，蓄滿了浪漫的開始。

婦病行

（朝代：東漢）

婦病連年累歲，傳呼丈人前一言。

當言未及得言，不知淚下一何翩翩。

「屬累君兩三孤子，莫我兒饑且寒！

有過慎莫笪笞：行當折搖，思復念之！」

亂曰：抱時無衣，襦復無裏。

閉門塞牖，舍孤兒到市。

道逢親交，泣坐不能起。

從乞求與孤買餌，對交啼泣，淚不可止：「我欲不傷悲，不能已！」探懷中錢持授交。

入門見孤兒啼，索其母抱。

徘徊空舍中，「行復爾耳，棄置勿復道！」

　　落花是某些女子的名字。那些女子沒有名字——活著沒有，死了也沒有。

　　於是，我們喊她們落花。落花啊……每喚一聲，就是一瓣芬芳，當然更是一瓣掉落。就像桃花被月光打濕，靜靜地落。這是某種姿態，而不僅僅是一個名字。是可以用來溫柔相待的詞語，簾外落盡，世事寂寂。

　　世間最好聽的聲音，是那些具有落花質地的聲音。溫情，傷感，動人，牽心。一句一句遞來時，一如某日推開一扇門，那裡是絕美的光線，照耀俗世。

　　她們說話，就是花在落，是清朝紙上瀟湘館裡，那位著名女才子唱的：「花謝花飛飛滿天，紅消香斷有誰憐」——這個歌是她的落；是漢朝紙上茅草屋裡，一位無名女才子唱的「屬累君兩三孤子，莫我兒饑且寒！」——這個歌是她的落。

　　她們唱著唱著，還沒到結尾，就落了。唉，她唱「孩兒啊，我死了你們還能活多久……」是的，她沒有這麼唱，這是我替她唱的一句。她沒有力氣唱出來了，我來替她唱。

　　這些歌是女子們的落。是貧病無依的落。是人間苦難的落。那裡依然存在著古老朝代裡、而今已失傳的方言。

　　詩中寫一個婦人久病不起，臨終前再三囑咐丈夫要好好養育孩子，不要打罵他們，可是她死了以後，孩子們無衣無食。父親到市上乞討，碰到熟人，同情地給他幾個錢。回到家，見小孩子不懂母親已經死了，還一個勁地哭著要母親抱。

　　這是最普通人的最普通的生活，又是充滿苦難與辛酸的生活。這樣的詩，是過去從來沒有過的。詩中那位母親臨終的時候對自己的孩子死不瞑目的牽掛，真可催人淚下。

作為詩，這些句子是簡樸以至簡陋的，失控，故障，沒有規矩，很像是一團壞字，寫惱了揉皺了扔進紙籃，又不甘心撿回來，就團在那裡，沒有被展開讀一遍。但它們如此簡陋地立在那裡，像月光伸出一隻手，披荊斬棘，以 3D 效果伸到我們面前，讓我們看清了什麼叫做悲傷。

所有文體都需要閱讀的快感。否則再龐大、再深厚的主義都將得不到最好的稀釋，閱讀是再創造，這個無可懷疑。

原來它像一本唱詞，有韻有張有馳，字字吐出光芒。或者如一條接一條的皺紋，除了說明它主人的悲傷之外，好像證明不了時間的屬性與質變──好像比身邊人事更切近我們。

就這樣，我眼睛不剎車，一路滑下去，不知會滑到什麼深山老林裡去。起風了，風塵僕僕，風吹草動，風馬牛不相及，風起雲湧。

我敲著這些字時，就有二胡從電腦裡長長地拉出來，緩折的聲音裡有一種不時與人相會的憂愁，像某一天忽然路過一叢怒放的野菊，是一種不知所措、不曉妥放的力量。

看不清面目的女子們，在這場特別為她們而吹的大風裡，徑自消失，也慢慢出現。

［情境］

這首詩裡有兩個主人翁：男主人翁：落魄，深情，無奈，絕望。女主人翁：垂死，溫柔，不甘，牽掛。兩個人或許都有飲泣，卻從沒有過放聲哭喊。這首詩也是如此。

故事其實很簡單，詩的前九句寫病婦臨終時對丈夫的囑咐，後面的，則是剩下的丈夫帶領孩子們的苦況。打動我們的，是細節。在幾乎所有的文學作品裡，打動我們的，幾乎全部是細節。

臨終，就是等待死亡。等待死亡對一個人進行最後的宣判，是極寧靜無聲也是極輕而易舉的，內心複雜，極斷念、極脆弱，也極牽掛、極堅強。

這個即將離世的婦人，那一刻，她內心有多複雜？我們不知道。我們看到，她看起來有多斷念和脆弱，就有多牽掛和堅強。

首二句「婦病連年累歲，傳呼丈人前一言」，從病婦方面落墨，直接進入敘事。病婦久病不愈，自知將不久於人世，所以她要把丈夫叫到床前，留下臨終遺言了。

這件事起首就叫人無限悲傷。未及開篇已不堪，下面該怎麼辦？

一口井，水從當中緩緩流出：「當言未及得言，不知淚下一何翩翩」，病婦還沒有來得及開口，已潸然淚下，泣不成聲了。這幾句醞足氣氛，先聲奪人，一呼一吸之間已有生死藏埋。

「一何」，從杜甫那裡，我們知道，是「多麼」的意思：「吏呼一何怒，婦啼一何苦！」他多麼怒，她多麼苦，透過這兩個字，都看見了。它有自己的語感和獨特的詩歌節奏，如同靜默山峰裡的農舍，純淨、樸素、直接而又簡單。

而我們也從那「翩翩」的長調中，已經痛到病婦內心的痛，多麼多、多麼洶湧紛飛的淚水啊。此刻，你可以看得見她眼中憂傷。

但她悄焉動容、魂裡夢裡也放不下的，又是什麼呢？

至此，詩人筆鋒從訣別的淒慘場面，轉入訣別的悲切言辭，近乎低低的哀告，也是大聲的呼喊，如果她還有力氣發出那樣的聲音的話：「屬累君兩三孤子，莫我兒饑且寒，有過慎莫笪笞，行當折搖，思復念之！」

「屬累」，拖累的意思。「笪笞」，指的是捶打。「行當」，將要。「折搖」，即夭折。

她說：夫君，夫君，連累你要自己帶著兩三個孤兒朝前走了，（對不起），可是你別叫我兒餓著凍著，如果他們有過失千萬別打他們，我就要死了，可還是惦記著他們（和你），放心不下。

讀完這五句，你難道不會難過？

其中的「累」字，含有將入幽冥的自傷，以及拖累夫君的歉疚。平平寫來，淒然欲絕。「饑」字、「寒」字，雖指來日，而往日的饑寒，也可以想見。

下面，「行當」二字，更見得長期貧苦的生活，孤兒已是極為虛弱，倘再使其饑而且寒，他們也很快就會夭折的啊！這一切，自然在病婦心中留下了深刻的創傷，永訣之時，便交織成憂慮與驚恐，發而為囑託之辭了。

兩個「莫」字的緊承，語氣之強烈、專注，直如命令；而在這迫切請求之下，又可看到那款款深情的脈脈流動。即將經受幽顯隔絕、無緣重見之苦，也就愈加繫念留在人間的幼男嬌女。

「思復念之」，嘮叨再三，更將殷殷囑望之情溢於言表。一個人臨終之時，什麼都可放下，唯獨自己的孩子委實難割難捨。

一個再也無力照料、護衛孩子的母親，一個終日勤苦而終於貧病的勞動婦女，字字是淚，滴下來。

　　她就這樣闔上了眼睛，頭髮散得到處都是。她的破爛的鞋子停在地上，將永不被使用。她加上她的鞋子，如同三片冬天的枯葉。

　　病婦死後，家境如何？「亂曰」以下，從病婦丈夫方面落筆，先在我們面前展現出一幅饑寒交迫的悲慘畫圖：房間靜得像一口水井，只有風從屋頂上呼呼地刮過，一切都飄飛起來，沉在水中，無所依傍；彷彿一些輕質的東西被遺落在路上，再被風吹走；又彷彿一隻兔子，被虎狼掏去了內臟。

　　父親想抱孩子上市覓食，卻找不到長衣，唯有的短衣又豈能禦寒？只得關門堵窗，留兒在家，獨自上市。

　　可以想見，這樣的時刻：午後向黃昏輕微移動，反襯著窗外的白雪光，越過窗臺的光線變得遙遠而不真實——那窗戶，像一隻巨大的眼睛，朝向悲傷的屋子望。這個破衣不能遮蔽瘦弱股骨的男人，木然坐在窗前，這一下子的時間，他的頭髮染上了雪。

　　他的腦中也飄下紛亂的雪，它們寂靜堆積，填滿了大腦，不能思索。像睡去了，與他的女人，與他度過新婚的初夜、生過幾個孩子、有過羞澀淺笑和嫵媚歡笑的女人。

　　世界虛弱而搖擺，如一只巨大的搖籃。一切微笑，花朵開滿，近乎幸福了。在這「幸福」裡，他幾乎想與他的女人——他那在自己無能養家的無怨裡死去的女人，一起去到一條升騰著煙的河流中，或乾脆，就借助於一條汲水用的繩索。

　　孩子們的哭聲卻將他喚醒。活下去雖然無比艱難，但他不能死！他沒有權利死。他「嗚」地哭了一聲。也僅僅是一聲。他沒有權利哭。

　　「抱時無衣，襦復無里」句，就寒而言，直筆寫窮，已窮到了極致。母親生前無使饑寒的願望，已經落空一半，而另一半呢？

　　「閉門塞牖，舍孤兒到市」，關門堵窗，或可擋風避寒，也許，還想著防止禽獸傷害孩子吧？母愛由言語泄出，訣別之辭何等深切；

父愛則由行動匯出，關切之情何等拳拳！這一「舍」字，父親那欲離不忍、欲攜不得、憂鬱徘徊、悲傷絕望的動態心態和盤托出。鐵門的鎖在日曬雨淋中已經鏽跡斑斑，落鎖時帶著艱難的磨合，發出模糊不清、蒼老的聲音，有著由牙根延展到上齶的疼痛。

滿院的荒蕪。多麼小的一個院子。棗樹的葉子已經落盡，鐵硬的枯枝刺向天空，而天空，再藍的天空也毫無生氣。柴草堆因為幾天沒有動煙火而垂頭喪氣，疊擁在那裡。

又可以想見，他撇下剛亡的妻子、未亡的孩子，餓著肚子走在街上，看著在房與房的空隙間，一輪紅紅白白的什麼東西，夢遊在遠遠的山巒上，卻沒有光，就這樣昏黃地、帶著恍然的冷漠，那太陽，它居高臨下而孤單！

說著「舍」，實為不捨，實出無奈，下文出：「道逢親交，泣坐不能起。從乞求與孤兒買餌」，男人掏出僅有的一點錢，求人為兒買糕餅，是想節約時間，趕緊弄一點食物，回家陪伴那些可憐的孩子，個個饑腸轆轆，又剛剛失去母親。這又從側面暗示了不「舍」。

一般說來，男兒有淚不輕彈，而這個男人路遇親友，由於太過悲傷，說不出話，竟嗚咽不止，久坐不起；若非傷心至甚，怎會如此！

我相信詩歌的創作者就是詩中那父親本人──非本人，怎能繪事如此逼真！靠觀察或體驗生活，到不了這個層層剝開才可以顯露的細節。是個噩夢吧？至此，作者和我們，都彷彿掉入一個孤獨的、不敢確認的夢境。天大的災禍頃刻滅頂。

回讀「對交涕泣，淚不可止」二句，可知兩人對話極少，極吃力，一定是每個字都形影單隻。一唱三歎，將悲傷之情，更進一層。憐念子女、自傷孤子、悼懷亡妻，諸多情結，盡在這一把辛酸淚中。

「我欲不傷悲不能已」，主婦一死，留下弱兒女一堆，冷屋涼炕，連個對泣的人都沒有了。對一個家庭來說，是梁崩柱摧，怎能不涕淚

俱下、肝腸寸斷呢？悲傷已，卻以「欲不傷悲」逼出「不能已」的本旨，一抑一揚，詩意翻跌，紆曲難伸。

「淚不可止」，「我欲不傷悲不能已」……「不」、「不」，要怎樣卻不能怎樣，這樣的句式我們難道在古漢語中見得很多嗎？一個人，窮、苦、難、孤單、難受、無依……我們聽得多了，但比這個人更窮、更苦、更難、更孤單、更難受、更無依的，我們難道也見過了很多嗎？

所以，每讀至此，我都像死去了一樣。我知道，這不僅僅是為了那個婦人或男人，還有那些孩子。

孩子們會怎樣呢？唉，我「淚不可止」，「我欲不傷悲不能已」！……以「探懷中錢持授交」為結束句，由哭訴悲傷轉為乞友買餌，一句之中連續三個動作，宛然可感：那父親「懷中錢」的溫熱氣息，「探」的困頓，「持」的沉痛，以及「授」的鄭重。

父親道逢親交，涕淚未盡，匆匆趕回家中，所見又是什麼呢？「入門見孤兒，啼索其母抱」。父泣子啼，雪上加霜，讀之觸目驚心。此中之「啼」，緣於饑，緣於寒，也緣於思母吧？

哦，是不是還覺得奇怪。咦，媽媽為什麼躺在那裡，好半天不動啦？或許，還有害怕：怎麼了？到底是怎麼了？媽媽她為什麼哭喊也不動、搖也不動了？爸爸呢？爸爸去了哪裡？要多久才能回來？……這是大孩子的驚懼疑慮，隱隱的不測感和難以掩飾的傷痛。

那麼，小孩子呢？小孩子什麼都還不知道呢，不知道難過、害怕、問詢和尋找。這當然是更悲傷的悲傷。

一個「索」字，將孩子們嚎啕四顧、牽衣頓足，急要母親的神態宛然畫出。「徘徊空舍中」這句，既寫出了父親疾首蹙額、徒呼蒼天的悽惶之態，也反映了室內饑寒交迫，家徒四壁的樣貌。

「空」啊，空在無食無物無衣避寒，也空在無母無妻無人操持這個家了。兒啼屋空，由聽覺而視覺，將悲劇氣氛烘托得濃而又濃。

「行」，將也，「複」，又也。「爾」，那樣。此句的意思是：孩子的命運將同媽媽相似，還是拋開這一切，別再提了！

你願意把它讀成男人心裡的悲哀，可以；讀成他對著孩子們的憤然大叫、嚇住了孩子們的哭聲也不是不可以。何其淒切。

其實，「行複爾耳」的結局，父親還沒喊出，我們已然可從詩中描寫的場面中得出了。而「棄置勿復道」這句，更是撫今思昔，百感叢集，「勿復道」，正是道而無用，言而愈悲的緣故。

從「對交啼泣」，向親友哭訴，到欲說還休，氣結難言，令人更有深悲一萬重之感受，好像好好的藍天空，給刷上了一層灰油漆。

全詩至此，大幕急落，黯然收束，憂傷得都要流出二胡曲來。

結局如何？前有病婦托孤、父求買餌、孤兒索母這一幕幕經過充分醞釀的情節，後有「行複爾耳」的悲號，答案盡在其中，無須作者再拉開帷布了。

「把棺木抬出來，讓送葬者進來……繁星已經無用，把它們熄滅吧，收起月亮，掩蓋驕陽，把海水抽乾，把林木掃掉，從今以後，世上再無美事……」可以想見，這是這個家庭後來常見的情境。

生命總有兩極，苦與樂，悲與喜，愛與恨，清與濁，動與靜，真與假，輕與重，冷與熱，做愛與死去，陣痛與娩出……許許多多。徘徊在哪個極端鋒口，都不是好事。所以，我看到大歡樂，跟看到大悲苦一樣；就像看到這裡的最失意，和看到那裡的最得意一樣。

看看吧，看看烈火烹油，看看錦繡成堆，看看就要烈火烹油燒了錦繡成堆……都是一樣的。

［尾聲］

唉，安靜下來吧，安靜地說話，讓每一個字像樹葉飄離樹幹一樣自然，不急不躁；安靜地讀書，在冬日暖陽的窗裡，為浮躁的靈魂洗塵；安靜地想像，像孩童般遨遊在自由的王國裡；安靜地走路，像走向冬天終於覓到食的鳥雀……。安靜下來，我們就看到了一切，就大悲憫。

也許一個人最好的樣子就是靜一點。就定下心來，用心甘情願的態度，過隨遇而安的生活。

唉，我在這裡讀它，四周悲喜叢生：一樓，一戶人家的男主人患了癌，女主人在院子裡縱橫交錯地，牽了一條一條曬衣繩，晾滿了擇洗乾淨的馬齒莧，那好像是個民間的方法。我從窗口看見她在陽光裡，植物一樣安詳，陽光好像專為馬齒莧曝曬著，充足有力氣；二樓有戶人家的男孩子玩線上遊戲玩到瘋，他父親打他的聲音像在用刑一樣，整個樓都聽到皮帶抽在孩子身上的聲音。可是後來大家聽到的卻是父親的哭聲，那聲音多麼淒切，以至於，他全身只剩下了淚水。

蟋蟀的聲音一樣，國槐的落英一樣，那些愛啊恨啊的陌生人事，從來沒有停止過一秒。

這首樂府古詩屬《相和歌辭・瑟調曲》。詩歌透過托孤、買餌和索母幾個細節，描寫了一個窮苦人家的悲慘遭遇。他們的語言、行為、動態、心態，皆如一齣情節生動的短劇。作者不著一字說明，也沒什麼文采，卻自具一種衝動之力，如十字鎬砸向冬天的地面。

在此之下，人物個性畢現，悲劇主題自生，寫來沉重，真切動人，這正是漢樂府「感於哀樂，緣事而發」的現實主義特色的突出表現。

《詩經》中這種詩為數甚少，在大量的四言體詩中，顯得很不起眼，而且就是雜言體的詩，句式的變化也較小。

　　楚辭中的多數作品，句式也不是整齊劃一的，但總是有些規則，大體上以五、六、七言句為主。漢樂府民歌則不然，它的雜言體詩完全是自由靈活的，愛怎麼寫就怎麼寫，一篇之中從一、二字到十來字的都有。

　　應該說，民歌的作者，只是按照內容的需要寫詩，並不是有意要寫成這樣，也就是說，並不是有意要創造一種新的詩型。但它的雜言形式，確實有一種特殊的美感，和藝術表現上的靈活生動之便。

　　所以到了鮑照等詩人，就開始有意識地使用樂府的雜言體，以追求一定的效果；到了李白們手中，更把雜言體的妙處發揮到極致。於是，雜言也就成為中國古詩的一種常見類型。

　　漢朝在歷史的長河中是很短暫的一部分。但在歷史大背景下，漢朝的文化達到了另一個高峰。它創造了空前的文化成就和藝術氛圍。同時也濃筆重墨地描繪了一個時代的輪廓，也是一個時代發展軌跡和經歷風風雨雨的一面鏡子。

　　漢樂府就是其文化的一部分，但它的藝術成就遠高於前人並得以進一步發展——其在中國文學史上的最大貢獻，是推動了敘事詩的形成。這是很了不起的事。

採桑度

（朝代：南朝）

蠶生春三月，春桑正含綠。
女兒採春桑，歌吹當春曲。

冶遊採桑女，盡有芳春色。
姿容應春媚，粉黛不加飾。

繫條采春桑，採葉何紛紛。
採桑不裝鉤，牽壞紫羅裙。

語歡稍養蠶，一頭養百埏。
奈當黑瘦盡，桑葉常不周。

春月採桑時，林下與歡俱。
養蠶不滿百，那得羅繡襦。

採桑盛陽月，綠葉何翩翩。
攀條上樹表，牽壞紫羅裙。

偽蠶化作繭，爛熳不成絲。
徒勞無所獲，養蠶持底為？

採桑不是採棉花，這個動作是望向天空的。望向天空，就免不掉些幻想。

採桑不是採蘋果，手心裡是虛的，不用紮實掌握。虛的，輕巧，不累，就有閒心思索一些心事。

採桑也不是採卷耳採芹採苤苢，那些都太直接，直接當作食物，還又挑又拔、用裙子裝的，匆忙倉促，透著狠勁和粗魯。採桑也不是採蓮，那太高隱了，魚戲蓮葉的東南西北，唱的歌很飄逸，不厚，不沉，跟女高音和女中音的區別差不多。聽上去，「採蓮人」也沒有「採桑人」的質樸。

桑這個字，用毛筆，楷體，寫出來多麼好看，看上去就是一棵樹的樣子。它擇水而居，有藥香，不大像入口之物，有一種陌生和奇異的美。難怪一位詩人、我爸的老同學給自己的孩子取名「桑桑」，給孩子的孩子取名「亦桑」、「又桑」，因為太愛這個字了。總之，桑真好，採桑真好，又優美又質樸的一件事情，由同樣又優美又質樸的女孩子來做，就自然出現了同樣氣質的詩歌。

讀這一首，覺得勞作是舞蹈，說話是詩歌。雖無法重見先民們在天地間生息，但俯仰天地，仍可觀察鳥獸蟲魚草木。陽光明媚，春風和煦，泥土清涼，秀木明淨。半山鳥鳴，半山花。勞動，是休息。而萬物生長，是神靈日夜勞作不息。

寫到這裡，不覺羨慕：要知道，一草一木都是神的恩賜啊，一律是人類或其他生物的菜蔬。那時女孩子們採呀採呀，在它們中間採集著，不知疲累，還唱著歌。她們與身邊的植物結成夥伴，不分彼此，身上帶著它們的顏色與清潔的氣味。想來多好。

採桑一般來說是女孩子的工作。父兄們上山下田，去狩獵耕種；母親、大嫂在家帶孩子燒飯、養雞。女孩子力氣小，愛外出，愛玩，

還沒有其他負擔，甚至連個像樣的夢也還沒做過。這個空檔的時間，多麼短暫。唉，就像南朝那時的詩歌，境遇是差不多的。

南北朝，四言詩還不多，詩歌的驚蟄剛過，一切都還在萌動，還生澀，還沒有技巧，沒有規模，也沒有著意的寫作，只有勞動中的哼唱。

年輕的採桑女孩唱著採桑的歌，成群結隊地往城東南去了。那裡有全城最好的桑樹林，能採到最肥美的桑葉子來養蠶。蠶吃得多了，便能吐出最美的絲來。

女孩子愛聚在一起玩，你可以想想七仙女一起去天河裡洗澡，被董永看見偷走七仙女的衣服成就一段好姻緣；也可以想想七仙女一起去蟠桃園摘桃子，碰見孫大聖變成最大最紅的桃子在葉子底下睡覺。反正啊，女孩子在一起，勞動，唱歌，就是最純潔、最可愛的事物在一起了。

四、五千年前，原始蠶棲息在樹上，後經過馴化，成為了吐絲作繭織綢緞的天賜妙物，人們有些敬畏、有些愛地將這個字寫做「天蟲」。真神奇啊，小小的軟胖身子，小小的口，無窮無盡地吃下綠桑葉，然後無窮無盡地吐出白色的絲。我們看不到其物理化學的變化，在人類啟蒙時期，那不就是神意所至？

而室內養蠶，早在先秦時期就興起。《夏小正》言：「妾子始蠶，執著宮事。」《詩經·大雅·瞻卬》也說：「婦無公事，休其蠶織」，於是可知，那時養蠶已是女子的主要工作，晚上都要起床餵養牠們好幾次，就像哺育自己的孩子。

牠們嬌得不行，換桑葉的時候，要用很軟的毛筆來移動，要注意手上的力量；不能對著蠶呼熱氣，否則牠們會受不了，用手一直摸也不行，會燙壞牠們；也不能讓蠶接觸到氣味濃烈的東西，否則會給牠們帶來生命危險。總之，一個養蠶的人家，就等於養著千萬個襁褓

裡的孩子。

　　女孩子對小蟲豸們有一種與生俱來的恐懼感，但不知什麼原因，她們唯獨對蠶寶寶們不存在疏遠的心理。她們與蠶如此親密，叫牠們做「蠶寶寶」。至今，許多小朋友還著迷養蠶這件事，一隻兩隻，勤於伺候，直至養死為止，熱情不歇。

　　養蠶是個安靜的工作：將採來的新鮮均勻地撒上去，不停地添加。盛蠶寶寶的器皿是用竹子編製的，然後用竹竿搭起架子，分成很多隔層，每層放置一面篩籮。

　　蠶聽到桑葉飄落的動靜，很快各就各位，佔領有利位置，奮力嚼食起來。稍稍側耳，便能聽到「沙沙沙」的響聲呢。那些蠶就像受過訓練似的，紳士般的從葉子的一邊從上往下，很快桑葉葉邊就出現淺淺的凹邊、彎彎的溝，成為一張不斷變幻的「地圖」，將「美國」吃成「不丹」，直到完全消失在人們眼中，溶進蠶寶寶腹中。

　　寶寶們吃飽了就睡覺休息，餓了就起來覓食，所以長得很快。不用多久，細細小小的蠶就變成貴婦，白白的肚子變得油亮亮的。然後在某一天，突然就跟以前不一樣了，牠們不再進食，而是專心致志地從嘴裡吐出纖巧、銀白的細絲，慢慢把自己裹覆起來，直到不見蠶的身影，成為一個橢圓型的蠶繭。

　　如果你拿起來輕輕搖一下，還能感覺到有一個東西在晃動，那就是蠶蛹。一般來說，蠶繭的歸宿有兩條，一是用來抽絲，成為絲綢，織成華貴的衣飾，穿在各等各色的人身上；二是等到來年開春，蠶蛹慢慢發育，破繭而出，開始新的一次生命的輪迴。而在現代，還有一個用途，就是放上茴香、雞精、味精等調味料，炒熟，吃掉。

　　「十畝間兮，桑者閑閑兮」（《詩經・魏風・十畝之間》），既然《七月》裡「女執懿筐」可以「遵彼微行」而「爰求柔桑」，那麼，我們可以知道，那時已經栽植了一大片的桑林。

採桑為了養蠶，養蠶為了織布，織布為了穿。商業也還不發達，各家織了各家穿。穿了去勞動。就這樣，周而復始，心思只在最簡單的層面上打著轉。

那時候，人還很少，氧氣還很多，尤其桑樹林的早晨，簡直讓人覺得自己只剩下了兩葉肺。成片的桑樹林並不偉岸，約有一人高，樹幹彎曲壯實，葉子黑綠，小而光亮肥厚，散發著淡淡的清香。要是折片葉子，在折斷處能流出濃濃的白色漿液。難怪蠶吃下桑葉，能吐出雪白的絲呢。

桑樹長在田野上，翹起鼻子，大口吸著四面八方來的風。其實，那風也新鮮著，一路張望過來，也還沒見過多少人、多少風景。大地鴻蒙，萬物懵懂，還正像個孩子。

然而，那時的春天，跟今天的春天沒有一絲的分別；那時的女孩子，跟今天的女孩子也沒有什麼兩樣。

一樣的春來桑綠，一樣的春心初開。

[情境]

1.

採桑女的出現，對我們的眼睛是個洗禮——我們的眼睛幾乎和我們的心一樣髒了。她是我們見過的最純潔健康的少女。

南朝，距今快兩千年了，四言詩還不多，詩歌的驚蟄剛過，一切都還在萌動。

三月到了，養蠶的家裡也都放女孩們出來，到平原繡野上，採集桑葉。這時的桑葉嫩綠嫩綠，正適合餵養家中的蠶。而看著蠶寶寶長大，吐絲，成繭，然後飛走，也是件非常有意思的事情。

「晨」是個美妙的字，甚至難以想像能夠把這個字喊出來。因為它近於夜的那種凝定的靜寂，這時鄉村花園中的樹叢上空，浮著一抹清澈微弱的碧藍色。在民間，把這個時辰叫作「濛濛亮」。在這個片刻，星點低低地在大地上空發出亮，空氣如泉水般清新。

有一種處子般純真的東西在浸潤。小草浴著露水，花朵開成大碗小碗，每個鄉村中都蕩漾著一股溫暖的、新擠出來的牛奶的香味。一切都籠在晨霧中。這樣的一個早春，三星在天，月光鋪滿了紅菱湖寂靜的屋頂、菜園、蜿蜒於村舍間的小路、月光下發亮的河水、秧田。原野升起濃霧，塗在麵食上就是糖漿。月亮像一個夕曬的落日，金紅渾圓浮在原野的上方。

沒有一朵雲、一棵樹是不美的，至於它們為什麼有與眾不同的生命模式？造物主知道。而新生的桑葉那麼嫩，像一池清水，只有少女的手才配採下。

從這裡到那裡，走來走去的採桑女啊，她們露面了。她們躡手躡腳地從一間間茅草屋鑽出來，齊齊聚在村口。滿天的星星，雞聲一路，伴隨著她們的腳步，此起彼伏地啼。

　　是因為春天來了的緣故嗎？女孩子們也漸漸地出落得標緻可人了。似乎眨眼間，這群野丫頭，突然開竅了，心也靈了，手也巧了，有了心思卻不怎麼說了。

　　其中有個她，跟春天一樣美。儘管有著春天的鮮豔嫵媚，可她一點也沒有塗什麼脂粉呢。我們似乎看到，她紅噴噴的臉，圓溜溜的小手，還有一笑就露出的白牙齒。她整個人都是閃亮的。

　　她穿著羅裙，襯出腰肢的柔和。史上有個著名的採桑女，名叫秦羅敷，穿著的也是這種裙子：「湘綺為下裙，紫綺為上襦」；《孔雀東南飛》中的主人翁劉蘭芝，穿上這種裙子，腰際紈素的光彩像水波流動一般瀲灩生輝。

　　你願意把她當成秦羅敷她就是秦羅敷，願意把她當成劉蘭芝她就是劉蘭芝。這裡我們所見的，是她們未嫁之前的樣子。

　　她提著籃子——我們自由想像：如果她在南方，籃子就是竹編的，如果在北方，就是柳編。總之，籃子青綠，是用剛折下不久的鮮嫩枝條製作的。

　　可是在這裡不能那麼自由。魏晉南北朝，總共六個朝代都立國於黃河以南，即古詩詞中常說的江東地區，而且國都全在建康（南京），也就基本可以認定，她是江南女子。這符合我的心理期待，也增加了這首詩的詩意。

　　這位江南女子，她先用桑條製的繩，理一下，然後一手拉繩，一手採葉，放到籃內，動作嫻熟輕盈，手指柔軟濕潤。她在毛茸茸的桑葉間穿梭採摘，還攀條上樹，忙個不停，心情很不錯，嘴裡不停唱著清香的歌。

　　可是，也因為穿梭、攀爬的緣故，被桑條勾連，扯壞了紫羅裙——這是向媽媽開口，死纏爛打要一條新裙子，多麼不容易才得到的！是「羅裙」啊，絲質的，就算放在今天也是最好的衣料，更何況

是在兩千年前，對於尚且不足溫飽、一個每天不停工作的女孩。

這個女孩，布衣荊釵，她在日常的辛苦勞作之外，滿懷著歡喜，不借青燈借明月地，又添加了多少女紅，才織成染成裁成縫成啊。唉，也許是自己有生以來的第一條羅裙，也許今天剛剛上身，嶄新，還沒下過水，也許今天特別的高興裡，也有對新裙子的滿意呢——顏色、樣式、做工，還有心裡想的，是穿給一個人看。他應該喜歡。

可以想見，那女孩當時的大驚失色和大呼小叫。多麼沮喪，多麼可愛。我們也替她覺得可惜，替她後悔自己的不小心。

就像現在的分節歌那樣，她唱歌天生就曉得要簡潔，要回還往復，用一個調子，不同的詞，以便保持語音的動聽、好記，以及敘述的連續性。那時的中國詩歌與古希臘的史詩和悲劇一樣，本來就是為吟唱而作，或者說是先有田間桑田的吟唱，而後才由樂官採編整理而成的。

或許《採桑度》就是她隨口唱出的吧？這杯遞送千年之外、桑葉所釀的綠酒，我們一喝就被毒翻在地。

2.

　　也許，在整個蠶業的生產過程中，採桑這開頭的工作是最適合敞開胸懷，抒發心聲的。晨曦初露，風吹著，在那田野上，春天的氣息如排比句一樣，一個一個，碰著頭，趕著赴約似的，魚貫而來：花朵都開了，鳥兒不停鳴叫，天空高遠，長河東流，大地氣象萬千，萬物都嘩啦啦打開身體，敞開自己的秘密。這些都讓人認為，這世界就是一場慶典，盛大而壯麗。事實也正是如此。

　　一切都樸質美好。一切都赤誠袒露：苦難很好，死也很好。失戀或失業的人去看看，就會忘了煩惱。沒有誰害羞，沒有悲傷，因為在這塊土地上，沒有所謂「禁果」，也沒有「潘朵拉的盒子」。

　　這時候，採桑女出場了，她的心中是那麼快樂，那麼乾淨，歌聲也就自然流淌出來，聲音裡浮滿了濕漉漉的香氣，明明暗暗，彷彿被風吹斜過去的蘭草。

　　此刻，從最純淨的女孩子心裡流淌出來的，自然是最原始的青春戀歌。相信吧，不管多麼困苦，愛的深意，仍似葛藤，纏上樹梢。當然，因為生存所迫，還有心智的蒙昧，甚至受教育程度所限。我們不知道那些傑出的詩人們，到底文化程度如何，但可以肯定，識字的不多。

　　這些戀歌不總是甜蜜的歡歌，更多的也許是怨歌、哀歌和思念之歌，但仍然是熱烈的戀歌。古往今來，哪個戀歌不熱烈呢？只要全心全意地愛著？

　　好了，這一首，有點愛情意味的，你喜歡嗎？來，專心讀讀吧。

　　這個「心上人」一定是採桑前一天約好了的，說是來幫忙採桑——愛總要花費心思。女孩沒出聲，其實就是默許了。他算準時間，形單影隻地等著女孩的到來，焦慮到不行。

　　忽然見她搖搖擺擺、一陣子小風似的飄過來，不由得歡喜，心

咚咚亂跳。可她不知是裝的,還是怎麼,自顧自忙忙碌碌勞動,不理睬自己。於是,心更急了,開始語無倫次,有話沒話地瞎扯,逗得那女孩抿嘴笑個不停。

收了笑,直起腰,她又一本正經起來,嚴肅告誡:「唉,你,不要只顧著說說笑笑而耽誤了採桑。桑葉少了,養的蠶就少。那時我怎能穿上漂亮的繡花羅衣呢?」(「春月採桑時,林下與歡俱。養蠶不滿百,那得羅繡襦?」)

這時我們猜想的到,那「心上人」一定更加喜歡這女孩了,也醫治好了焦慮症。哪一個的愛人的假意喝斥,不是一味療效最好的藥呢?尤其在還沒完全定下關係的時候。難道我們的心上人,不是在我們更嚴肅甚至嚴厲的時候,更覺得我們可愛嗎?這可是他們自己告訴我們的。我們啊,為什麼不好好說「我愛你」,非要故作正經呢?

當然,我們不總是那樣,偶一為之而已;就像她「喝斥」她的心上人,在總共 7 首的《採桑度》中,也僅有一首有 20 個字而已。

青春真好,是所有年齡段的首都呢:你小,奔著青春去長;你老,奔著青春去回憶。而愛情,又是一切事物中最好的一件:你喜悅,愛情給你加倍;你煩憂,愛情替你轉化成喜悅。在那樣的年紀,被愛人「喝斥」或「喝斥」愛人,都是喝下了一杯蜜水。

那時人活得壽命不長,但品質夠好。其中最好的一項,是自由。一切都還不確定,所以有無數可能:能自由選擇一切,包括自由選擇愛情,自由想像愛情,自由追求愛情,愛情盛大到成為生活的中心,跟這位採桑女一樣。而且,那時人類也已經走出了濫交的泥沼。

現世的愛情,偶爾也有相對純美的,但整體說來,是一場瞇起眼來就可以刮落的風塵,不會那麼貴重了——貴重到在愛情裡,只有你,只為你。有愛情,就天高地闊,水媚桑青。

我不能,你也不能。但幸好還可以讀讀這麼自由的詩歌。

3.

好詩叫人牽掛。有了這組詩，好幾天我做家事都心不在焉。

她告訴我們：養蠶也不是件容易的事，要用比較少的桑葉，養育眾多的蠶寶寶。況且還要遭受病蟲害（註：某個冷門的科學論文說，「黑瘦盡」是種微粒子蟲病，在十九世紀中葉，歐洲養蠶業因微粒子蟲病幾乎毀滅殆盡）的侵襲，常常鬧到很難收拾的地步。（「語歡稍養蠶，一頭養百堀。奈當黑瘦盡，桑葉常不周。」）

有的蟲子還會假扮成繭的樣子，散亂爛糊，全部敗壞掉，繅不成絲。工作卻沒有收穫，養蠶到底為了什麼？（「偽蠶化作繭，爛熳不成絲。徒勞無所獲，養蠶持底為？」）

養蠶不是件容易的事，而且一向被看得神聖和神秘，所以，漸漸形成了名目繁多的「蠶禁忌」：在養蠶時節，蠶室被列為禁區，外人是不可以入內的，不用說在裡面大聲說笑、談情說愛。更何況，一走進昏暗的蠶室，一種無形的愁緒就會湧上心頭：小蠶能不能健康地成長，桑葉夠不夠吃，老蠶會不會結繭，絲賣不賣得出好價……一切多麼不容易。

不知為什麼，一想到那個人，就覺得他和魯迅先生筆下的閏土一模一樣。而採桑女跟少年時的閏土有沒有相似之處呢？一樣有著紅活圓實的手，一樣活潑，跟他有銀項圈一樣，有著紫羅裙。可是，採桑女也還是漸漸有了憂愁。

採桑女要「嘗聞養蠶婦，未曉上桑樹。下樹畏蠶饑，兒啼也不顧。一春膏血盡，豈止應王賦。如何納吏酷，盡為搜將去。」（《蠶婦》[五代] 貫休）；要「春風吹蠶細如蟻，桑芽才努青鴉嘴。清晨探採誰家女，手挽長條淚如雨。去歲初眠當此時，今歲春寒葉放遲。愁聽門外催裡胥，官家二月收新絲。」（《採桑女》[唐] 唐彥謙）；要「規啼徹四更時，起視蠶稠怕葉稀。不信樓頭楊柳月，玉人歌舞未曾歸。」

（《蠶婦吟》[宋] 謝枋得）；要「昨日入城市，歸來淚滿巾。遍身羅綺者，不是養蠶人。」（《蠶婦》[宋] 張俞）；要「晴採桑，雨採桑。回頭陌上家家忙。去年養蠶十分熟，蠶姑只著麻衣服。」（《採桑曲》[宋] 鄭震）；要「採桑復採桑，無嗟為蠶饑。食君筐中葉，還君機上絲。還君絲，織成綺。貧女養蠶不得著。惜爾抽絲為人死。」（《蠶婦吟》[明] 潘緯）；要「青青桑葉映回塘，三月紅蠶欲暖房。相約明朝南陌去，背人先祭馬頭娘。」（《蠶詞》[清] 王士禎）。

是的，採桑女會變為蠶婦，要將唱換成低吟，將笑換成哭，將紫紅的臉換成灰黃……從桑田，變成滄海。

[尾聲]

遠遠近近，這世界一直如此，時刻在變化。這一點，沒變過。

也許就是因為地理的劇烈變遷和人的巨大變化，才產生了一個與桑有關的成語，那是我們的祖先送給我們的第一批文字禮物之一：「滄海桑田」，至今我們感歎什麼事情，總會用上它。

後記

「中國文化之美」系列完成了。

在收起最後一筆的一刻，我一點也不淑女地一頭栽到床上，將自己擺成一個「大」字，終於可以稍事休息了。

這是我對自己的一個交代，也是個人對中國文化的一次致敬。那些藝術和詩歌無不美到讓人窒息。寫作過程中，我無數次因激動而停下筆，站起身來，長長地為此發出感歎。

它共 8 本、150 多萬字，分別以京劇崑曲、民樂、書法、國畫、唐詩、宋詞、元曲、無名氏詩歌等為寫作主題，做了一一的追索。每一次追索都像涉過一條河。它們以支流的面目出現，不斷集中、壯大，一直到匯成一條大河，在心頭澎湃有聲。它的名字就叫「中國文化」。

中國文化就像聖經裡著名的比遜河，在那裡有金子、珍珠和紅瑪瑙。河岸上長著生命樹。那條河灌溉了流著奶與蜜的迦南地，解除人的乾渴，使生命能夠生長，「有時治癒，常常幫助，總是安慰」。

有河流的地方和沒有河流的地方不一樣，有一條小河的地方和有一條大河穿越腹地的地方不一樣。

這是一場漫長艱苦的勞作，是藏在城市的角落裡獨立完成，沒完整度過一個禮拜天，過年那天也沉醉其中。

然而，會感到疲憊。有幾個瞬間，也會懷疑自己這項工作的意義：值不值得？它不是社會化題材、大眾關注的焦點，也不能及時帶來利益，甚至它損害了我的健康。為了它，我在辭職之後，又停掉了所有專欄——如果需要，吃飯和睡眠也可以停掉。最初的兩年我完全沒有收入，保險費無法準時交，被專人到家裡逼問。

　　但所有一切，都不能阻擋我始終鼓蕩著的激情，我愛著它，就像愛著愛人。我盼望那些似乎早已消失於歷史煙塵中的人們、那些堪稱驚世傑作的作品，在苦苦追索中重新活轉，繼續給在塵世裡奮鬥的我們以相同的力量和鼓勵，接受它加給我們的福杯滿溢，讓我們自身的生命也成為流通福音的器皿，使神意流傳今後，造福四方。

　　我深知：如果我們丟失了它們，就會犯下罪過，對歷史，對子孫。

　　我得感謝它們，不僅因為自幼泡在裡面，吸納營養，更因為它們使如今人到中年的我遠離中心，脫離浮躁，讓生命真正沉潛下來，紮實度過幾千個幸福的夜晚和白天。

　　雖然這是個不以熱愛讀書為榮的年代，要通讀同一位作者的 8 本同系列的書，也許會不耐煩，但我還是對嚮往美好事物保有殷殷期望，就像創作它們時無法撲滅自己內心的火焰。我以我真誠的嚮往，保證了它們的誠實。

　　它們各有自己的面目，自己的思想、內容、結構方式……因為在提筆之初，我就決定絕不妥協給任何正向或反向的事物，包括本身的惰性，否則就是對它們的褻瀆，也是對父母的褻瀆。父母從沒教我怎樣偷懶和糊弄做事，他們要求我寫就認真寫每一個字，否則就去做別的。

　　它們不必一口氣寫完，我真正的寫作才剛剛開始；也不必一口氣讀完，那反而會噎住。

　　它們勢必會有自己安妥的歸宿，我們只是通道，奔赴在傳播福音的路上。而一切榮耀都將歸於我們的神：中國文化。祝福它吧。

　　寫作過程中，得到師友、讀者的支持和知遇太多，不可盡數。感謝你們。

經典歐美

作者：簡默 編著
責任編輯：陳浣虹
封面設計：楊岱芸
發行人：黃振庭
出版者：崧博出版事業有限公司
發行者：崧燁文化事業有限公司
E-mail：sonbookservice@gmail・com
部落格：　　　　　　　　粉絲頁：

地址：台北市中正區重慶南路一段六十一號八樓815室
8F・-815，　No・61，　Sec・　1，　Chongqing S・　Rd・，
Zhongzheng Dist・，　Taipei City 100，Taiwan（R・O・C・）
電話：(02)2370-3310　傳　真：(02) 2370-3210
總經銷：紅螞蟻圖書有限公司
地址：台北市內湖區舊宗路二段 121 巷 19 號　　　網址：
電話：02-2795-3656　　傳真：02-2795-4100
印刷：京峯彩色印刷有限公司（京峰數位）
發行日期：2018 年 2 月第 1 版
ISBN：978-957-563-116-1
定價：400 元